ADVANCED

YONSEI ACADEMIC KOREAN

Vocabulary & Grammar

고급

연세 대학한국어 어휘·문법

연세대학교 한국어학당 편

연세대학교 출판문화원

머리말

국내 최고의 명성으로 한국어 교육의 50년 전통을 이어 온 연세대학교 언어연구교육원 한국어학당에서는 한국어 교육의 질을 높이기 위해 그동안 많은 교재를 편찬해 왔다. 최근 한국 내 대학, 대학원에서 수학하고 있거나 진학하고자 하는 외국인이 증가함에 따라 학문을 목적으로 하는 한국어 교재에 대한 학습자들의 요구가 높아지고 있다. 이에 따라 연세대학교 언어연구교육원 한국어학당에서는 대학 수학을 목적으로 하는 외국인 유학생들을 대상으로 한국어와 한국 문화를 교육할 수 있는 새로운 교재를 출간하게 되었다.

이 교재는 대학 생활에 필요한 의사소통 기능을 집중적으로 향상시킬 수 있는 [대학 생활을 위한 한국어] 시리즈와 대학에서의 수학 능력을 집중적으로 향상시킬 수 있는 [대학 강의 수강을 위한 한국어] 시리즈로 되어 있다. [대학 생활을 위한 한국어] 시리즈는 『대학 생활을 위한 한국어 초급 I』, 『대학 생활을 위한 한국어 초급 II』, 『대학 생활을 위한 한국어 중급 I』, 『대학 생활을 위한 한국어 중급 II』로 되어 있으며, 『대학 강의 수강을 위한 한국어』 시리즈는 『대학 강의 수강을 위한 한국어 중급 I』, 『대학 강의 수강을 위한 한국어 중급 II』, 그리고 『대학 강의 수강을 위한 한국어 고급』으로 되어 있다.

[대학 생활을 위한 한국어] 시리즈는 한국어 학습 단계별로 요구되는 내용을 주제로 말하기, 듣기, 쓰기 능력을 향상할 수 있도록 다양한 과제와 활동으로 구성된 분리형 교재이다. 그리고 [대학 강의 수강을 위한 한국어] 시리즈는 대학 수학에서 요구되는 기능과 장르를 중심으로 말하기, 듣기, 쓰기, 읽기 능력을 향상할 수 있도록 실용적인 과제와 활동으로 구성된 분리형 교재이다.

그리고 이렇게 의사소통 기능을 중심으로 분리된 교재와 함께 각 단계에서 기본적인 언어능력 습득을 위한 어휘 문법 교재가 필요한 바 이번에 어휘 문법 교재를 출간하여 대학 수학을 목적으로 하는 학습자를 대상으로 하는 교재인 '대학 한국어 과정' 교재를 완성하게 되었다. 이번에 출간하는 [연세 대학한국어 어휘 · 문법] 시리즈는 초급Ⅰ, 초급Ⅱ, 중급Ⅰ, 중급Ⅱ, 고급의 5단계로 구분되는데 각 단계에서 필수적으로 인식되는 어휘와 문법을 설명하고 연습을 제시하여 학습자가 혼자서도 한국어 어휘와 문법을 익힐 수 있도록 하였다.

[대학 생활을 위한 한국어]와 [대학 강의 수강을 위한 한국어], [연세 대학한국어 어휘 · 문법] 교재 시리즈가 연세대학교 언어연구교육원 한국어학당에서 공부하는 학생들뿐만 아니라 한국 내에서 대학, 대학원 수학을 목적으로 하고 있는 모든 한국어 학습자들에게 도움이 되기를 바란다.

연세대학교 언어연구교육원
한국어학당 교재편찬위원회

일러두기

- 『연세 대학한국어 어휘 · 문법 고급』은 대학에서 공부하는 외국인 학습자를 위한 고급 단계의 책으로 『대학 강의 수강을 위한 한국어 고급』과 연계해서 사용할 수 있도록 구성하였다.
- 『연세 대학한국어 어휘 · 문법 고급』은 고급 단계에서 필요한 어휘와 문법을 제시하고 연습할 수 있게 함으로써 학습자들의 어휘력과 문법 능력을 향상시킬 수 있도록 구성하였다.
- 『연세 대학한국어 어휘 · 문법 고급』은 총 10개과이며 각 과는 4개항씩 총 40개의 항으로 구성하였고 부록으로 모범 답안과 어휘 색인을 실었다.
- 각 과의 주제는 『대학 강의 수강을 위한 한국어 듣기 고급』과 『대학 강의 수강을 위한 읽기 고급』의 주제를 따라 이와 동일하게 선정하였다.

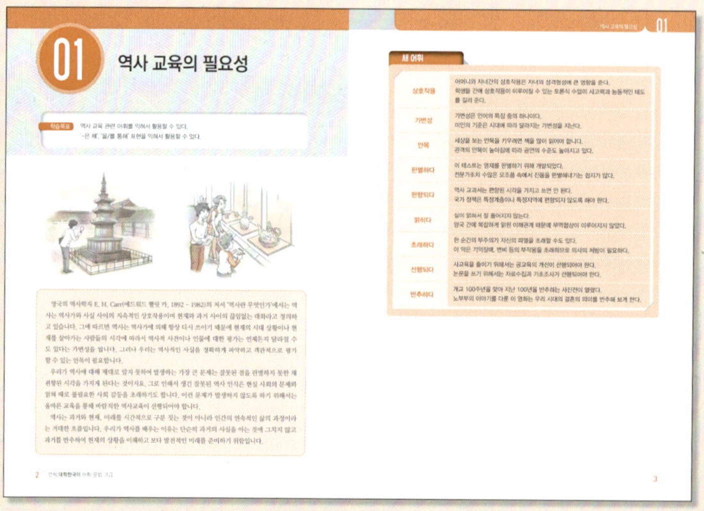

- **각 항의 제목, 학습목표, 본문 대화가 제시된다.**

- 각 항의 제목은 그 항에서 다루고 있는 주제를 제시하였다.
- 학습목표는 각 항에서 학습할 어휘와 문법을 중심으로 제시하였다.
- 삽화는 대화 상황과 관련된 것으로 대화를 위한 들어가기의 역할을 하도록 구성하였으며 대화 내용에 대한 학습자들의 이해를 돕고 학습자들의 흥미를 유발할 수 있도록 하였다.
- 대화는 각 항의 주제와 관련하여 가장 전형적이고 대표적인 상황을 설정하고자 노력하였으며 주제에 따라 대화 혹은 독백으로 구성하였다.

- **어휘는 대화에 나오는 새 어휘와 주제 어휘로 나누어 제시하였다.**

- 새 어휘는 대화에 사용된 어휘 중에서 초급과 중급에서 학습하지 않은 어휘로 선정하여 제시하였다. 각 항에서 8~10개의 새 어휘를 제시하고 각 어휘마다 의미를 유추할 수 있는 예문을 2개씩 제시하였다. 또한 연습문제를 덧붙여 학습한 어휘를 확인해 볼 수 있도록 하였다. 『연세 대학한국어 어휘 · 문법 고급』에서 다루는 새 어휘는 총 369개이다.
- 주제 어휘는 각 항의 주제와 관련된 어휘를 선정하여 제시하고 연습문제를 통해 확인하도록 하였다. 각 항별로 10개의 주제 어휘를 제시하였으며 『연세 대학한국어 어휘 · 문법 고급』에서는 총 400개의 주제 어휘를 제시하였다.

- **문법은 문법 설명, 예문, 연습으로 구성된다.**
  - 문법은 각 항마다 2개씩 선정하였다. 문법 항목마다 형태, 의미, 기능적 특징을 설명하고 이해를 돕는 예문을 4개씩 제시하였으며 학습한 내용을 점검할 수 있는 연습문제를 실었다.

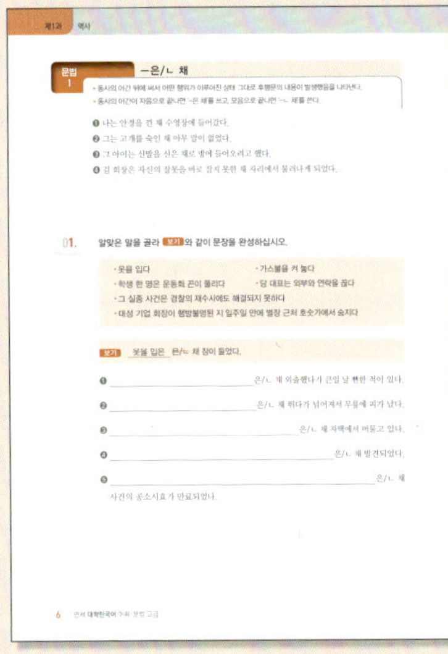

- **각 항의 마지막에는 활동이 있다.**
  - 활동은 각 항에서 학습한 어휘와 문법을 활용하여 말하거나 쓰는 연계 활동으로 구성하였다.

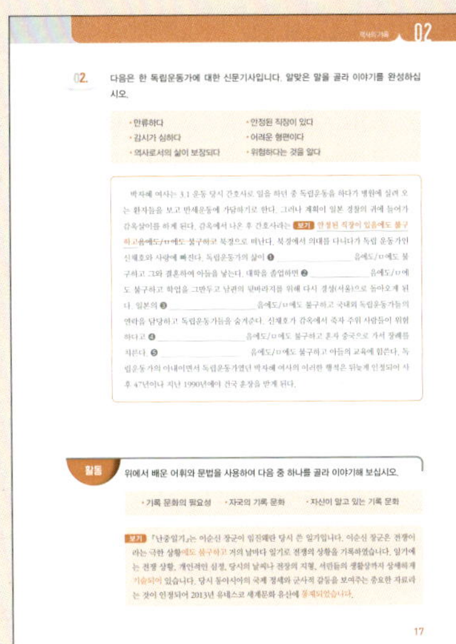

- 모범 답안은 어휘 연습과 문법 연습의 모범 답안을 제시하여 학습자가 확인할 수 있도록 하였다.

- 어휘 색인에서는 각 항에서 다루어진 새 어휘와 주제 어휘를 가나다 순으로 정리하였으며 해당 본문의 과와 항을 함께 제시하였다.

차례

머리말 / ii
일러두기 / iv
내용 구성 / vi

제1과 역사

01 역사 교육의 필요성 2
02 역사의 기록 10
03 역사를 바꾼 사건 18
04 신화와 역사 26

제2과 경제

01 생산과 소비 36
02 자유무역과 보호무역 45
03 광고와 개인의 소비 54
04 투자와 투기 62

제3과 문화

01 인간의 삶의 양식, 문화 72
02 대중문화 80
03 정원에 나타난 문화 88
04 전통 문화의 현대화 96

제4과 예술

01 예술이란? 106
02 명화 감상 115
03 예술과 외설 123
04 전통 예술의 보존 131

제5과 언어

01 언어와 의사소통 140
02 언어의 변화 149
03 높임말의 체계 158
04 한글 창제 166

제6과 사회

01 인간과 사회 ········ 176
02 다문화 사회 ········ 184
03 가족의 변화와 미래 ········ 192
04 기업의 사회공헌 ········ 201

제7과 과학

01 상대성 이론 ········ 210
02 인류의 역사를 바꾼 발명품 ········ 218
03 생명과학의 발전 ········ 227
04 과학 발전과 인간의 미래 ········ 235

제8과 철학

01 인간의 본성과 철학 ········ 244
02 철학자의 대화 ········ 252
03 한국 철학 ········ 261
04 생활 속 철학 ········ 270

제9과 정치

01 국제기구의 역할 ········ 280
02 세계의 정치제도 ········ 289
03 광해군의 외교 정책 ········ 297
04 SNS와 정치 참여 ········ 305

제10과 문학

01 문학의 기능 ········ 314
02 문학 감상 ········ 322
03 문학의 새로운 시도 ········ 330
04 문학에 나타난 여성상 ········ 338

부록

01 모범 답안 ········ 348
02 어휘 색인 ········ 370
03 문법 색인 ········ 375

내용 구성

과	항	제목	학습 목표	새어휘	주제 어휘	문법
제1과 역사	(1)	역사 교육의 필요성	• 역사 교육 관련 어휘를 익혀서 활용할 수 있다. • '-은 채', '을/를 통해' 표현을 익혀서 활용할 수 있다.	상호작용 가변성 안목 판별하다 편향되다 얽히다 초래하다 선행되다 반추하다	역사교육 관련 어휘 길잡이가 되다 역사관을 심어주다 정체성을 확인하다 시각이 편향되다 안목을 기르다 과오를 인정하다 과거를 청산하다 역사를 왜곡하다 과거를 답습하다 발전을 꾀하다	• -은 채 • 을/를 통해
	(2)	역사의 기록	• 역사 기록 관련 어휘를 익혀서 활용할 수 있다. • '-다시피', '-음에도 불구하고' 표현을 익혀서 활용할 수 있다.	사관 일거수일투족 편찬하다 조선왕조실록 역대 행적 사안 등재되다 훑어보다	역사 기록 관련 어휘 역사관 관점 실록 의궤 사고기록유산 편찬 기술하다 소실되다 보유하다	• -다시피 • -음에도 불구하고
	(3)	역사를 바꾼 사건	• 역사적 사건 관련 어휘를 익혀서 활용할 수 있다. • '-듯싶다', '-는다는 점에서' 표현을 익혀서 활용할 수 있다.	몰락 십자군 전쟁 아이로니컬하다 위세 독려하다 원정대 기반 전환점 해체되다 접어들다	역사적 사건 관련 어휘 신흥 세력 혁명 문명 충돌 몰락 붕괴 교류하다 유입되다 전파되다 해체되다 부흥하다	• -는 듯싶다 • -는다는 점에서
	(4)	신화와 역사	• 신화 관련 어휘를 익혀서 활용할 수 있다. • '-음으로써', '-는다손 치더라도' 표현을 익혀서 활용할 수 있다.	통치 정당성 부여하다 도모하다 부족 토착 유추하다 다스리다 제정일치 지배	신화 관련 어휘 건국신화 창세신화 시조신화 난생설화 천손강림 구비전승 샤머니즘 토테미즘 절대적 초월적	• -음으로써 • -는다손 치더라도
제2과 경제	(1)	생산과 소비	• 경제의 기본 개념 관련 어휘를 익혀서 활용할 수 있다. • '이자', '-으려야' 표현을 익혀서 활용할 수 있다.	지불하다 소유하다 전제조건 공급 수요 맞물리다 분배 어우러지다 자본주의	경제 기본 개념 관련 어휘 공급 수요 소득 분배 거래 유통 국내총생산(GDP) 국민총생산(GNP) 재화 용역	• 이자 • -으려야
	(2)	자유무역과 보호무역	• 무역 관련 어휘를 익혀서 활용할 수 있다. • '-으니만큼', '-는 한' 표현을 익혀서 활용할 수 있다.	유치산업 통제하다 타격 촉진 기여하다 자급률 측면 불가피하다 장려하다 논란	무역 관련 어휘 자유무역 보호무역 수출 보조금 수입할당제 관세를 부과하다 관세를 철폐하다 협정을 체결하다 협정이 발효되다 마찰을 빚다 규제를 완화하다	• -으니만큼 • -는 한
	(3)	광고와 개인의 소비	• 광고 관련 어휘를 익혀서 활용할 수 있다. • '-는 통에', '-는 데' 표현을 익혀서 활용할 수 있다.	구입하다 충동구매 부추기다 본질 강요하다 자극하다 현혹되다 합리적 기회비용	광고 관련 어휘 공익광고 상업광고 과장광고 허위광고 한정 판매 특가 세일 미끼 상품 판매 전략 소비 심리 협찬	• -는 통에 • -는 데

과	번호	제목	학습 목표	어휘	주제 어휘	문법
제2과 경제	(4)	투자와 투기	• 투자 관련 어휘를 익혀서 활용할 수 있다. • '-더라고요', '-으나마' 표현을 익혀서 활용할 수 있다.	여윳돈 금리 시들하다 경기를 타다 연일 개념 한탕하다 군중심리	투자 관련 어휘 투자 투기 분산투자 수익 손실 호황 불황 대공황 폭등 폭락	• -더라고요 • -으나마
제3과 문화	(1)	인간의 삶의 양식, 문화	• 문화의 기본 개념 관련 어휘를 익혀서 활용할 수 있다. • '-을지라도', '-겠거니 하다', 표현을 익혀서 활용할 수 있다.	생활양식 하위문화 집합 착용 문화충돌 학살 원활하다 이질적	문화 기본 개념 관련 어휘 이방인 현지인 문화 교류 문화 충돌 문화 충격 문화 상대주의 동질적 이질적 배타적 수용적	• -을지라도 • -겠거니 하다
제3과 문화	(2)	대중문화	• 연예산업 관련 어휘를 익혀서 활용할 수 있다. • '으로/로 말미암아', '-는 탓에' 표현을 익혀서 활용할 수 있다.	비판이 일다 개입하다 감수성 어루만지다 내수시장 진출하다 체계적 통용되다	연예 산업 관련 어휘 연예기획사 소속사 스타 발굴 지망생 연습생 오디션 데뷔하다 상품화 획일화 다양성	• 으로/로 말미암아 • -는 탓에
제3과 문화	(3)	정원에 나타난 문화	• 정원 문화 관련 어휘를 익혀서 활용할 수 있다. • '-데요', '-으면서도' 표현을 익혀서 활용할 수 있다.	정자 거스르다 관상수 전지하다 마땅하다 심산유곡 기암괴석 축소하다 일맥상통	정원 문화 관련 어휘 순응 역행 조화 경관 조경 관상 자연친화적 인공적 풍수지리설 자연 경외사상	• -데요 • -으면서도
제3과 문화	(4)	전통 문화의 현대화	• 전통 계승과 관련 어휘를 익혀서 활용할 수 있다. • '-기 나름이다', '-되' 표현을 익혀서 활용할 수 있다.	들썩거리다 고리타분하다 막연하다 고수하다 기피하다 원형 저해하다 야기하다 추구하다	전통 계승 관련 어휘 전통 인습 계승 단절 퓨전 재해석 현대화 대중화 보편성 특수성	• -기 나름이다 • -되
제4과 예술	(1)	예술이란?	• 예술 관련 어휘를 익혀서 활용할 수 있다. • '-더라도', '-냐 -냐에 따라' 표현을 익혀서 활용할 수 있다.	독창적 영감 표출 통틀어 조형예술 자리매김하다 순화 치유	예술 관련 어휘 모방 창조 조형예술 시간예술 공간예술 순수예술 참여예술 응용예술 행위예술 미를추구하다	• -더라도 • -냐 -냐에 따라
제4과 예술	(2)	명화 감상	• 명화 감상 관련 어휘를 익혀서 활용할 수 있다. • '-으면 몰라도', '-을지언정' 표현을 익혀서 활용할 수 있다.	두루 품다 저물다 추수 무더기 노적가리 이삭 쪼들리다 승화	명화 감상 관련 어휘 창작하다 묘사하다 빛을 보다 감탄하다 영감 걸작 명작 대가 추상적 사실적	• -으면 몰라도 • -을지언정
제4과 예술	(3)	예술과 외설	• 예술과 외설 관련 어휘를 익혀서 활용할 수 있다. • '-기 십상이다', '-으니 어쩌니 해도' 표현을 익혀서 활용할 수 있다.	낯 뜨겁다 민망하다 몰입하다 심오하다 적나라하다 말초적 외설 휩싸이다 맥락 수치심	예술과 외설 관련 어휘 비판 비난 의견이 분분하다 논란이 일다 금지하다 허용하다 심의 검열 예술성 대중성	• -기 십상이다 • -으니 어쩌니 해도
제4과 예술	(4)	전통 예술의 보존	• 예술 작품 보존 관련 어휘를 익혀서 활용할 수 있다. • '-기에 망정이지', '은커녕/는커녕' 표현을 익혀서 활용할 수 있다.	탁월하다 불어넣다 사로잡다 헌신 밀반출 비일비재 얹다 상속 급급하다 숙연하다	예술 작품 보존 관련 어휘 발굴 복원 보수 감정 반환 소장 훼손 도굴 밀반출 약탈	• -기에 망정이지 • 은커녕/는커녕

내용 구성

제5과 언어	(1)	언어와 의사소통	• 인간의 의사소통 관련 어휘를 익혀서 활용할 수 있다. • '-는 반면', '-는다고도 할 수 있다' 표현을 익혀서 활용할 수 있다.	자의적 물리적 현장감 생생하다 초월하다 넘나들다 순식간 가히	언어와 의사소통 관련 어휘 지식 축적 정보 전달 음성 언어 문자 언어 몸짓 언어 언어 습득 모국어 소통 공감 경청	• -는 반면 • -는다고도 할 수 있다
	(2)	언어의 변화	• 언어의 변화 관련 어휘를 익혀서 활용할 수 있다. • '-기 일쑤이다', '-을 것까지는 없겠지만' 표현을 익혀서 활용할 수 있다.	오죽하면 축약 비약 억압되다 규범 어차피 매도하다 자유분방하다	언어의 변화 관련 어휘 신조어 축약어 외계어 은어 비속어 언어 규범 언어 파괴 탈규범화 수용하다 거부하다	• -기 일쑤이다 • -을 것까지는 없겠지만
	(3)	높임말의 체계	• 높임말 체계 관련 어휘를 익혀서 활용할 수 있다. • '하오체', '하게체' 표를 익혀서 활용할 수 있다.	선비 행색 과거 수학하다 막막하다 급제하다 역병 창궐하다 뒤숭숭하다 담소	높임말 체계 관련 어휘 상대높임법 주체높임법 객체높임법 종결어미 특수 어휘 상하 관계 친소 관계 친분 연령 서열	• 하오체 • 하게체
	(4)	한글 창제	• 훈민정음 관련 어휘를 익혀서 활용할 수 있다. • '이야말로/야말로', '-으려만' 표현을 익혀서 활용할 수 있다.	입력 최적화 꿰뚫다 흠잡다 특집 발음기관 드러나다 문맹 퇴치 자부심	훈민정음 관련 어휘 훈민정음 해례본 집현전 창제하다 반포하다 보급하다 천지인 음양오행 표음문자 음소문자	• 이야말로/야말로 • -으련만
제6과 사회	(1)	인간과 사회	• 인간과 사회 관련 어휘를 익혀서 활용할 수 있다. • '-는다기보다는', '-지 않고서는' 표현을 익혀서 활용할 수 있다.	본능적 홀로 불과하다 영위하다 이르다 무너뜨리다 지탱하다 절실하다 소속되다 존속하다	인간과 사회 관련 어휘 집단 조직 공동체 구성원 결속력 관습 법 사회 규범 질서를 유지하다 질서를 어지럽히다	• -는다기보다는 • -지 않고서는
	(2)	다문화 사회	• 다문화 사회 관련 어휘를 익혀서 활용할 수 있다. • '-긴 -나 보다', '-거니와' 표현을 익혀서 활용할 수 있다.	심지어 단일민족 주재원 체류 급속하다 지양하다 역지사지 진정 응집력 살구색	다문화 사회 관련 어휘 다민족 다문화 이주 단일민족 다문화 지원센터 차별 편견 고정 관념 화합 갈등	• -긴 -나 보다 • -거니와
	(3)	가족의 변화와 미래	• 가족의 변화 관련 어휘를 익혀서 활용할 수 있다. • '-다보니 그로 인해', '-기로서니' 표현을 익혀서 활용할 수 있다.	특이하다 여느 못지않다 대안가족 소재 워낙 혈연 정서적 반려견	가족의 변화 관련 어휘 일인가족(일인가구) 비동거가족 대안가족 혈연 비혈연 도시화 산업화 여성의 사회진출 가족 해체 가정 폭력	• -다보니 그로 인해 • -기로서니
	(4)	기업의 사회공헌	• 기업의 사회공헌 관련 어휘를 익혀서 활용할 수 있다. • '-느니만 못하다', '-는 바' 표현을 익혀서 활용할 수 있다.	거동 조성되다 한몫을 하다 유도하다 공헌 인지도 내세우다 궁극적 이윤 모색하다	기업의 사회공헌 관련 어휘 사회적 책임 사회적 기업 사회 환원 나눔 경영 동반 성장 상생 일자리 창출 공유 가치 창출 후원 사회공헌 기금	• -느니만 못하다 • -는 바

제7과 과학	(1)	상대성 이론	• 상대성 이론 관련 어휘를 익혀서 활용할 수 있다. • '-은 끝에', '-는다뿐이지' 표현을 익혀서 활용할 수 있다.	공식 거듭하다 성립하다 측정하다 획기적 송두리째 중력 미세하다 엄연히 입증되다	상대성 이론 관련 어휘 질량 에너지 속도 중력 광속 길이 수축 시간 지연 시공간 관성 블랙홀	• -은 끝에 • -는다뿐이지
	(2)	인류의 역사를 바꾼 발명품	• 인류의 발명품 관련 어휘를 익혀서 활용할 수 있다. • '-길래', '-은들' 표현을 익혀서 활용할 수 있다.	두드러지다 채 두각을 나타내다 피임약 고스란히 산아 제한 신약 주체적 꼽다	인류의 발명품 관련 어휘 문자 종이 바퀴 인쇄술 페니실린 피임약 비행기 전화 컴퓨터 인터넷	• -길래 • -은들
	(3)	생명과학의 발전	• 생명과학 관련 어휘를 익혀서 활용할 수 있다. • '-으리만치', '-으리라 생각하던' 표현을 익혀서 활용할 수 있다.	괄목하다 직결되다 우월하다 정복 윤리적 간과하다 걷잡을 수 없이 혼란스러워지다 양심 둘러싸다	생명과학 관련 어휘 줄기세포 배아 유전자 염색체 게놈 맞춤형 아기 인간복제 유전자조작 인공수정 생명윤리	• -으리만치 • -으리라 생각하던
	(4)	과학 발전과 인간의 미래	• 과학 발전과 인간의 미래 관련 어휘를 익혀서 활용할 수 있다. • '-으랴 -으랴', '같아선' 표현을 익혀서 활용할 수 있다.	벗어나다 펼쳐지다 장관 황홀하다 엄두를 내다 불과 살림 인위적	과학 발전과 인간의 미래 관련 어휘 우주여행 우주탐사 가상현실 타임머신 순간이동 인공지능 뇌과학 인체냉동보존 홍채인식 생체인식	• -으랴 -으랴 • 같아선
제8과 철학	(1)	인간의 본성과 철학	• 인간의 본성 관련 어휘를 익혀서 활용할 수 있다. • '-으나', '-노라면' 표현을 익혀서 활용할 수 있다.	성품 학파 계몽주의 본성 선하다 악하다 원죄설 수양 백지설 의문을 품다	인간의 본성 관련 어휘 본성 인성론 성선설 성악설 성무선악설 본능 욕망 절제 성찰 통찰	• -으나 • -노라면
	(2)	철학자의 대화	• 고대 서양 철학 관련 어휘를 익혀서 활용할 수 있다. • '-은 이상', '-는 한이 있더라도' 표현을 익혀서 활용할 수 있다.	스승 진리 영리하다 일깨우다 기존 통찰력 다가서다 진정하다 깨닫다	고대 서양 철학 관련 어휘 소크라테스 플라톤 아리스토텔레스 학파 자연 철학 인간 철학 탐구 영혼불멸론 이데아론 이원론	• -는 이상 • -는 한이 있더라도
	(3)	한국 철학	• 유교 관련 어휘를 익혀서 활용할 수 있다. • '-는 가운데', '-는답시고' 표현을 익혀서 활용할 수 있다.	견해 전래되다 파악하다 현상적 치다 단련 개혁 입장 대처하다	유교 관련 어휘 덕치주의 민본주의 군위신강 부위자강 부위부강 부자유친 군신유의 부부유별 장유유서 붕우유신	• -는 가운데 • -는답시고
	(4)	생활 속 철학	• 생활 속 관련 어휘를 익혀서 활용할 수 있다. • '-을거라고는 생각조차 못했다', '-건대' 표현을 익혀서 활용할 수 있다.	담담하다 실연 집착 난초 애지중지 연둣빛 은은하다 홀가분해지다 내려놓다	생활 속 철학 관련 어휘 사색하다 자성하다 내려놓다 집착을 버리다 평정심을 유지하다 평정심을 잃다 초월하다 포용하다 깨달음을 얻다 얽매이다	• -을거라고는 생각조차 못했다 • -건대

내용 구성

제9과 정치	(1)	국제기구의 역할	• 국제기구의 역할 관련 어휘를 익혀서 활용할 수 있다. • '으로서/로서', '-을뿐더러' 표현을 익혀서 활용할 수 있다.	범세계적 인도적 조정 중심축 구제 석방 처우 폐지 기아 구호	국제기구의 역할 관련 어휘 정부간 기구 비정부 기구 평화유지 권익 향상 질병 퇴치 인권 존중 빈곤 퇴치 환경 보호 기술 원조 비영리단체	• 으로서/로서 • -을뿐더러
	(2)	세계의 정치제도	• 정치제도 관련 어휘를 익혀서 활용할 수 있다. • '-을 따름이다', '-는 까닭에' 표현을 익혀서 활용할 수 있다.	수립되다 채택 막강하다 행사하다 수장 탄탄하다 구축되다 정국 횡포 통수권자	정치제도 관련 어휘 대통령제 의원내각제 입헌군주국 민주공화국 연방제공화국 대통령 총리 수상 주석 의회	• -을 따름이다 • -는 까닭에
	(3)	광해군의 외교 정책	• 외교 관련 어휘를 익혀서 활용할 수 있다. • '-는 날엔', '-으려고 들다' 표현을 익혀서 활용할 수 있다.	모의 정세 패권 침략하다 파병 진퇴양난 명분 치우치다 실리적 유연하다	외교 관련 어휘 안보 · 통일 외교 경제 · 통상 외교 민간 외교 외교 사절 외교 정책 동맹 수교 국교 단절 실리 명분	• -는 날엔 • -으려고 들다
	(4)	SNS와 정치 참여	• 선거와 정치 참여 관련 어휘를 익혀서 활용할 수 있다. • '-고 하니', '-게끔' 표현을 익혀서 활용할 수 있다.	저하되다 유권자 방관자 침체 당면하다 공약 선심성 난무하다 허다하다 파급력	선거와 정치 참여 관련 어휘 선거 투표 유권자 후보자 공약 당선 지지 후원 서명운동 옴부즈맨	• -고 하니 • -게끔
제10과 문학	(1)	문학의 기능	• 문학의 기능 관련 어휘를 익혀서 활용할 수 있다. • '으로/로 미루어', '에 비추어' 표현을 익혀서 활용할 수 있다.	쾌락 불러일으키다 정화 나아가 공리주의 별개 구체화 비로소	문학의 기능 관련 어휘 쾌락설 교훈설 공리주의 카타르시스 미적 쾌감을 주다 시대상황을 반영하다 사회문제를 고발하다 계몽시키다 현실을 비판하다 삶의 방향을 제시하다	• 으로/로 미루어 • 에 비추어
	(2)	문학 감상	• 문학 감상과 비평 관련 어휘를 익혀서 활용할 수 있다. • '-기나 하다', '을/를 무릅쓰고' 표현을 익혀서 활용할 수 있다.	암송 난해하다 간결하다 산문체 구속하다 처하다 내몰다 항일운동	문학 감상과 비평 관련 어휘 문학 비평 악평 호평 비유 상징 해석하다 의도를 드러내다 함축적 의도하다 음미하다	• -기나 하다 • 을/를 무릅쓰고
	(3)	문학의 새로운 시도	• 문학의 새로운 시도 관련 어휘를 익혀서 활용할 수 있다. • '-느니', '-는 셈치고' 표현을 익혀서 활용할 수 있다.	연재되다 시사하다 선입견 소위 추세 돌파구 검증되다 조회 끌어들이다	문학의 새로운 시도 관련 어휘 순수 문학 장르 문학 팬픽 웹툰 웹소설 스낵 컬처 무협 로맨스 판타지 추리	• -느니 • -는 셈치고
	(4)	문학에 나타난 여성상	• 문학 속의 여성상 관련 어휘를 익혀서 활용할 수 있다. • '-을 법하다', '은/는 고사하고' 표현을 익혀서 활용할 수 있다.	확연히 밀접하다 정숙하다 당당히 일탈 반발 기득권 미덕 동조 철회하다	문학 속의 여성상 관련 어휘 신여성 현모양처 억압 일탈 순종적 반항적 독립적 페미니즘 자기 목소리를 내다 사회적 반향을 일으키다	• -을 법하다 • 은/는 고사하고

제 1 과

역사

01 역사 교육의 필요성

02 역사의 기록

03 역사를 바꾼 사건

04 신화와 역사

01 역사 교육의 필요성

학습목표 역사 교육 관련 어휘를 익혀서 활용할 수 있다.
'-은 채', '을/를 통해' 표현을 익혀서 활용할 수 있다.

영국의 역사학자 E. H. Carr(에드워드 헬릿 카, 1892~1982)의 저서 '역사란 무엇인가'에서는 역사는 역사가와 사실 사이의 지속적인 상호작용이며 현재와 과거 사이의 끊임없는 대화라고 정의하고 있습니다. 그에 따르면 역사는 역사가에 의해 항상 다시 쓰이기 때문에 현재의 시대 상황이나 현재를 살아가는 사람들의 시각에 따라서 역사적 사건이나 인물에 대한 평가는 언제든지 달라질 수도 있다는 가변성을 띱니다. 그러나 우리는 역사적인 사실을 정확하게 파악하고 객관적으로 평가할 수 있는 안목이 필요합니다.

우리가 역사에 대해 제대로 알지 못하여 발생하는 가장 큰 문제는 잘못된 점을 판별하지 못한 채 편향된 시각을 가지게 된다는 것이지요. 그로 인해서 생긴 잘못된 역사 인식은 현실 사회의 문제와 얽혀 때로 불필요한 사회 갈등을 초래하기도 합니다. 이런 문제가 발생하지 않도록 하기 위해서는 올바른 교육을 통해 바람직한 역사교육이 선행되어야 합니다.

역사는 과거와 현재, 미래를 시간적으로 구분 짓는 것이 아니라 인간의 연속적인 삶의 과정이라는 거대한 흐름입니다. 우리가 역사를 배우는 이유는 단순히 과거의 사실을 아는 것에 그치지 않고 과거를 반추하여 현재의 상황을 이해하고 보다 발전적인 미래를 준비하기 위함입니다.

새 어휘

상호작용	어머니와 자녀간의 상호작용은 자녀의 성격형성에 큰 영향을 준다. 학생들 간에 상호작용이 이루어질 수 있는 토론식 수업이 사고력과 능동적인 태도를 길러 준다.
가변성	가변성은 언어의 특징 중의 하나이다. 미인의 기준은 시대에 따라 달라지는 가변성을 지닌다.
안목	세상을 보는 안목을 키우려면 책을 많이 읽어야 합니다. 관객의 안목이 높아짐에 따라 공연의 수준도 높아지고 있다.
판별하다	이 테스트는 영재를 판별하기 위해 개발되었다. 전문가조차 수많은 모조품 속에서 진품을 판별해내기는 쉽지가 않다.
편향되다	역사 교과서는 편향된 시각을 가지고 쓰면 안 된다. 국가 정책은 특정 계층이나 특정 지역에 편향되지 않도록 해야 한다.
얽히다	실이 얽혀서 잘 풀어지지 않는다. 양국 간에 복잡하게 얽힌 이해관계 때문에 무역협상이 이루어지지 않았다.
초래하다	한 순간의 부주의가 자신의 파멸을 초래할 수도 있다. 이 약은 기억장애, 변비 등의 부작용을 초래하므로 의사의 처방이 필요하다.
선행되다	사교육을 줄이기 위해서는 공교육의 개선이 선행되어야 한다. 논문을 쓰기 위해서는 자료 수집과 기초 조사가 선행되어야 한다.
반추하다	개교 100주년을 맞아 지난 100년을 반추하는 사진전이 열렸다. 노부부의 이야기를 다룬 이 영화는 우리 시대의 결혼의 의미를 반추해 보게 한다.

01. 빈칸에 알맞은 말을 쓰십시오.

보기 병아리 감별사는 갓 태어난 병아리를 보고 암 · 수를 (판별하)는 직업이다.

❶ 이번에 출간된 소설은 작가 자신의 생애를 (   )는 자전적인 작품이다.

❷ 그 사람과 돈 문제로 (   )어서/아서/여서 얼굴 보기가 불편하다.

❸ 내 친구는 물건을 고르는 (   )이/가 뛰어나다.

❹ 경제개혁이 이루어지기 위해서는 현실에 맞지 않는 제도의 개선이 무엇보다도 (   )어야/아야/여야 한다.

02. 빈칸에 알맞은 말을 쓰십시오.

보기 가: 어떤 텔레비전 프로그램을 좋아해요?
나: 개인이 가지고 있는 골동품이 진품인지 아닌지 전문가가 **보기** (판별해) ~~어/아/여~~ 주는 프로그램이 재미있어서 자주 봐요.

❶ 가: 이번 사고의 원인이 뭐라고 생각하세요?
나: 책임자들의 안전 불감증이 이런 대형 사고를 (   )었다고/았다고/였다고 생각합니다.

❷ 가: 오늘 아침 김영수 교수의 정치 칼럼을 읽어 봤어요?
나: 네, (   )지 않은 객관적인 시각으로 썼던데요.

❸ 가: 자폐아는 어떤 증상을 보이나요?
나: 타인과 (   )을/를 하지 못하는 것이 대표적인 증상 중 하나입니다.

❹ 가: 이번 선거는 여당 후보자에 대한 지지율이 낮은데 어떻게 생각하십니까?
나: 투표일까지는 2주 정도 시간이 있기 때문에 (   )은/는 크다고 생각합니다.

주제 어휘

역사 교육	• 길잡이가 되다 • 안목을 기르다 • 과거를 답습하다 • 역사관을 심어주다 • 과오를 인정하다 • 발전을 꾀하다 • 정체성을 확인하다 • 과거를 청산하다 • 시각이 편향되다 • 역사를 왜곡하다

01. 빈칸에 알맞은 말을 쓰십시오.

보기 많은 사람들은 잘못을 저질렀을 때 쉽게 자신의 (과오를 인정하)지 못한다.

❶ 이번 행사는 재외 동포들이 자신이 한국인이라는 (   )을/ㄹ 수 있는 시간이 되었습니다.

❷ 잘못된 (   )지 않기 위해서는 과거에 대한 반성이 선행되어야 할 것이다.

❸ 객관적인 기사를 쓰려면 기자의 (   )어서는/아서는/여서는 안 된다.

❹ 위안부 할머니들은 일본 정부가 위안부 문제에 대해 (   )고 있다고 비난했다.

02. 빈칸에 알맞은 말을 쓰십시오.

역사는 해석의 학문입니다. 같은 역사적인 사실을 가지고도 역사학자의 주관적인 해석에 따라 그 평가는 달라질 수 있습니다. **보기** (시각이 편향된)~~은/ㄴ~~ 역사학자가 교육을 한다면 학생들에게 왜곡된 ❶ (   )을/ㄹ 수 있습니다. 따라서 좋은 역사교과서와 역사 교사는 다양한 역사적인 해석을 제공하고 학생들이 스스로 판단할 수 있도록 ❷ (   )어야/아야/여야 합니다. 현대에 와서 일부 국가 간에 역사 왜곡 문제로 갈등을 빚고 있는데, 독일은 유치원부터 과거사 교육을 시작한다고 합니다. 세계 2차 대전 때 그들이 저지른 잘못을 숨기지 않고 교육함으로써 자국의 ❸ (   )고 잘못된 ❹ (   )어/아/여 올바른 민주 시민이 되도록 교육하고 있는 독일의 역사 교육은 세계적으로 존경받을 만합니다.

문법 1 -은/ㄴ 채

- 동사의 어간 뒤에 써서 어떤 행위가 이루어진 상태 그대로 후행문의 내용이 발생했음을 나타낸다.
- 동사의 어간이 자음으로 끝나면 '-은 채'를 쓰고, 모음으로 끝나면 '-ㄴ 채'를 쓴다.

❶ 나는 안경을 낀 채 수영장에 들어갔다.
❷ 그는 고개를 숙인 채 아무 말이 없었다.
❸ 그 아이는 신발을 신은 채로 방에 들어오려고 했다.
❹ 김 회장은 자신의 잘못을 바로 잡지 못한 채 자리에서 물러나게 되었다.

01. 알맞은 말을 골라 보기 와 같이 문장을 완성하십시오.

- 옷을 입다
- 가스불을 켜 놓다
- 학생 한 명은 운동화 끈이 풀리다
- 당 대표는 외부와 연락을 끊다
- 그 실종 사건은 경찰의 재수사에도 해결되지 못하다
- 대성 기업 회장이 행방불명된 지 일주일 만에 별장 근처 호숫가에서 숨지다

보기 옷을 입은 ~~은/ㄴ~~ 채 잠이 들었다.

❶ ______________________ 은/ㄴ 채 외출했다가 큰일 날 뻔한 적이 있다.

❷ ______________________ 은/ㄴ 채 뛰다가 넘어져서 무릎에 피가 났다.

❸ ______________________ 은/ㄴ 채 자택에서 머물고 있다.

❹ ______________________ 은/ㄴ 채 발견되었다.

❺ ______________________ 은/ㄴ 채 사건의 공소시효가 만료되었다.

02. 다음은 사건 뉴스입니다. 알맞은 말을 골라 이야기를 완성하십시오.

• 숨지다	• 끊기다	• 가리다
• 술에 취하다	• 빚을 갚지 못하다	• 쓰러지다

안타까운 소식입니다. 한 달 전 모든 연락이 **보기** 끊긴 ~~은/ㄴ~~ 채 행방불명되었던 가수 김영태 씨가 한 호텔방에서 ❶ ________ 은/ㄴ 채 발견되었습니다. 경찰은 김 씨가 외식사업에 손을 댔으나 부도가 나 경제적인 어려움에 괴로워하다가 자살을 선택한 것으로 보고 있습니다. 김 씨는 부채가 상당했지만 ❷ ________________ 은/ㄴ 채 사업 규모를 더 확장했다가 부도를 맞아 도피 중이었습니다. 측근에 의하면 김 씨는 슈퍼에 갈 때 모자와 선글라스로 얼굴을 ❸ ________ 은/ㄴ 채 시장을 보았고, 심지어 여자 가발을 쓰고 외출을 한 적도 있다고 합니다. 그의 전 여자 친구는 뒤늦게 소식을 듣고 눈물을 흘리며 김영태 씨가 며칠 전 ❹ ________________ 은/ㄴ 채 전화를 했었다고 말했습니다. 그가 발견된 호텔방에는 여기저기 술병이 ❺ ________ 은/ㄴ 채 뒹굴고 있었습니다.

문법 2 을/를 통해

- 명사 뒤에 써서 '그것을 수단으로 하여'의 뜻이나 '어떤 과정이나 경험을 거쳐'의 뜻으로 쓴다.
- 명사가 자음으로 끝나면 '을 통해'를 쓰고, 모음으로 끝나면 '를 통해'를 쓴다.

❶ 인터넷을 통해 대량의 정보를 주고받는 세상이 되었다.
❷ 그 사람을 통해 지금의 남편을 만나게 되었다.
❸ 신문 기사를 통해 오랫동안 연락이 끊긴 친구의 소식을 알게 되었다.
❹ 사람은 실패를 통해 교훈을 얻고 성장한다.

01. 보기 와 같이 연결하고 문장을 완성하십시오.

보기 친구 ——	고 3때 담임 선생님이 편찮으시다는 소식을 듣게 되었다.
❶ 면세점 사업 •	• 나눔의 기쁨을 알게 되었다.
❷ 봉사 활동 •	• 전염되기 때문에 접촉을 피하면 전염 가능성은 없다.
❸ 신체적인 접촉 •	• 매출이 4~5배 증가할 것으로 기대하고 있다.
❹ 자신의 트위터 •	• 시민들에게 일반 법률 상식을 보급할 계획이다.
❺ 무료 법률상담코너 •	• 사귀고 있는 여자 친구가 누구인지 공개했다.

보기 친구를 통해 고 3때 담임 선생님이 편찮으시다는 소식을 듣게 되었다.

❶ ______________________________

❷ ______________________________

❸ ______________________________

❹ ______________________________

❺ ______________________________

02. 다음은 방역당국 국장과의 인터뷰입니다. 다음 정보를 이용해 대화를 완성하십시오.

- **바이러스 발원지** : 중동 지역, 박쥐 → 낙타 → 사람
- **확산 경로** : 중동 지역을 방문했다가 감염되어 온 사람
- **전염 방식** : 신체 접촉, 코와 입 등의 호흡기 부위로
- **감염환자 관리 방법** : 격리 치료
- **예방법** : 손씻기, 마스크 쓰기, 기침 예절 등 철저한 개인위생 관리
- **시사점** : 전염성 질병 예방을 위해 국가차원의 체계적인 관리 필요

기자: 이 바이러스가 어떻게 사람에게 전이되었나요?
국장: **보기** 중동 지역의 낙타를 통해 사람에게 전이되었습니다.

기자: 우리나라에는 어떻게 퍼지게 되었습니까?
국장: ❶ ________________

기자: 다른 사람에게 어떻게 전염이 되나요?
국장: ❷ ________________

기자: 감염된 환자는 어떻게 관리하고 있습니까?
국장: ❸ ________________

기자: 일반 시민들이 어떻게 이 질병을 예방할 수 있습니까?
국장: ❹ ________________

기자: 이런 전염병이 발생하지 않도록 하려면 어떻게 해야 할까요?
국장: ❺ ________________

활동 위에서 배운 어휘와 문법을 사용하여 다음 중 하나를 골라 이야기해 보십시오.

- 각국의 역사 교육의 현황
- 역사 교육의 목적

보기 한국은 초등학교 5학년부터 역사를 가르치는데, 사회 과목의 일부분으로 고대사부터 현대사까지 인물 중심으로 가볍게 다룹니다. 중학교 때는 역사 과목이 있는데 한국사와 세계사로 나누어서 정치사적인 내용 중심으로 현대사까지 모두 가르칩니다. 그리고 고등학교에서는 한국사, 세계사, 동아시아 3과목으로 나누어서 사회, 경제사 중심으로 가르칩니다.

역사 교육을 통해 편향되지 않은 역사관을 심어주고, 잘못된 과거를 답습하지 않고 한국인으로서의 정체성을 가지고 자주적인 태도로 살아갈 수 있도록 하는 데 목적을 두고 있습니다.

02 역사의 기록

학습목표 역사 기록 관련 어휘를 익혀서 활용할 수 있다.
'-다시피', '-음에도 불구하고' 표현을 익혀서 활용할 수 있다.

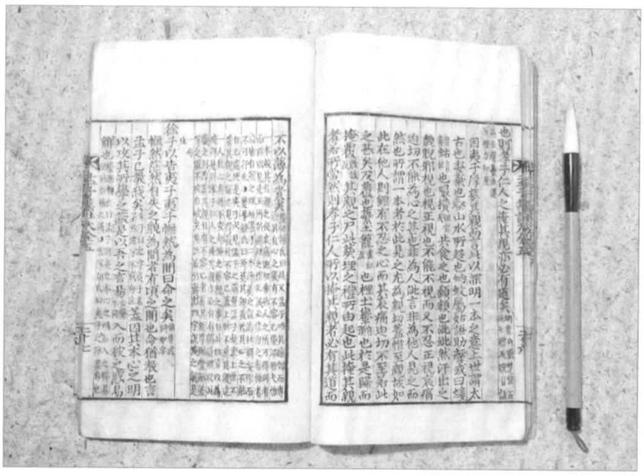

리에 미선 씨, 제가 요즘 한창 사극에 빠져 있는데 임금의 옆에 붙어살다시피 하면서 뭔가를 열심히 쓰는 사람이 있더라고요. 뭐하는 사람이에요?

미선 아, 사관요? 임금의 일거수일투족을 기록하는 사람이에요. 그렇게 기록한 내용들을 모아 왕의 사후에 편찬한 책이 실록이고요.

리에 그럼 조선왕조실록은 역대 조선시대 왕에 대해 굉장히 자세히 기록되어 있겠군요.

미선 네, 맞아요. 예를 들면 왕이 사냥을 하다가 넘어진 것, 왕이 그걸 적지 말라고 했다는 내용까지 다 기록되어 있어요. 그리고 왕의 행적만이 아니라, 왕과 신하들 사이에 오고간 모든 행정적, 정치적 사안들까지도 기록하고 있어요. 그런 역사적 가치를 인정받아서 1997년에 유네스코 세계문화유산에 등재되었고요.

리에 한 마디로 500년 조선의 역사서네요. 그걸 통해 현대 한국 사람들은 조선 왕조의 정치사를 한눈에 훑어볼 수 있겠군요.

미선 그렇지요. 하지만 역사 기록이라는 게 항상 사실대로만은 아닐 거예요. 역사는 사실대로 기술되어야함에도 불구하고 누가 권력을 잡느냐에 따라 달라지기도 하지요. 그래서 역사를 이긴 자의 기록이라고 하잖아요.

새 어휘

사관	사관은 왕의 곁에서 일어나는 일을 사실 그대로 기록하였다. 나라 일을 보는 왕 옆에서 사관이 붓을 든 채 졸자 왕이 꾸짖었다.
일거수일투족	경찰은 용의자의 일거수일투족을 감시했다. 좋아하는 가수의 일거수일투족을 연예계 기자들보다 더 잘 알고 있는 팬들도 있다.
편찬하다	사전을 편찬하는 일은 여간 어려운 일이 아니다. 재외동포를 위한 한국어 교재를 편찬하기 위해 연구팀이 구성되었다.
조선왕조실록	조선왕조실록에 따르면 태종 15년에 큰 가뭄이 들었다고 한다. 조선왕조실록 같은 중요한 역사 자료는 잘 보존해서 후손에게 전달해야 한다.
역대	그 영화는 역대 최고의 관객 수를 기록했다. 역대 대통령 중 국민들이 가장 존경하는 대통령은 누구입니까?
행적	그 작가가 월북한 이후의 행적에 대해서는 아무도 모른다. 경찰이 사건 당시의 행적에 대해 물었을 때 용의자는 정확하게 설명을 못했다.
사안	회의에서 다루었던 모든 사안을 꼼꼼하게 기록하는 것이 나의 일이다. 이번 국회에서 다루어야 할 가장 시급한 사안은 노동법 처리입니다.
등재되다	창덕궁은 1997년에 유네스코 세계문화유산에 등재되었다. 맞춤법이 틀렸지만 사람들이 많이 사용하는 단어들이 표준어로 인정되어 사전에 등재되었다.
훑어보다	나를 아래위로 훑어보는 그 사람의 시선이 불쾌했다. 서류를 꼼꼼하게 읽어볼 시간이 없어서 대충 훑어보았다.

01. 빈칸에 알맞은 말을 쓰십시오.

보기 그 여자는 우리 집을 대충 (훑어보)더니 바로 계약을 하자고 했다.

❶ 이번 일은 회사의 미래가 달려있는 중대한 (   )이므로/므로 신중하게 결정해야 한다.

❷ 일본인들이 주도하여 (   )은/ㄴ 고종과 순종에 대한 기록은 조선왕조실록에 포함시키지 않는다.

❸ 조선 시대의 역사를 기록한 (   )은/는 깊은 산 속이나 섬 같이 안전한 곳에 보관하였다.

❹ 조선 시대에 역사 기록을 담당한 관리를 (   )이라고/라고 한다.

02. 빈칸에 알맞은 말을 쓰십시오.

김소희는 **보기** (역대) 한국 배우 중 가장 인기 있는 여배우 중 한 명이었다. 왕성하게 활동할 당시 ❶ (   )이/가 기자들에 의해 대중에게 알려졌다. 대중의 지나친 관심을 힘들어한 그녀는 결혼과 동시에 은퇴를 선택했고 은퇴 기자회견에서 항상 자신을 ❷ (   )는 듯한 사람들의 시선이 힘들었다고 했다. 팬들은 그녀가 다시 활동하기를 원했지만 그녀는 연예계를 완전히 떠났다. 그 후 주민등록 명부에도 ❸ (   ) 어/아/여 있지 않다는 둥 외국에 가서 산다는 둥 소문만 돌고 그녀의 ❹ (   )을/를 아는 사람은 아무도 없었다.

주제 어휘

역사 기록	• 역사관	• 관점	• 실록	• 의궤	• 사고
	• 기록 유산	• 편찬	• 기술하다	• 소실되다	• 보유하다

01. 빈칸에 알맞은 말을 쓰십시오.

보기 역사적인 인물의 경우 어떤 (관점으로)~~으로/로~~ 보느냐에 따라 평가가 달라질 수 있다.

❶ 우리는 선조들이 남긴 (   )을/를 통해 역사를 되돌아볼 수 있다.

❷ 경찰은 그 사람에게 사고 당시의 상황을 정확하게 (   )으라고/라고 했다.

❸ 그 선수는 남자 100미터 달리기에서 세계최고기록을 (   )고 있다.

❹ 동일한 역사적 사실도 어떠한 (   )에 의해 쓰여졌는지에 따라 내용이 달라질 수 있다.

02. 빈칸에 알맞은 말을 쓰십시오.

조선시대 왕실에서 이루어진 각종 의례의 모습을 자세히 기술한 것이 **보기** (의궤)이다. ❶ (   )과/와 의궤와 같은 기록물들은 수차례의 화재와 전쟁을 겪으면서도 ❷ (   )지 않고 오늘날까지 이어져 내려오고 있다. 오늘날 우리가 ❸ (   )고 있는 이런 ❹ (   )을/를 잘 보존해서 후세에 전달해야 할 것이다.

문법 1 —다시피

• 동사의 어간 뒤에 써서 실제로 그 동작을 하는 것은 아니지만 그 동작에 가깝게 함을 나타낸다.

❶ 회의 시간이 얼마 안 남아서 뛰다시피했다.
❷ 꾸준히 치료를 받았더니 보시다시피 건강이 많이 좋아졌어요.
❸ 어렸을 때 가장 친했던 단짝 친구는 우리 집에서 살다시피했다.
❹ 모두들 아시다시피 실적이 부진해서 임금을 동결할 수밖에 없습니다.

01. 보기 와 같이 연결하고 문장을 완성하십시오.

보기 너도 알다 •	• 지난 1년간의 실적이 부진해서 임금을 동결할 수밖에 없습니다.
❶ 조금 전 방송에서 들으셨다 •	• 스트레스는 만병의 근원이니 조심하세요.
❷ 모두들 알다 •	• 얼마 전에 아르바이트를 시작해서 요즘 정신이 없어.
❸ 지금 그래프에서 보시다 •	• 엘리베이터가 고장나서 계단을 이용해야 합니다.
❹ 서론에서 밝혔다 •	• 다음 주부터는 출장을 가야해서 회의에 참석할 수 없습니다.
❺ 며칠 전에 말씀드렸다 •	• 이 논문의 목적은 역사 교육의 현황과 과제를 알아보는 것이다.

보기 너도 알다시피 얼마 전에 아르바이트를 시작해서 요즘 정신이 없어.

❶ ______

❷ ______

❸ ______

❹ ______

❺ ______

02. 다음은 기자와 가수의 인터뷰 내용입니다. 알맞은 말을 넣어 대화를 완성하십시오.

기자: 어린 시절에 연예계에 데뷔하셨는데 부모님의 반대는 없으셨어요?

가수: 당연히 있었지요. 그런데 날마다 보기 울다시피하니까 부모님께서 승낙해주셨어요.

기자: 그랬군요. 그럼 연습생 시절 이야기를 좀 해주세요.

가수: 그 때는 연습실에서 ❶ ________ 다시피했어요. 당시 유행하던 노래 가사와 안무는 다 ❷ ________ 다시피했어요. 그리고 체중을 조절하느라고 밥을 ❸ ________ 다시피했어요.

기자: 그렇게 힘든 연습생 생활을 7년이나 했다니 대단하신데요. 참, 이번 곡에서 보여준 안무 실력이 대단하던데 원래부터 춤을 잘 추셨나요?

가수: 아니에요, 사실 춤은 정말 자신이 없는 부분이에요. 그래서 밤을 ❹ ________ 다시피하면서 안무 연습을 했어요. 연습이 끝나고 집에 갈 때는 너무 힘들어서 ❺ ________ 다시피해서 갔고요.

기자: 역시 소문대로 노력파시군요. 그럼 이번 곡도 잘 되길 바라겠습니다.

가수: 네, 감사합니다.

문법 2 -음에도/ㅁ에도 불구하고

- 명사나 명사 구실을 하는 표현 뒤에 써서 앞의 행위나 상태의 결과에서 기대할 수 있는 것과 다르거나 반대의 사실이 결과적으로 뒤에 올 때 쓴다.

❶ 지독한 몸살에도 불구하고 출근을 했다.
❷ 그 회사는 월급이 많음에도 불구하고 일하겠다는 사람이 없어요.
❸ 여러 번 읽었음에도 불구하고 무슨 말인지 이해가 안 된다.
❹ 그 선수는 부상을 입었음에도 불구하고 경기가 끝날 때까지 뛰었다.

01. 보기 와 같이 연결하고 문장을 완성하십시오.

보기 음식을 많이 준비했다 •	• 야유회에 전 직원이 참석했다.
❶ 방학이다 •	• 모자랐다.
❷ 매일 운동을 하다 •	• 한국말을 전혀 못 해요.
❸ 담뱃값이 올랐다 •	• 피우는 사람들이 여전히 많아요.
❹ 한국에서 오래 살았다 •	• 살이 안 빠져요.
❺ 비가 많이 오다 •	• 도서관에 공부하는 사람이 많아요.

보기 음식을 많이 준비했음에도 불구하고 모자랐다.

❶ ____________________

❷ ____________________

❸ ____________________

❹ ____________________

❺ ____________________

02. 다음은 한 독립운동가에 대한 신문기사입니다. 알맞은 말을 골라 이야기를 완성하십시오.

- 만류하다
- 감시가 심하다
- 의사로서의 삶이 보장되다
- 안정된 직장이 있다
- 어려운 형편이다
- 위험하다는 것을 알다

박자혜 여사는 3.1 운동 당시 간호사로 일을 하던 중 독립운동을 하다가 병원에 실려 오는 환자들을 보고 만세운동에 가담하기로 한다. 그러나 계획이 일본 경찰의 귀에 들어가 감옥살이를 하게 된다. 감옥에서 나온 후 간호사라는 **보기** 안정된 직장이 있음에도 불구하고 ~~음에도/ㅁ에도 불구하고~~ 북경으로 떠난다. 북경에서 의대를 다니다가 독립 운동가인 신채호와 사랑에 빠진다. 독립운동가의 삶이 ❶ ______________ 음에도/ㅁ에도 불구하고 그와 결혼하여 아들을 낳는다. 대학을 졸업하면 ❷ ______________ 음에도/ㅁ에도 불구하고 학업을 그만두고 남편의 뒷바라지를 위해 다시 경성(서울)으로 돌아오게 된다. 일본의 ❸ ______________ 음에도/ㅁ에도 불구하고 국내외 독립운동가들의 연락을 담당하고 독립운동가들을 숨겨준다. 신채호가 감옥에서 죽자 주위 사람들이 위험하다고 ❹ ______________ 음에도/ㅁ에도 불구하고 혼자 중국으로 가서 장례를 치른다. ❺ ______________ 음에도/ㅁ에도 불구하고 아들의 교육에 힘쓴다. 독립운동가의 아내이면서 독립운동가였던 박자혜 여사의 이러한 행적은 뒤늦게 인정되어 사후 47년이나 지난 1990년에야 건국 훈장을 받게 된다.

활동 위에서 배운 어휘와 문법을 사용하여 다음 중 하나를 골라 이야기해 보십시오.

- 기록 문화의 필요성
- 자국의 기록 문화
- 자신이 알고 있는 기록 문화

보기 『난중일기』는 이순신 장군이 임진왜란 당시 쓴 일기입니다. 이순신 장군은 전쟁이라는 극한 상황에도 불구하고 거의 날마다 일기로 전쟁의 상황을 기록하였습니다. 일기에는 전쟁 상황, 개인적인 심정, 당시의 날씨나 전장의 지형, 서민들의 생활상까지 상세하게 기술되어 있습니다. 당시 동아시아의 국제 정세와 군사적 갈등을 보여주는 중요한 자료라는 것이 인정되어 2013년 유네스코 세계문화 유산에 등재되었습니다.

03 역사를 바꾼 사건

학습목표 역사적 사건 관련 어휘를 익혀서 활용할 수 있다.
'-는 듯싶다', '-는다는 점에서' 표현을 익혀서 활용할 수 있다.

학생 교수님, 중세의 몰락을 초래한 사건 중 하나가 십자군 전쟁이라고 하셨잖아요? 그런데 그 십자군 전쟁을 중세 시대의 상징적 인물인 교황이 지시했다는 사실이 참 아이로니컬한 것 같아요.

교수 아, 그렇게 볼 수도 있겠네요. 그 당시의 교황은 자신의 세력과 위세를 강화하려고 전쟁을 독려했지만 결과적으로는 원정대의 잇따른 패배로 자신의 권위는 물론 중세 시대의 기반까지도 무너지게 되니까요.

학생 그렇다면 300여 년 동안 수많은 인명과 재산 피해를 낸 십자군 전쟁은 인류사에서 불필요했던 사건이 아닐까요?

교수 글쎄요. 그렇게만 볼 건 아닌 듯싶어요. 십자군 원정대가 아랍 문화권으로 싸우러 들어감으로 인해 자기들보다 발달된 다른 문화를 접하게 된 유럽인들의 시야가 확장되는 계기가 됐다는 점에서 중요한 역사적 전환점이 된 사건이라고 평가할 수 있어요.

학생 유럽 안에만 갇혀 있던 유럽인들이 더 넓은 세계를 보게 된 거군요.

교수 또한 중세 봉건제도의 주축인 영주 세력들이 전쟁 때문에 경제적으로 힘을 잃게 되면서 중세시대가 해체되고 새로운 르네상스 시대로 접어 들게 됐지요.

새 어휘

몰락	이번 뇌물 수수 사건은 김 의원 정치 인생의 몰락을 초래했다. 번영했던 로마제국은 귀족들의 타락으로 몰락의 길을 걷게 되었다.
십자군 전쟁	십자군 전쟁은 동서양의 문화가 교류되는 계기가 되었다. 300년 넘게 계속된 십자군 전쟁으로 유럽의 중세 시대는 종말을 맞게 된다.
아이로니컬하다	열심히 하면 할수록 손해를 본다는 건 아이로니컬한 일이다. 그 식당은 전라도 음식 전문 식당인데 아이로니컬하게도 주인은 경상도 출신이라고 한다.
위세	무더위가 위세를 떨치고 있어 밤잠을 설치는 사람들이 많다고 한다. 고구려 광개토대왕의 위세는 주변국들이 두려워할 만큼 대단했다.
독려하다	젊은이들의 선거 참여를 독려하기 위해 인터넷 광고를 실시하고 있다. 교사는 학생들이 창의적인 사고를 하도록 독려해야 한다.
원정대	300여 년에 걸쳐 8차례의 십자군 원정대가 출정했다. 1962년 국내 최초의 히말라야 원정대가 마침내 히말라야 정상에 올랐다.
기반	그 나라는 수출을 통해 경제적 기반을 닦았다. 우리 선조들은 농업을 생활의 기반으로 삼았다.
전환점	한국 유학은 내 인생의 전환점이 되었다. 결정적인 증거의 발견으로 사건 해결에 새로운 전환점을 맞게 되었다.
해체되다	그 단체는 재정 부족으로 해체될 위기에 놓여 있다. 동유럽은 소련이 해체되면서 자유화되기 시작했다.
접어들다	무덥던 여름이 끝나고 어느새 가을로 접어들고 있다. 한창 잘 나가던 외식산업은 이제 사양길로 접어들었다.

01. 빈칸에 알맞은 말을 쓰십시오.

보기 지금 남극에서는 여러 나라에서 온 남극탐험 (원정대)들이 활동하고 있다.

❶ 재정적 지원의 중단으로 연구를 계속할 수 없어 그 연구팀은 결국 (   )었다/았다/였다.

❷ 시민들이 이 행사에 많이 참여할 수 있도록 (   )어/아/여 주십시오.

❸ 그 사람과의 만남은 내 인생의 (   )이/가 되었다.

❹ IT 강국인 한국에서 아직도 의료 분야에서 정보 공유가 이루어지지 않고 있다는 사실은 매우 (   )은/ㄴ 일이다.

02. 빈칸에 알맞은 말을 쓰십시오.

한때 로마제국은 지중해 동부에서 그리스 북부 지역에 이르는 영토를 차지할 만큼 그 **보기** (위세가) ~~이/가~~ 대단했다. 그러나 계속된 내전과 중앙아시아 지역 훈족의 침입으로 로마제국은 서서히 쇠락의 길로 ❶ (   )게 되었다. 게다가 생산을 담당하던 농민계급은 토지를 빼앗겨 ❷ (   )었고/았고/였고 사치에 빠진 귀족들로 인해 경제적 ❸ (   )까지 무너져 끝내 로마제국은 ❹ (   )하게 되었다.

주제 어휘

역사적 사건	• 신흥 세력	• 혁명	• 문명 충돌	• 몰락	• 붕괴
	• 교류하다	• 유입되다	• 전파되다	• 해체되다	• 부흥하다

01. 빈칸에 알맞은 말을 쓰십시오.

보기 프랑스 시민들은 왕의 폭정을 견디지 못하고 (혁명을)~~을/를~~ 일으켰다.

❶ 지진으로 많은 건물들이 (   )되었다.

❷ 르네상스 시대에는 고대 그리스 · 로마 문화가 (   )었다/았다/였다.

❸ 동서양이 (   )음으로써/ㅁ으로써 사람들은 새로운 세계에 눈을 뜨게 되었다.

❹ 종교와 문화적 차이에서 비롯된 (   )이/가 세계 평화를 위협하고 있다.

02. 빈칸에 알맞은 말을 쓰십시오.

고려 시대에는 외국과 활발하게 **보기** (교류했다)~~었다/았다/였다~~. 그래서 당시 고려에는 외국의 다양한 문화와 물건이 ❶ (   )었고/았고/였고 고려의 문화도 서구에 ❷ (   )었다/았다/였다. '코리아'라는 나라 이름도 아라비아 사람이 고려를 '코리아'로 발음하면서 사용하게 되었다고 한다. 그러나 이렇게 외국과 활발한 교류로 번영하던 고려도 말기에는 구세력인 친원파와 이에 대응하여 새롭게 등장한 ❸ (   )의 갈등 속에서 혼란을 겪다가 ❹ (   )의 길을 걷고 결국 조선에 그 자리를 물려주게 된다.

문법 1 -는/은/을 듯싶다

- 동사나 형용사의 어간 뒤에 써서 어떤 것에 대한 화자의 주관적인 판단이 개입된 짐작이나 추측을 나타낸다. '-는/은/ㄴ/인 것 같다'의 뜻이다.
- 동사나 '있다', '없다'의 어간 뒤에서는 '-는 듯싶다'를 쓰고, 형용사나 과거 동사의 어간이 자음으로 끝나면 '-은 듯싶다'를, 모음으로 끝나면 '-ㄴ 듯싶다'를 쓴다. 또한 추측을 나타낼 때 동사나 형용사의 어간 뒤에는 '-을/ㄹ 듯싶다'를 쓴다.

❶ 한국 사람들은 학력을 중요하게 여기는 듯싶어요.

❷ 아기가 우는 걸 보니 배가 고픈 듯싶어요.

❸ 일을 그렇게 처리하면 우리 쪽에 손해인 듯싶어요.

❹ 그 사람 체력이 좋은 걸 보면 꾸준히 운동을 한 듯싶어요.

01. 보기 와 같이 연결하고 대답을 완성하십시오.

보기 "그 사람은 원어민처럼 영어를 하네요." •	—• 어렸을 때부터 영어를 배웠다
❶ "요즘 미선 씨를 통 볼 수가 없네요." •	• 여자 친구와 헤어졌다
❷ "영수 씨가 요즘 기운이 없어 보이는데 왜 그래요?" •	• 두 사람이 사귀다
❸ "날마다 시끄럽던 옆집이 요즘엔 조용하군요." •	• 이사를 갔다
❹ "강아지가 밥을 안 먹네." •	• 요즘 시험공부로 바쁘다
❺ "저 두 사람은 날마다 같이 밥을 먹는군요." •	• 어디가 아프다

보기 어렸을 때부터 영어를 배운 듯싶어요.

❶ ______________________

❷ ______________________

❸ ______________________

❹ ______________________

❺ ______________________

02. 다음은 자신이 좋아하는 연예인을 소개하는 블로그 글입니다. 알맞은 말을 넣어 이야기를 완성하십시오.

나는 가수 카이를 좋아하지만 만난 적은 없어요. 그런데 날마다 그 가수에 관한 뉴스를 찾아보거나 팬 카페와 홈페이지에 들러서 소식을 들어요. 카이의 홈페이지에는 강아지들하고 같이 찍은 사진이 많아요. 아마 강아지를 여러 마리 **보기** 키우는 ~~는/은/ㄴ~~ 듯싶어요. 동물을 좋아하는 사람은 마음이 따뜻하다던데 카이도 마음이 ❶ ________________ 는/은/ㄴ 듯싶어요. 어제는 인터넷뉴스에 공항 사진이 올라왔던데 아마 외국으로 화보 촬영을 하러 ❷ ____________ 는 /은/ㄴ 듯싶어요. 그리고 팬 카페에 강남에 있는 파스타식당에서 자주 봤다는 목격담이 많은 걸 보면 파스타를 ❸ ____________ 는/은/ㄴ 듯싶어요. 그리고 언제나 여러 사람들과 어울려 다닌다는 걸 보면 여자 친구는 ❹ ____________ 는/은/ㄴ 듯싶어요. 또 지난 번 팬 카페에서 보니까 다음 달부터 뮤지컬 연습에 들어간대요. 곧 뮤지컬 무대에서 ❺ ____________ 을/ㄹ 듯싶어요. 기대가 돼요.

문법 2 -는다는/ㄴ다는/다는 점에서

- 동사나 형용사의 어간 뒤에 써서 앞 문장에서는 어떤 사실이나 특성을 말하고 '-다는 점에서' 뒤에서는 그것에 대해서 평가를 하거나 결론을 내릴 때 쓴다.
- 동사의 어간이 자음으로 끝나면 '-는다는 점에서'를 쓰고, 모음으로 끝나면 '-ㄴ다는 점에서'를 쓰고, 형용사의 어간 뒤에서는 '-다는 점에서'를 쓴다.

❶ 이번 행사는 세계 각국의 지도자들이 참석한다는 점에서 중요한 외교의 장이 될 것입니다.

❷ 이번 전염병은 적당한 치료약이 없다는 점에서 그 심각성이 크다고 할 수 있습니다.

❸ 박 대통령은 한국 최초의 여성 대통령이라는 점에서 주목을 받고 있습니다.

❹ 프랑스 혁명으로 왕정이 무너지고 시민 중심 사회가 열렸다는 점에서 그 혁명은 역사적으로 큰 의미가 있다고 봅니다.

01. 보기 와 같이 연결하고 문장을 완성하십시오.

보기 돌리는 세계 최초의 복제동물이다	더 놀랍다고 할 수 있다.
❶ 이번 회담은 남북이산가족 상봉을 논의하다	세계 평화에 기여를 할 것으로 보인다.
❷ 이 행사는 세계 모든 나라가 참가하다	과학자들의 주목을 받았다.
❸ 이 로봇은 초등학생이 만들었다	소장 가치가 있다.
❹ 그 전시회는 작가의 청년 시절 작품을 전시하다	작가의 초기 작품 세계를 엿볼 수 있다.
❺ 이번 앨범은 한정판으로 발매되다	국민적 관심을 모으고 있다.

보기 돌리는 세계 최초의 복제동물이라는 점에서 과학자들의 주목을 받았다.

❶ ______________________________

❷ ______________________________

❸ ______________________________

❹ ______________________________

❺ ______________________________

02. 다음은 한 전자회사의 신제품개발 발표회에서 신제품을 소개하는 상황입니다. 알맞은 말을 골라 이야기를 완성하십시오.

- 국내기술로 만들었다
- 시판하다
- 태양에너지를 이용하다
- 안전하게 사용할 수 있다
- 디자인을 했다
- 부가세 면제 제품이다

안녕하십니까?

이번에 저희 회사에서 새로운 개념의 스마트워치를 개발하여 이렇게 소개의 말씀을 드리게 되었습니다. 우선 이 시계는 순수한 **보기** 국내기술로 만들었다는 ~~는다는/ㄴ다는/다는~~ 점에서 그 의의가 크다고 할 수 있으며 세계 최초로 일반소비자들에게 ❶ ______________ 는다는/ㄴ다는/다는 점에서도 의미가 있습니다. 또한 ❷ ______________ 는다는/ㄴ다는/다는 점에서 친환경적인 제품이라고 할 수 있으며 통신사와의 협력 하에 완벽한 개인정보유출 방지 시스템을 도입하여 해킹에 대한 염려 없이 ❸ ______________ 는다는/ㄴ다는/다는 점에서 소비자 여러분들의 만족도를 높일 것이라고 자신합니다. 그리고 무엇보다도 세계적인 디자이너 김용호 씨가 이 제품의 ❹ ______________ 는다는/ㄴ다는/다는 점에서 소비자 여러분의 감성적인 부분을 만족시킬 것이고 ❺ ______________ 이라는/라는 점에서 가격적인 만족도도 클 것으로 확신합니다.

활동 위에서 배운 어휘와 문법을 사용하여 다음 중 하나를 골라 이야기해 보십시오.

- 한 나라 또는 한 시대의 몰락을 초래하는 원인
- 세계의 역사에서 큰 전환점이 됐던 사건
- 자기 나라에서 역사적으로 중요했던 사건

보기 저는 한 나라의 몰락을 초래하는 원인은 나라의 기반을 이루는 일반서민층 또는 농민층의 붕괴라고 생각합니다. 왕이나 귀족 같은 권력층들이 자신들의 욕심을 채우기 위해 농민들의 토지를 빼앗고 결국 삶의 터전을 잃은 농민층이 해체되어 나라의 기반까지 흔들리게 됐던 일들을 과거 역사에서 많이 볼 수 있습니다. 로마제국과 프랑스 왕정의 몰락도 귀족들의 타락으로 인한 농민층의 붕괴 때문이었다는 점에서 이러한 사실을 확인할 수 있습니다.

04 신화와 역사

학습목표 신화 관련 어휘를 익혀서 활용할 수 있다.
'-음으로써', '-는다손 치더라도' 표현을 익혀서 활용할 수 있다.

따루 유적 답사 동아리에서 개천절을 맞아 마니산 참성단에 갔다 왔어요. 단군 신화도 자세하게 읽어 봤는데, 역시 천손강림 유형이더군요.

민우 네, 대부분의 건국 신화가 그러하듯이 주인공을 신격화함으로써 국가 건설과 통치 권력에 정당성을 부여하고 사회적 통합을 도모하는 것이지요.

따루 단군 신화에 나오는 호랑이나 곰은 어떻게 해석할 수 있을까요?

민우 신화에 등장하는 환웅, 호랑이, 곰은 각각 태양, 호랑이, 곰을 토템 신으로 모셨던 부족으로 해석할 수 있어요. 청동기 문화를 지닌 북방의 환웅 부족이 한반도 토착 세력인 곰 부족을 통합해 새로운 나라를 세웠다는 해석이 가능해요.

따루 그럼, 환웅이 하늘에서 내려올 때 데려온 풍백, 우사, 운사를 통해서는 고조선이 농경사회였음을 유추할 수 있겠네요. 그런 해석이 가능하다손 치더라도 단군이 1500여 년 동안 나라를 다스렸다는 부분은 어떻게 이해해야 하나요?

민우 아, 단군왕검은 사람 이름이 아니라 최고 지배자를 부르는 말이에요. 단군은 제사장, 왕검은 정치적 지배자를 의미하는데, 이는 고조선이 제정일치 사회였음을 반영하고 있어요. 단군왕검이 대를 이어 계속 고조선을 지배했다는 뜻 아니겠어요?

새 어휘

통치	유교는 조선시대의 통치 이념이었습니다. 우리나라는 30여 년간 다른 나라의 통치를 받았다.
정당성	노동자들이 파업 행위의 정당성을 주장하고 있다. 쿠데타로 집권한 정부는 정당성을 인정받기 어렵습니다.
부여하다	학생들에게 공부를 하고자 하는 동기를 부여하는 것이 중요하다. 1893년 뉴질랜드는 세계 최초로 여성들에게 선거권을 부여했습니다.
도모하다	사원들 간의 친목을 도모하려고 모임을 만들었어요. 생산성 향상을 도모하기 위해 첨단 시설을 도입했다.
부족	고대 한반도에는 부여, 옥저, 동예 등의 부족 국가가 있었다. 두 부족 간의 싸움으로 많은 희생자가 생겼다.
토착	이 회사는 국내 자본으로 설립된 한국 토착 기업입니다. 바다 건너에 살던 부족이 이 지역에 살던 토착 세력을 몰아내고 나라를 세웠다.
유추하다	제목을 통해 기사의 내용을 유추해 봅시다. 비밀번호는 남이 쉽게 유추할 수 없는 번호를 사용하십시오.
다스리다	조선시대의 영조는 52년 간 나라를 다스렸다. 이 책에는 마음을 다스리는 방법이 소개되어 있습니다.
제정일치	고조선은 제정일치 사회였다. 제정일치 사회에서 왕은 제사장의 역할을 했다.
지배	유럽에서 로마 제국의 지배를 받지 않은 나라는 거의 없다. 앞으로 컴퓨터가 인간을 지배하는 세상이 올지도 모른다.

01. 빈칸에 알맞은 말을 쓰십시오.

보기 제사와 정치가 분리되지 않은 정치 형태를 (제정일치라고)~~이라고/라고~~ 한다.

❶ 헐리우드 영화가 세계 영화 시장을 (   )하고 있다고 해도 과언이 아니다.

❷ 이 지역 노인들의 건강 증진을 (   )기 위하여 보건소에서 65세 이상 노인을 대상으로 일 년에 한 번 건강 검진을 실시하기로 했습니다.

❸ 어떤 경우에도 전쟁의 (   )은/는 인정받을 수 없다.

❹ 15세기부터 스페인은 세계 여러 지역에 식민지를 두어 (   )을/를 하였다.

02. 빈칸에 알맞은 말을 쓰십시오.

옛날 경주 지방에 마을 단위로 6개의 보기 (부족이)~~이/가~~ 모여서 살고 있었다. 각 마을에는 촌장이 있었는데, 어느 날 6명의 촌장들이 우물 옆 숲 속에서 울고 있는 흰 말을 발견하고 다가가자 말은 하늘로 날아가고 커다란 알이 남았다. 그 알에서 갓난아이가 나왔는데, 이 아이가 신라를 세운 박혁거세이다. 이 이야기에 나오는 6개의 부족은 북쪽에서 내려온 이주민들이다. 발달한 문화를 가지고 있던 이주민들이 원래부터 이 지역에 살던 ❶ (   )부족과 함께 나라를 세웠다. 또한 말과 물이 나오는 것으로 보아 혁거세는 기마민족이거나 해상 세력이었음을 ❷ (   )을/ㄹ 수 있다. 박혁거세는 61년 간 나라를 ❸ (   )다가 하늘로 올라갔고 7일 후 몸만 땅으로 떨어졌다. 이와 같이 주인공의 탄생과 죽음에 신성성을 ❹ (   )는 것이 신화의 특징이다.

주제 어휘

신화	• 건국신화	• 창세신화	• 시조신화	• 난생설화	• 천손강림
	• 구비전승	• 샤머니즘	• 토테미즘	• 절대적	• 초월적

01. 빈칸에 알맞은 말을 쓰십시오.

보기 어떤 사회집단의 최초의 조상에 대한 신화를 (시조신화라고)~~이라고/라고~~ 한다.

❶ (   )이란/란 특정 동·식물이나 자연물을 부족과 연결시켜 그것을 숭배하는 원시 종교를 말한다.

❷ 무당과 같은 사람이 신과 교류하여 예언이나 치료 등을 하는 원시 종교 형태를 (   ) 이라고/라고 한다.

❸ 원시시대부터 태양은 (   )인 존재로, 인간은 태양을 두려워했으며 가장 열심히 숭배하였다.

❹ 종교는 (   )인 존재에 대한 믿음을 통해 인간 생활의 어려움을 해결하려는 것이다.

02. 빈칸에 알맞은 말을 쓰십시오.

우주나 세계가 창조되는 과정에 대한 이야기가 보기 (창세신화이고)이고, 한 나라가 어떻게 세워졌는지에 대한 이야기가 ❶ (   )이다. 신화는 주인공의 성격에 따라 주인공이 알에서 태어난 ❷ (   ), 하늘에서 내려온 ❸ (   ) 등으로 분류된다. 이들 신화는 처음에는 사람들의 입에서 입으로 ❹ (   )되다가 문자가 생겨난 이후 기록되어 오늘날까지 전해지고 있다.

문법 1 –음으로써/ㅁ으로써

- 동사의 어간 뒤에 써서 어떤 행위를 도구, 방법, 수단으로 함을 나타낸다.
- 동사의 어간이 자음으로 끝나면 '–음으로써'를 쓰고, 모음으로 끝나면 '–ㅁ으로써'를 쓴다.

❶ 직원들의 복지를 향상시킴으로써 생산성을 늘릴 수 있다.

❷ 두 회사가 협력함으로써 더 큰 경쟁력을 갖추게 되었다.

❸ 김상국 선수가 팀에 합류함으로써 우리 팀은 더욱 완벽한 수비를 할 수 있게 되었다.

❹ 소비자 상담실을 운영함으로써 소비자들의 불만이나 의견을 제품 개발에 적극 활용할 수 있다.

01. 보기 와 같이 연결하고 문장을 완성하십시오.

보기 새로운 약이 개발되다	대통령에 당선될 수 있었다.
❶ 환경이 되살아나다	학생들의 집중력을 높일 수 있다.
❷ 경찰이 범인을 밝혀내다	이 지역을 찾는 사람이 많아지고 있다.
❸ 젊은이들의 지지를 얻다	직원들의 마음을 전했다.
❹ 시청각 자료를 활용하다	2년 만에 사건이 종결되었다.
❺ 구립 복지관에 이웃돕기 성금을 전달하다	암 치료에 새로운 길이 열렸다.

보기 새로운 약이 개발됨으로써 암 치료에 새로운 길이 열렸다.

❶ ____________________

❷ ____________________

❸ ____________________

❹ ____________________

❺ ____________________

02. 다음은 환경보호를 위해 할 수 있는 일에 대한 대화입니다. 알맞은 말을 골라 대화를 완성하십시오.

- 친환경적인 태양에너지를 이용하다
- 음식을 남기지 않다
- 개인컵을 사용하다
- 대중교통을 이용하다
- 어렸을 때부터 교육을 하다
- 쓰레기를 재활용하다

가: 환경오염으로 인한 갖가지 문제가 지구 곳곳에서 발생하고 있습니다. 환경보호를 위해 우리가 할 수 있는 일은 무엇이 있을까요? 예를 들면, 보기 친환경적인 태양에너지를 이용함으로써 ~~음으로써/ㅁ으로써~~ 오염 물질을 줄일 수 있겠지요?

나: ❶ ______________________ 음으로써/ㅁ으로써 차에서 나오는 배기가스를 줄이면 환경보호에 도움이 될 것입니다.

다: ❷ ______________________ 음으로써/ㅁ으로써 음식 쓰레기를 줄이는 것도 중요하다고 생각합니다.

라: ❸ ______________________ 음으로써/ㅁ으로써 쓰레기를 줄일 수 있습니다.

마: ❹ ______________________ 음으로써/ㅁ으로써 일회용품 사용을 줄여야 합니다. 그러나 무엇보다 중요한 것은 ❺ ______________________ 음으로써/ㅁ으로써 환경보호 의식을 심어주는 것이라고 생각합니다.

문법 2 -는다손/ㄴ다손/다손 치더라도

- 동사나 형용사의 어간 뒤에 써서 선행절이 사실임을 인정한다고 해도 그러한 것이 후행절에 아무런 영향을 미치지 않음을 나타내는 표현으로 '다고 하더라도'와 같은 의미이다. 뜻을 분명하게 하고 강조하기 위해서 '아무리'와 함께 쓰는 경우가 많다.
- 동사의 어간이 자음으로 끝나면 '-는다손 치더라도'를, 모음으로 끝나면 '-ㄴ다손 치더라도'를 쓰고, 형용사의 어간 뒤에서는 '-다손 치더라도'를 쓴다.

❶ 이번에는 내가 도와준다손 치더라도 다음에 또 같은 일이 일어나면 그때는 어떻게 할 거야?
❷ 능력이 있다손 치더라도 능력을 발휘할 수 있는 기회가 없으면 아무 소용이 없습니다.
❸ 내가 정리해고가 있을 거라는 소식을 미리 말했다손 치더라도 뭐가 달라졌겠어요?
❹ 아무리 부자라손 치더라도 그렇게 낭비를 하면 안 되지요.

01. 보기 와 같이 연결하고 문장을 완성하십시오.

보기 화를 낼만한 이유가 있었다	————	그렇게 감정적으로 부하직원을 대한 건 잘못한 것 같아요.
❶ 아무리 건강하다	• •	해결책을 찾을 수 없을 거예요.
❷ 설사 그 말이 거짓말이다	• •	어떻게 아내 생일을 잊을 수가 있어요?
❸ 아무리 정신이 없다	• •	나는 그렇게 믿고 싶어요.
❹ 전문가들이 모이다	• •	그렇게 무리를 하면 병이 나지요.
❺ 아르바이트를 구하다	• •	당장 학비를 마련하기 어려울 것 같아요.

보기 화를 낼만한 이유가 있었다손 치더라도 그렇게 감정적으로 부하직원을 대한 건 잘못한 것 같아요.

❶ ______________________

❷ ______________________

❸ ______________________

❹ ______________________

❺ ______________________

02. 보기 와 같이 대화를 완성하십시오.

보기 가: 수술하면 완치가 되겠습니까?
나: 수술을 한다손 치더라도 완치가 될지는 모르겠습니다.

❶ 가: 이렇게 큰 잘못을 저지른 사람에게는 인권을 보장해주지 않아도 된다고 생각합니다.
나: 그렇지 않습니다. 아무리 ______________________.

❷ 가: 뉴스를 보니까 수입이 없어서 생활이 힘들었던 70대 노인이 편의점에서 물건을 훔치다가 잡혔대.
나: 상황이 딱하긴 하지만, ______________________.

❸ 가: 건국신화는 모두 너무 비현실적인 것 같아.
나: 다소 ______________________.

❹ 가: 금리가 조금씩 오르고 있으니 투자 심리도 곧 회복되겠지요?
나: 글쎄요, ______________________.

❺ 가: 재정 상태가 이렇게 안 좋은데 사장님이 부도를 막아낼 수 있을까?
나: ______________________.

활동 위에서 배운 어휘와 문법을 사용하여 다음 중 하나를 골라 이야기해 보십시오.

- 자국의 건국 신화
- 자신이 알고 있는 신화나 신화의 주인공

보기 저는 고구려의 건국신화에 대해서 말씀드리겠습니다. 고구려를 세운 주몽은 알에서 태어났기 때문에 고구려의 건국신화는 난생설화 유형이라고 할 수 있습니다. 주몽은 활쏘기에 뛰어났는데, 그런 주몽을 시기하는 자들을 피해 도망을 갈 때 강에 사는 물고기들이 다리를 놓아 주몽을 도왔습니다. 이 신화는 이런 비현실적인 일이 일어나도록 함으로써 주몽이 특별한 존재임을 나타내고 있습니다.

제 2 과

경제

01 생산과 소비

02 자유무역과 보호무역

03 광고와 개인의 소비

04 투자와 투기

01 생산과 소비

학습목표 경제의 기본 개념 관련 어휘를 익혀서 활용할 수 있다.
'이자', '-으려야' 표현을 익혀서 활용할 수 있다.

여러분, 오늘은 경제의 기본 개념인 생산과 소비에 대해서 생각해 봅시다. 학생들이 수업을 듣는 것은 생산 활동일까요? 소비 활동일까요? 답부터 말하면 이것은 소비활동입니다. 노력이라는 행위를 지불함으로써 지식이나 기술을 소유하게 되니까요. 후에 이 지식과 기술을 이용해 일을 해서 소득이 생기면 그 행위는 생산 활동이 됩니다.

자연자원이라는 전제조건하에서 우리는 모두 이 생산과 소비를 하는 주체이자 객체입니다. 생산이 없으면 소비가 없고 소비가 없으면 생산도 없지요. 이 둘은 떼려야 뗄 수 없는 한 덩어리의 관계입니다.

이것은 공급과 수요라는 또 다른 개념과 맞물리는데, 생산자가 만든 생산품을 원하는 소비자에게 제공하는 공급과 소비자가 어떤 생산품을 원하는 수요가 맞아떨어지면 거래가 이루어지고 가격이 형성되지요.

또한 생산을 해서 공급을 한 후 얻는 것이 소득이지요. 이 소득은 여러 방식으로 분배가 이루어집니다. 분배는 곧 개인의 수입이 되고 이 수입은 소비활동의 토대가 됩니다.

이런 기본 과정을 바탕으로 인간의 욕구와 심리가 어우러져 현대 자본주의 사회의 복잡한 경제활동이 이루어지고 있습니다.

새 어휘

지불하다	그 남자는 커피값을 지불하고 조용히 커피숍을 나갔다. 항공사는 비행기 추락사고 피해자 가족들에게 보상금을 지불했다.
소유하다	예술가들 중에는 자유로운 영혼을 소유한 사람이 많다. 그의 할아버지는 많은 토지와 주식을 소유한 큰 부자였다.
전제조건	결혼의 전제조건은 경제력이라고 생각해요. 북한은 남북대화를 열기 위해서는 한 · 미간의 군사훈련을 중지해야 한다는 전제조건을 달았다.
공급	몇 달째 전기 요금을 내지 않아 전기 공급이 끊겼다. 모든 생물은 영양분이 충분히 공급되어야 잘 자란다.
수요	휴가철을 맞아 캠핑용품의 수요가 증가하고 있다. 소비자의 수요가 줄고 공급이 늘면 가격이 내려간다.
맞물리다	아르바이트 시간과 학교 수업 시간이 맞물려서 아르바이트를 그만둬야 했다. 그 곳은 도시의 화려함과 원시의 신비가 맞물린 독특함 때문에 관광객이 많이 찾는다.
분배	모든 투자자에게 소득 분배가 공정하게 이루어져야 한다. 시험 볼 때 시간 분배를 잘 해야 제시간에 문제를 다 풀 수 있다.
어우러지다	그 음식은 각각의 양념 맛이 어우러져 독특한 맛이 난다. 축제 마지막 날 남녀노소 모두가 어우러져 흥겹게 춤을 추고 노래를 불렀다.
자본주의	자본주의 사회에서는 사유재산이 인정된다. 자본주의 사회에서는 개인의 능력에 따라 소득이 달라지기 때문에 소득불평등이 발생한다.

01. 밑줄 친 것과 의미가 맞는 말을 쓰십시오.

보기 학교 졸업 여행과 선배 결혼식 시간이 겹쳐서 참석을 못했다. (맞물리다)

❶ 축제가 끝나고 학생들이 섞여서 흥겹게 춤을 추며 노래를 불렀다. ( )

❷ 그 사람은 집을 10 채나 가지고 있다. ( )

❸ 결혼의 기본 바탕이 되는 조건은 역시 사랑이에요. ( )

❹ 여러 일을 효율적으로 하려면 시간을 잘 나누는 것이 중요하다. ( )

02. 빈칸에 알맞은 말을 쓰십시오.

수요 · 공급의 법칙은 경쟁이 자유로운 **보기** (자본주의) 사회의 시장에서 상품의 수요와 공급이 ❶ ( )는 지점에서 가격이 형성된다는 이론이다. 이 이론에 따르면 ❷ ( )이/가 증가하면 가격이 상승하고 ❸ ( )이/가 증가하면 가격이 떨어진다. 그러나 이것은 단순 논리일 뿐 실질 가격은 생산 비용과 공급 상황 등 여러 요인에 따라 달라진다. 예를 들면 임금이 인상될 경우 상품값이 올라 소비자는 더 많은 값을 ❹ ( )게 된다.

주제 어휘

경제 기본 개념	• 공급 • 수요 • 소득 • 분배 • 거래 • 유통 • 국내총생산(GDP) • 국민총생산(GNP) • 재화 • 용역

01. 다음 문장에 알맞은 말을 찾아 연결하십시오.

보기 두 회사가 생산 부품을 서로 사고판다. •	• 분배
❶ 회사는 직원들에게 회사의 소득을 임금으로 나눠 준다. •	• 용역
❷ 인간 생활에 필요한 쌀, 옷, 책 같은 물질이다. •	• 거래
❸ 교사는 가르치는 일을 하고 의사는 진료하는 일을 한다. •	• 재화
❹ 농가에서 재배한 채소가 여러 단계를 거쳐 소비자에게 팔린다. •	• 유통

02. 빈칸에 알맞은 말을 쓰십시오.

경제 성장은 한 나라의 생산 능력이나 총생산량이 증가한다는 의미이다. 이는 한 나라가 생산하는 모든 생산물, 즉 **보기** (재화와) ~~과/와~~ ❶ (   )의 총량이 늘어나는 것을 뜻한다. ❷ (   )은/는 일정 기간 동안 한 나라의 국민이 국내외에서 생산한 재화와 용역의 가치를 화폐 단위로 표시한 것이고, ❸ (   )은/는 일정 기간 동안 한 나라 안에서 생산되는 재화와 용역의 가치를 화폐 단위로 나타낸 것이다. 일인당 GNP가 높은 나라는 국민의 평균 ❹ (   )이/가 높다는 의미이다.

문법 1 이자

- 명사 뒤에 쓰며 연결어미 '자'는 서술격 조사 '이다' 어간 뒤에 붙어 일정한 자격과 함께 또 다른 자격이 있음을 나타낸다.

❶ 그 사람은 나의 학교 선배이자 내 인생의 스승이다.
❷ 오늘은 내 생일이자 결혼기념일이다.
❸ 사진 촬영은 나의 취미이자 직업이 되었다.
❹ 올림픽에서 금메달을 따는 것은 내 개인의 영광이자 국가의 영광이기도 하다.

01. 알맞은 말을 연결하고 보기 와 같이 문장을 완성하십시오.

보기 김미선 : 직장 동료	• 친구 같은 존재입니다.
❶ 청소년 : 미래의 희망	• 나라의 기둥이다.
❷ 내 아내 : 나의 연인	• 경쟁자이기도 하다.
❸ 이 소설 : 내 인생의 자서전	• 모든 이산가족들의 희망이다.
❹ 남북통일 : 나의 마지막 소원	• 기회였다.
❺ 그 때 : 내 인생의 위기	• 우리 시대의 자화상이다.

보기 미선이는 내 직장 동료이자 경쟁자이기도 하다.

❶ 청소년은 ____________________

❷ 제 아내는 ____________________

❸ 이 소설은 ____________________

❹ 남북통일은 ____________________

❺ 그 때는 ____________________

02. 다음은 개인의 삶을 소개하는 내용입니다. 알맞은 말을 골라 이야기를 완성하십시오.

- 사장/직원
- 생계수단/꿈
- 동업자/경쟁자
- 동반자/조언자
- 사무실/집
- 독신생활의 끝/행복한 구속

저는 얼마 전에 제 사업을 시작했습니다. 작은 오피스텔을 임대해 혼자서 작업을 하고 사무 처리도 하고 있습니다. 제가 보기 사장이자 직원 인 셈이죠. 작업과 사무는 물론 숙식까지 모든 생활이 이 오피스텔에서 모두 이루어집니다. 한마디로 ❶ 제 ____________ 이지요. 이 사업은 제 ❷ ____________ 입니다. 아직은 작은 오피스텔에서 혼자 작업하는 모습이 다소 초라해 보이기는 하지만 언젠가는 최고의 사업가가 되어 있을 겁니다. 제 여자 친구는 저와 같은 길을 가는 저의 ❸ ____________ 입니다. 여자 친구는 머지않아 제 인생의 ❹ ____________ 이/가 될 겁니다. 결혼은 남자 인생에서 자유로운 ❺ ____________ 이라고/라고 하는데 저는 빨리 그 구속을 당하고 싶습니다.

문법 2 -으려야/려야

- 동사의 어간 뒤에 써서 어떤 의도를 가지고 행동을 하려고 함을 의미하는데 뒤에는 주로 그 의도와 반대되는 상황이 와서 도저히 그렇게 할 수 없음을 나타낸다. 주로 말할 때 '-을래야/ㄹ래야 -을/ㄹ수가 없다'의 구조로 쓰게 된다.
- 동사의 어간이 자음으로 끝나면 '-으려야'를 쓰고, 모음으로 끝나면 '-려야'를 쓴다.

❶ 어젯밤에 너무 더워서 잠을 자려야 잘 수가 없었어요.
❷ 아이가 얼마나 빨리 달리는지 잡으려야 잡을 수가 없었어요.
❸ 거짓말을 너무 많이 해서 더 이상 믿으려야 믿을 수가 없다.
❹ 부모자식 관계는 어떤 일이 있어도 끊으려야 끊을 수 없는 관계입니다.

01. 보기 와 같이 문장을 바꾸십시오.

보기 이 음식은 너무 매워서 도저히 먹을 수 없어요.
➡ 이 음식은 너무 매워서 먹으려야 먹을 수가 없어요.

❶ 그 아이는 하는 짓이 귀여워서 말썽을 부려도 미워할 수가 없어요.
➡ ______

❷ 이 접착제가 얼마나 강력한지 벽에 붙인 그림을 도저히 뗄 수가 없다.
➡ ______

❸ 그 배우는 너무 잘 생겨서 연기를 못해도 싫어할 수가 없다.
➡ ______

❹ 게임이 너무 재미있어서 멈출 수가 없었어요.
➡ ______

❺ 수업이 재미있어서 집중을 안 할 수가 없어요.
➡ ______

02. 다음은 고등학교 때의 일입니다. 표를 보고 보기 와 같이 쓰십시오.

대상	고등학교 시절의 경험	이유
보기 컴퓨터 게임	그만두지 못했다	너무 재미있다
❶ 역사책	읽지 못했다	너무 어렵다
❷ 카메라	사지 못했다	너무 비싸다
❸ 여자 친구	자주 만나지 못했다	여자 친구 부모님이 너무 엄하다
❹ 영어 단어	외울 수 없었다	너무 많다
❺ 선생님	잊을 수 없다	너무 고맙다

보기 컴퓨터 게임이 너무 재미있어서 그만두려야 그만둘 수가 없었어요.

❶ ______________________________

❷ ______________________________

❸ ______________________________

❹ ______________________________

❺ ______________________________

활동 위에서 배운 어휘와 문법을 사용하여 제시된 내용과 자신의 의견을 더해 '자본주의 경제체제의 장점과 단점'에 대해 이야기해 보십시오.

장점	단점
- 자유로운 경제 활동 - 사유 재산제 - 물질적인 풍요 - ________________	- 물질 만능주의 - 치열한 경쟁 - 빈부 격차 - ________________

보기 자본주의 경제체제에서는 누구든지 생산의 주체이자 소비의 주체로 자유롭게 경제 활동을 할 수 있고, 사유재산이 인정되기 때문에 자기 노력에 따라 재산을 모을 수 있어 사람들이 적극적으로 경제활동을 합니다. 이런 적극적인 노력 덕분에 현대 사회의 대부분 국가에서는 국내총생산(GDP)과 국민총생산(GNP)이 증가했고 이로 인해 개인뿐만 아니라 국가 경제가 발전하고 사람들의 삶은 풍요로워졌습니다. 그렇지만 물질을 더 중시하고 인간을 가볍게 여기는 물질만능주의 현상이 나타났습니다.

02 자유무역과 보호무역

학습목표 무역 관련 어휘를 익혀서 활용할 수 있다.
'-으니만큼', '-는 한' 표현을 익혀서 활용할 수 있다.

밍밍 요즘도 쌀시장 개방에 반대하는 농민들이 종종 시위를 벌이던데, 시장 개방은 최근 무역의 세계적인 흐름 아니에요?

영수 그렇긴 하지만 무역을 제한하지 않으면 국내 유치산업의 기반이 약해질 수 있으니까요. 국내 산업이 국제 경쟁력을 가질 때까지 국가가 수입을 통제해 산업과 관련 종사자를 보호할 필요가 있다고 생각해요.

밍밍 개방을 하면 유치산업이 타격을 입는 것이 사실이지만 소비자의 선택 범위가 넓어지고 국내 유치산업은 경쟁력을 갖추고자 노력하기 때문에 기술 개발을 촉진시킬 수 있다는 장점도 있어요. 물가 안정에도 기여하고요.

영수 저도 그 부분에 동의해요. 그런데 쌀이 특히 문제가 되는 것은 쌀이 한국의 주식이니만큼 더 민감하기 때문이에요. 시장 개방으로 국내산 쌀 가격이 하락하면 농가가 몰락할 것이고, 그로 인해 쌀 자급률이 낮아지면 수출국이 농산물을 무기화할 가능성도 있지 않겠어요?

밍밍 아, 그런 부정적인 측면도 있을 수 있겠군요.

영수 결국 쌀시장도 전면 개방이 불가피하겠지만 정부와 농민이 함께 고민해 농업을 보호하고 장려할 수 있는 대책을 마련하지 않는 한 계속 논란이 될 거라고 봐요.

새 어휘

유치산업	시장개방을 하면 유치산업이 큰 피해를 입을 것이다. 정부가 국내 유치산업을 보호하기 위한 여러 가지 정책을 마련했다.
통제하다	군사 지역이라 민간인의 출입을 통제합니다. 도로 공사로 교통을 통제하고 있으니 다른 길로 돌아가십시오.
타격	밀가루 값 인상으로 제과업계가 큰 타격을 입었습니다. 환율이 올라서 회사에 상당한 타격이 있을 것으로 예상됩니다.
촉진	청년 실업자의 고용 촉진을 위해 정부가 나섰다. 국내산 쌀의 소비를 촉진시킬 수 있는 방안을 생각해 봅시다.
기여하다	이 상은 나라의 경제 발전에 기여한 사람에게 주는 것입니다. 이민수 선수가 3골을 넣음으로써 팀 승리에 큰 기여를 했습니다.
자급률	소고기 자급률이 2년 연속 하락하고 있습니다. 서울시는 전력 자급률을 올리기 위해 고심 중이다.
측면	모든 일에는 긍정적인 측면과 부정적인 측면이 있게 마련이다. 올해 신제품은 디자인뿐만 아니라 실용적인 측면을 강조하여 만들었습니다.
불가피하다	재료값이 올라서 제품의 가격 인상이 불가피합니다. 약물로는 치료가 안 되는 병이라서 수술이 불가피한 상황입니다.
장려하다	서울시는 출산을 장려하기 위해 다자녀 가정에 여러 혜택을 주고 있다. 정부는 국내 경기를 살리기 위해 휴가를 국내로 가도록 장려하고 있다.
논란	사형제도의 존폐에 대한 논란이 계속되고 있다. 국회에서 한 대통령의 발언이 정치계에 논란을 일으켰다.

01. 빈칸에 알맞은 말을 쓰십시오.

보기 농산물은 (자급률이)~~이/가~~ 낮아서 수입을 하지 않을 수 없다.

❶ 이 문제는 경제, 정치, 사회 등 여러 (   )에서 살펴봐야 한다.

❷ 회사 상황이 좋지 않아서 직원을 줄이는 것이 (   )습니다/ㅂ니다.

❸ 정부가 지역경제를 살리기 위해 전통 시장 이용을 (   )고 있습니다.

❹ 어린이집에 CCTV 설치를 의무화하는 것에 대해 교사와 학부모 사이에 (   ) 이/가 일고 있다.

02. 빈칸에 알맞은 말을 쓰십시오.

자유무역협정(FTA)은 국가 간의 거래를 국내 거래처럼 자유롭게 하자는 것이다. 자유무역을 하게 되면 국제적으로 시장이 커져 무역이 활발해지고 고용을 **보기** (촉진) 시키는 등 경제 발전에 ❶ (   )을/ㄹ 수 있다. 하지만 국가가 무역을 ❷ (   )지 않기 때문에 아직 경쟁력을 갖추지 못한 국내 ❸ (   ) 이/가 가격 경쟁에서 밀려 ❹ (   )을/를 입을 수 있다는 단점이 있다.

주제 어휘

무역	• 자유무역	• 보호무역	• 수출 보조금	• 수입 할당제
	• 관세를 부과하다	• 관세를 철폐하다	• 협정을 체결하다	• 협정이 발효되다
	• 마찰을 빚다	• 규제를 완화하다		

01. 빈칸에 알맞은 말을 쓰십시오.

보기 (자유무역이란)~~이란/란~~ 국가 간에 관세 등의 규제 없이 무역이 이루어지는 것을 뜻한다.

❶ 세계무역기구(WTO)가 내년부터 IT품목에 대한 (   )기로 함에 따라 우리나라가 경쟁력을 가지고 있는 분야의 수출이 늘 것으로 보인다.

❷ 정부는 중소기업의 성장을 위해 기업 활동에 대한 (   )기로 했다.

❸ 태국과 미얀마가 비자 면제를 주요 내용으로 하는 (   )어/아/여 앞으로 두 나라 국민은 비자를 받지 않아도 상대국을 방문할 수 있게 되었다.

❹ 한국과 온두라스 외교부 장관이 운전면허증 상호인정 협정에 서명했다. 이 (   )으면/면 온두라스에 거주하는 한국인은 운전면허 시험 없이 한국 면허증을 온두라스 면허증으로 바꾸어 사용할 수 있게 된다.

02. 빈칸에 알맞은 말을 쓰십시오.

보기 (보호무역은)~~은/는~~ 자국의 산업을 보호하기 위해 국가가 무역에 개입하는 것이다. 대표적인 수단으로는 정부가 수출업자에게 재정 지원을 해 주는 ❶ (   ), 정부가 상대국에 대해 수입 물품의 양이나 금액을 나눠 주거나 제한하는 ❷ (   ) 등과 수입되는 제품에 높은 ❸ (   )는 방법 등이 있다. 이런 보호무역 조치가 심한 경우 다른 나라와 ❹ (   )게 되기도 한다.

문법 1 -으니만큼/니만큼

- 동사나 형용사의 어간 뒤에 써서 앞 문장의 내용이 이유나 원인이 되어 그에 상응하는 결과가 뒤 문장에 나타남을 의미한다.
- 동사, 형용사의 어간이 자음으로 끝나면 '-으니만큼'을 쓰고, 모음으로 끝나면 '-니만큼'을 쓴다.

❶ 행사 내내 안전요원이 항상 따라다니니만큼 안전에 대한 걱정은 안 하셔도 됩니다.

❷ 심사 기준이 까다로우니만큼 대회 준비를 철저히 해야 합니다.

❸ 회사의 윗분들을 처음 만나는 중요한 자리이니만큼 옷차림에 신경을 쓰십시오.

❹ 열심히 준비했으니만큼 좋은 결과가 있을 겁니다.

01. 보기 와 같이 연결하고 문장을 완성하십시오.

보기 이번 신제품은 광고에 신경을 많이 썼다		• 시급한 대책이 요구된다.
❶ 불황이 장기화되고 있다 •		• 판매량이 높을 것입니다.
❷ 실력파 선수 두 명이 합류했다 •		• 물을 아껴 쓰도록 합시다.
❸ 독감이 유행하다 •		• 경험을 쌓기 위한 인턴직 지원자가 증가하고 있다.
❹ 가뭄이 계속되다 •		• 노약자는 야외활동을 자제해 주시기 바랍니다.
❺ 스펙보다 현장 업무 능력이 중요하다 •		• 팀의 경기력이 향상될 것으로 보인다.

보기 이번 신제품은 광고에 신경을 많이 썼으니만큼 판매량이 높을 것입니다.

❶ ______________________________

❷ ______________________________

❸ ______________________________

❹ ______________________________

❺ ______________________________

02. 다음은 임금피크제에 대한 이야기입니다. 알맞은 말을 골라 이야기를 완성하십시오.

- 평균수명이 길어졌다
- 비용을 줄일 수 있다
- 부담이 커지다
- 내년부터는 정년이 60세로 연장되다
- 임금피크제 도입의 필요성을 공감하다
- 신규 채용이 줄어들다

보기 평균수명이 길어졌으니만큼 ~~으니만큼/니만큼~~ 정년을 연장해야 한다는 목소리가 커지고 있다. 그러나 정년을 연장하면 장년층의 생활 안정은 도모할 수 있겠지만 기업에게는 인건비 부담이 커지게 된다. 기업은 ❶ ______________ 으니만큼/니만큼 신규 채용을 줄이게 될 것이고 ❷ ______________ 으니만큼/니만큼 청년층의 취업이 더욱 어려워질 것이다. 이를 해결하기 위한 하나의 방법으로 임금피크제를 들 수 있다. 이는 임금 조정을 조건으로 정년을 연장하는 것을 말한다.

임금피크제를 시행하면 ❸ ______________ 으니만큼/니만큼 일자리를 늘리는 것이 가능해져 청년 실업 문제도 어느 정도 해결할 수 있다. ❹ ______________ 으니만큼/니만큼 임금피크제를 도입하는 회사가 더 많아질 것이다. 또한 많은 사람들이 ❺ ______________ 으니만큼/니만큼 임금피크제는 자연스러운 문화가 될 것으로 보인다.

문법 2 -는 한

• 동사의 어간 뒤에 써서 뒤의 행위나 상태에 대해 전제나 조건이 됨을 나타낸다.

❶ 기름값이 오르는 한 물가도 계속 오를 것으로 보입니다.
❷ 이런 선행을 하는 사람들이 있는 한 우리 사회의 미래는 어둡지 않을 것입니다.
❸ 부모로부터 경제적으로 독립하지 않는 한 진정한 독립이라고 할 수 없다.
❹ 특별한 이변이 없는 한 김상수 후보가 대표팀 감독으로 선출될 것이다.

01. 보기 와 같이 연결하고 문장을 완성하십시오.

보기 실패를 두려워하다 •	• 사교육은 사라지지 않을 것이다.
❶ 제가 사장 자리에 있다 •	• 성공의 기회는 없을 겁니다.
❷ 입시경쟁이 존재하다 •	• 체중 감량은 어려워요.
❸ 제사 문화가 사라지지 않다 •	• 함부로 직원을 자르는 일은 없을 것입니다.
❹ 처벌을 강화하지 않다 •	• 남아선호 사상도 사라지지 않을 거예요.
❺ 식습관을 바꾸지 않다 •	• 음주운전으로 인한 피해를 줄일 수 없을 겁니다.

보기 실패를 두려워하는 한 성공의 기회는 없을 겁니다.

❶ ______________________

❷ ______________________

❸ ______________________

❹ ______________________

❺ ______________________

02. 다음은 공정여행사 대표를 인터뷰한 내용입니다. 알맞은 말을 골라 대화를 완성하십시오.

- 여행사가 회사의 이익만을 쫓다
- 아버지의 그늘에 있다
- 건강이 허락하다
- 직원들의 기획안이 완벽하게 마음에 들지 않다
- 여행에 대한 사람들의 인식이 바뀌지 않다
- 공정여행의 취지를 이해해 주는 사람이 한 명이라도 있다

기 자: 민경후 대표님, 안녕하십니까? 이렇게 시간을 내주셔서 감사합니다. 국내에서 처음으로 공정여행사를 설립하셨는데요. 계기가 무엇이었습니까?

민대표: 몇 년 정도 여행사에서 일하다 보니 어느 여행사에서나 내놓는 똑같은 여행 프로그램에 회의를 느끼게 되었습니다. 기존의 여행 프로그램은 여행자를 위한 것도, 그렇다고 여행지에 도움이 되는 것도 아니었어요. 보기 여행사가 회사의 이익만을 쫓 는 한 여행자를 만족시킬 수 없다고 생각했습니다.

기 자: 대표님의 아버지께서 유명 여행사를 경영하고 계신 걸로 알고 있습니다. 아버지 밑에서 편하게 일을 하실 수도 있었을 텐데요.

민대표: ❶ ______________ 는 한 제 뜻을 펼칠 수 없을 것 같았습니다. 저는 제가 하고 싶은 일이 따로 있었으니까요.

기 자: 공정여행에 대한 인식이 부족해 가격이 비싸다고 느끼는 사람도 많습니다. ❷ ______________ 는 한 비싼 돈을 주고 공정여행을 하려는 사람이 늘지 않을 것 같습니다만.

민대표: 그래서 아직 회사가 재정적으로 넉넉한 편은 아니지만 우리 여행 프로그램을 이용하신 분들의 만족도는 매우 높습니다. ❸ ______________ 는 한 회사를 운영하려고 합니다.

기 자: 일에 대한 열정이 대단하신 것 같습니다. 대표님은 언제까지 이 일을 하실 계획이십니까?

민대표: ❹ ______________ 는 한 계속 일을 하고 싶습니다.

기 자: 대표님은 어떤 사장님이십니까?

민대표: 글쎄요. 저는 ❺ ______________ 는 한 결재를 해 주지 않습니다. 그래서 결재 받기가 하늘의 별따기라는 불평을 종종 듣습니다.

활동 위에서 배운 어휘와 문법을 사용하여 다음 중 하나를 골라 이야기해 보십시오.

- 시장개방에 찬성하는 의견과 그 이유
- 시장개방에 반대하는 의견과 그 이유

보기 현재는 글로벌 시대이니만큼 시장을 개방하는 것이 맞다고 생각합니다. 이미 많은 나라들이 자유무역협정을 체결하여 무역을 하고 있으며, 이런 흐름 속에서 보호무역을 하겠다는 입장을 고집한다면 세계 무역 시장에서 고립될 수도 있기 때문입니다. 그리고 시장개방을 하면 시장이 커지므로 상품을 팔 수 있는 기회가 그만큼 많아지는 것입니다.

03 광고와 개인의 소비

학습목표 광고 관련 어휘를 익혀서 활용할 수 있다.
'-는 통에', '-는 데' 표현을 익혀서 활용할 수 있다.

밍밍 인터넷에 광고가 자꾸 뜨는 통에 기사를 제대로 볼 수 없어서 짜증이 날 때가 많아요. 인터넷 광고를 없애는 프로그램이 있다던데 그걸 설치할까 봐요.

미선 광고 창을 없애는 게 귀찮기도 하지만, 광고가 상품을 구입하는 데 도움이 되기도 해요. 저는 우연히 본 광고 덕분에 물건을 싸게 구매한 적이 있거든요.

밍밍 광고가 제품에 대한 올바른 정보만 전달해 준다면 문제가 없겠지요. 그런데 한정 판매, 특가 세일 등과 같은 광고가 소비자들의 충동구매를 부추긴다는 것이 문제지요.

미선 맞아요. 그리고 상품에 대한 정보를 제공하는 것이 광고의 본질인데, 상품에 이미지를 입혀 그 이미지를 사도록 강요하는 데 문제가 있다고 봐요.

밍밍 광고의 홍수 속에서 어떻게 하면 소비 심리를 자극하는 광고 문구에 현혹되지 않고 합리적인 소비를 할 수 있을까요?

미선 그건 소비자가 광고를 어떻게 이용하느냐에 달려 있어요. 먼저 그 물건이 필요한지를 생각해 본 후, 소비에 대한 기회비용과 만족감을 고려한 후에 구매한다면 합리적인 소비를 할 수 있지 않을까요?

새 어휘

구입하다	이사 간 집에 에어컨이 없어서 새로 구입했다. 미리 인터넷으로 예매하지 않아서 매표소에서 표를 구입했다.
충동구매	불필요한 충동구매를 안 하려고 현금만 가지고 다니기로 했다. 구경만 하려고 들어갔다가 세일을 한다는 말에 충동구매를 해버렸다.
부추기다	광고가 사람들의 과소비를 부추기기도 한다. 친구가 부추겨서 주식 투자를 했다가 주가가 떨어져 망했다.
본질	겉으로 나타나는 것만 보지 말고 문제의 본질을 봐야 한다. 교육의 본질은 인간다운 인간을 만드는 것이라고 할 수 있다.
강요하다	대기업이 거래처에 불리한 계약을 강요했다. 아이가 스스로 공부하게 해야지 부모가 공부를 강요하면 안 된다.
자극하다	시청자들의 식욕을 자극하는 요리 프로그램들이 요즘 인기이다. 상품에 대한 정보를 충분히 제공하지 않고 사람들의 호기심만 자극하는 광고도 있다.
현혹되다	유언비어에 현혹되어선 안 된다. 건강 보조 식품을 구입할 때 허위·과대광고에 현혹되지 않도록 주의해야 한다.
합리적	김 부장은 합리적인 사람이라서 이번 일을 공정하게 처리할 겁니다. 그 식당은 색다른 맛과 합리적인 가격으로 젊은이들에게 인기를 끌고 있다.
기회비용	고소득 여성일수록 출산으로 인한 기회비용이 커서 출산율이 낮다. 어떤 것을 선택함으로써 포기하는 가치 중에서 가장 큰 것을 기회비용이라고 한다.

01. 빈칸에 알맞은 말을 쓰십시오.

보기 커피콩을 직접 수입해서 파는 가게에 가서 원두를 싸게 (구입했다)~~었다/았다/였다~~.

❶ 그 사람은 상대방에게 자신이 듣고 싶은 대답을 ( )어서/아서/여서 그 사람과 대화하는 것을 싫어하는 사람이 많다.

❷ 선거철만 되면 지역감정을 ( )는 정치인이 있다.

❸ 왜 그런 일이 발생했는지 사건의 ( )에 대해 생각해 봐야 한다.

❹ 맵고 짠 음식은 위를 ( )기 때문에 건강에 좋지 않다.

02. 빈칸에 알맞은 말을 쓰십시오.

요즘 과제와 시험 때문에 너무 스트레스를 많이 받다 보니 나도 모르게 소비가 늘었다. 어제도 친구 선물을 사러 갔다가 직원의 말에 **보기** (현혹되어)~~어/아/여~~ 계획에도 없던 ❶ ( )을/를 하고 말았다. 꼭 필요한 것만 사는 ❷ ( )인 소비를 해야겠다고 늘 생각을 하지만 세일이나 1+1행사와 같이 나의 소비를 ❸ ( )는 광고 문구를 보면 나도 모르게 사고 만다. 이러한 불필요한 소비를 줄이기 위해 물건을 구입하기 전에 구입으로 인한 ❹ ( )을/를 잘 따져 봐야겠다.

주제 어휘

광고	
	• 공익광고 • 상업광고 • 과장 광고 • 허위 광고 • 한정 판매 • 특가 세일 • 미끼 상품 • 판매 전략 • 소비 심리 • 협찬

01. 빈칸에 알맞은 말을 쓰십시오.

보기 기업이나 단체가 공공의 이익을 목적으로 하여 만든 광고를 (공익광고라고)~~이라고/라고~~ 한다.

❶ 선착순으로 100개만 (　　　　　　)을/를 한다고 해서 백화점 문도 열기 전에 가서 기다렸다.

❷ (　　　　　　)을/를 자극해서 물건을 구입하도록 공짜 마케팅 등 다양한 전략을 사용한다.

❸ 드라마나 영화에서 (　　　　　　)을/를 받은 상품을 너무 직접적으로 보여줄 경우 극의 흐름이 어색해질 수도 있다.

❹ 많은 고객을 끌어 모으기 위해 특정 상품을 손해를 보면서도 일반 판매가보다 훨씬 싼 가격으로 파는 물건을 (　　　　　　)이라고/라고 한다.

02. 빈칸에 알맞은 말을 쓰십시오.

상품의 판매량을 높이기 위해서는 광고가 필요하다. 소비자들에게 상품을 알리고 판매하기 위해서 광고를 하게 되는데 이러한 **보기** (상업광고)의 경우 사실보다 지나치게 부풀려서 하는 ❶ (　　　　　　), 사실이 아닌 것을 사실인 것처럼 광고하는 ❷ (　　　　　　) 등이 문제가 된다. 그리고 소비자의 ❸ (　　　　　　)을/를 자극해서 물건을 판매하기 위해서 할인 판매, 한정 판매 등 다양한 ❹ (　　　　　　)을/를 사용한다.

문법 1 -는 통에

- 동사의 어간 뒤에 써서 뒤에 일어나는 상황의 원인이나 근거를 나타내는 표현이다.

❶ 사람들이 계속 미는 통에 뒤로 넘어지고 말았다.

❷ 아이가 하도 정신없이 뛰어다니는 통에 나까지 정신이 없어졌다.

❸ 옆자리에 앉은 사람이 계속 들락날락하는 통에 집중을 못하겠다.

❹ 기차에서 뒷자리에 앉은 사람들이 시끄럽게 떠드는 통에 잠을 못 잤다.

01. 보기 와 같이 연결하고 문장을 완성하십시오.

보기 아이가 칭얼대다 •	• 화장실에 갈 시간조차 없었다.
❶ 자꾸 전화가 오다 •	• 아무 말도 못했다.
❷ 집 근처에서 밤새도록 공사를 하다 •	• 잠을 설쳤다.
❸ 친구가 화를 내다 •	• 선생님 설명을 못 들었다.
❹ 손님들이 계속 몰려들다 •	• 한숨도 못 잤다.
❺ 수업 시간에 옆자리 친구가 자꾸 말을 시키다 •	• 일을 제대로 못했다.

보기 아이가 칭얼대는 통에 잠을 설쳤다.

❶ ____________________

❷ ____________________

❸ ____________________

❹ ____________________

❺ ____________________

02. 다음은 리에의 일기입니다. 알맞은 말을 넣어 이야기를 완성하십시오.

이번 주말에는 아무 것도 하지 않고 집에서 쉬고 싶었다. 그런데 미선이가 자꾸 같이 놀러 가자고 **보기** 조르 는 통에 명동으로 나갔다. 여전히 명동은 가게도 많고 사람도 많았다. 여기저기에서 관광객들이 ❶ ____________ 는 통에 정신이 하나도 없었다. 옷가게 앞을 지날 때 직원이 자꾸 들어와서 ❷ ____________ 는 통에 구경이나 하자는 마음으로 가게에 들어갔다. 생각보다 예쁜 옷들이 많았다. 만지작거리니까 눈으로 보는 것과 실제로 입어보는 것은 다르다며 직원이 자꾸 입어보라고 ❸ ____________ 는 통에 입어봤다. 직원과 미선이가 사라고 ❹ ____________ 는 통에 충동구매를 하고 말았다. 그런데 집으로 오는 길에 지하철에서 사람들한테 이리저리 ❺ ____________ 는 통에 쇼핑백이 찢어져서 새 옷이 더러워졌다.

문법 2 -는 데

- 동사의 어간 뒤에 써서 '-는 것', '-는 때', '-는 경우', '-는 상황'을 의미하며 주로 '효과가 있다/없다, 효과적이다, 필요하다, 필수적이다, 중요하다, 도움이 되다' 등과 같이 쓰인다.

❶ 스마트폰은 공부에 집중하는 데 방해가 됩니다.

❷ 오전에 하는 운동이 살을 빼는 데 효과적이라고 한다.

❸ 사람이 사람을 좋아하는 데 꼭 이유가 있는 건 아니다.

❹ 자기 전에 따뜻한 우유를 마시면 숙면을 취하는 데 도움이 돼요.

01. 알맞은 말을 골라 보기 와 같이 문장을 완성하십시오.

• 스트레스를 풀다	• 매출을 향상시키다	• 충동구매를 줄이다
• 실력을 향상시키다	• 아이의 성격을 결정하다	• 심장병을 예방하다

보기 시간을 내서 운동을 하는 것이 스트레스를 푸 는 데 도움이 될 거예요.

❶ 하루 한두 잔의 와인은 ______________________ 는 데 도움이 된대요.

❷ 꾸준한 연습이 ______________________ 는 데에 도움이 될 겁니다.

❸ 누군가와 함께 쇼핑을 하는 것도 ______________________ 는 데에 도움이 될 거예요.

❹ 부모님의 양육 태도가 ______________________ 는 데 많은 영향을 끼칩니다.

❺ 품질 향상은 ______________________ 는 데 필수적입니다.

02. 다음은 운동기구를 광고하는 글입니다. 알맞은 말을 골라 이야기를 완성하십시오.

- 좋은 피부를 유지하다
- 다리 살을 빼다
- 날씬한 몸매를 유지하다
- 체력을 향상시키다
- 노폐물을 배출하다
- 스트레스를 풀다

날씬한 몸매를 원하십니까?

그럼 00사이클을 사십시오. 여러분이 **보기** 날씬한 몸매를 유지하 는 데 큰 도움이 될 겁니다.

자전거를 타는 것은 ❶ ______________ 는 데 효과적일 뿐만 아니라 ❷ ______________ 는 데 도움이 될 겁니다.

내장된 스피커를 통해 운동하는 동안 신나는 음악을 들을 수 있습니다.

신나는 음악은 ❸ ______________ 는 데 효과적입니다.

한 시간만 땀을 빼십시오. 땀을 빼면 ❹ ______________ 는 데 효과가 있습니다.

선착순 200명에게는 혈액순환에 좋은 차를 무료로 드립니다. 운동을 한 후에 마시는 차는 ❺ ______________ 는 데 도움이 됩니다.

활동 위에서 배운 어휘와 문법을 사용하여 다음 중 하나를 골라 이야기해 보십시오.

- 자신이 본 과장·허위 광고
- 광고의 부정적인 면
- 광고의 긍정적인 면

보기 텔레비전을 보다가 우연히 화장품 광고를 보게 되었습니다. 그 광고에 나오는 배우의 피부가 너무 좋아보여서 화장품이 필요 없는데도 불구하고 충동구매를 하고 말았습니다. 열심히 사용했지만 그 화장품은 피부가 좋아지는 데 전혀 효과가 없었습니다. 그래서 다음부터는 광고에 현혹되지 말고 합리적인 소비를 해야겠다고 생각하게 되었습니다.

04 투자와 투기

학습목표 투자 관련 어휘를 익혀서 활용할 수 있다.
'-더라고요', '-으나마' 표현을 익혀서 활용할 수 있다.

여자 여윳돈이 좀 있는데 요즘 금리도 낮고 부동산도 시들해서 투자할 데가 별로 없네요. 어디 투자할 만한 데가 없을까요?

남자 경기를 안 타고 꾸준히 투자 가치가 있는 건 금인 것 같은데요. 더구나 최근에 금 시세가 연일 상승하고 있다는 뉴스도 있고요. 하지만 이럴 때는 투기하는 사람들도 몰리니까 신중하게 하셔야 할 거예요.

여자 그런데 어떻게 투기와 투자를 구별할 수 있나요? 다들 재테크 개념으로 투자하는 게 아닌가요?

남자 내가 하면 로맨스, 다른 사람이 하면 스캔들이라고 모두들 자기가 하는 건 투자라고들 하더라고요. 그래도 단기간에 한탕하겠다는 마음으로 치고 빠지는 건 투기지요.

여자 하긴 그런 투기꾼들 때문에 일반 투자자들이 군중심리로 투자를 했다가 큰 손해를 보는 경우도 있지요.

남자 맞아요. 10여 년 전에 IT 관련 주식이 한창 뜰 때 투기를 목적으로 주식을 산 사람들 때문에 결국 거품이 꺼지면서 사회적 문제가 된 적도 있었잖아요. 적으나마 원금 중 일부라도 건진 사람은 그래도 다행이었지만 대부분 개미 투자자들은 큰 손실을 봤었죠.

새 어휘

여윳돈	여윳돈이 생겨서 주식을 사려고 한다. 돈이 급히 필요한데 여윳돈이 있으면 좀 빌려 줄래?
금리	최근 은행 금리가 내려서 부동산에 투자하려는 사람들이 많아지고 있다. 대출 금리 인상으로 집을 사려는 사람들에게 부담이 될 것으로 보인다.
시들하다	채소를 냉장고 밖에 두었더니 금세 시들해졌다. 얼마 전까지 그 가수를 그렇게 좋아하더니 이제 시들해졌나보네.
경기를 타다	유아용품 사업은 경기를 덜 탄다. 골동품 투자는 경기를 많이 타니까 신중하게 생각해야 한다.
연일	중부 지방에는 연일 장맛비가 쏟아지고 있다. 월드컵 대회에서 계속 승리하고 있는 그 팀은 연일 축제 분위기이다.
개념	자유주의와 민주주의는 다른 개념이다. 어린 아이들은 아직 어려서 돈에 대한 개념이 없다.
한탕하다	크게 한탕하려고 하지 말고 성실하게 일해서 돈을 모아라. 그 사람은 마지막으로 한탕하고 도박에서 손을 떼겠다고 했다.
군중심리	군중심리에 휩쓸리지 말고 자신이 옳다고 믿는 대로 결정을 하도록 하세요. 많은 사람이 모여 있는 곳에서는 사람들이 군중심리로 폭력적인 행동을 벌이기도 한다.

01. 빈칸에 알맞은 말을 쓰십시오.

보기 평화롭던 시위가 (군중심리)에 휩쓸려 폭력적으로 변했다.

❶ 그 식당은 요즘 같은 불황에도 (   )지 않고 장사가 잘 되고 있다.

❷ 한창 인기 있던 그 게임이 이제는 (   )어졌다/아졌다/여졌다.

❸ 시대가 변하면서 결혼과 가족에 대한 (   )도 바뀌고 있다.

❹ (   ) 추위가 계속되면서 수도관이 얼어 물이 안 나온다.

02. 빈칸에 알맞은 말을 쓰십시오.

그동안 그린벨트로 묶여 있던 이 지역의 규제가 풀린다는 정부의 발표가 나오면서 **보기** (여윳돈을)~~을/를~~ 투자하려는 사람들의 발길이 ❶ (   ) 이어지고 있습니다. 이번 부동산 정책은 최근 한국은행이 발표한 ❷ (   ) 인하 정책으로 예금에 대한 관심이 ❸ (   )어지면서/아지면서/여지면서 새로운 투자 대상을 찾던 사람들의 관심을 끌고 있습니다. 그러나 이 지역에 대한 과열된 관심으로 ❹ (   )으려는/려는 투기꾼들이 몰릴 수 있어 주의가 요구됩니다.

주제 어휘

투자	• 투자	• 투기	• 분산투자	• 수익	• 손실
	• 호황	• 불황	• 대공황	• 폭등	• 폭락

01. 빈칸에 알맞은 말을 쓰십시오.

보기 (불황이)~~이/가~~ 계속 되면서 소비가 줄고 문을 닫는 가게가 늘고 있다.

❶ 1929년 10월 미국 주식 시장이 붕괴되면서 미국 경기는 불황이 계속되다가 결국 (　　　　) 상태에 빠지게 되었다.

❷ 삼우 그룹의 주가가 (　　　　)하는 바람에 그 회사 주식은 하루아침에 휴지 조각이 되었다.

❸ 최근 단기간에 한탕하려는 사람들이 (　　　　)을/를 목적으로 금을 대량으로 사들이고 있다.

❹ 재산을 한 군데에 투자하지 말고 여러 곳에 (　　　　)하는 것이 중요하다.

02. 빈칸에 알맞은 말을 쓰십시오.

최근 중동지역의 도로 건설 참여로 건설업이 **보기** (호황을)~~을/를~~ 누리면서 관련 업종의 주가가 ❶ (　　　　)하고 있습니다. 이에 ❷ (　　　　)할 곳을 찾던 투자자들은 건설 관련 주식에 눈길을 돌리고 있습니다. 전문가들은 당분간 이러한 상승세가 지속될 것으로 예상하고 있습니다. 그러나 단기간의 ❸ (　　　　)을/를 위해 투자하면 큰 ❹ (　　　　)을/를 볼 수도 있으니 꼼꼼히 알아보고 투자하시기 바랍니다.

문법 1 -더라고요

• 동사나 형용사의 어간 뒤에 써서 과거 어느 때에 직접 경험하여 새로 알게 된 사실에 대해 지금 상대방에게 옮겨 전달할 때 쓴다. '-더라고'에 높임의 '요'가 붙은 표현이다.

❶ 영수 씨가 외국 바이어와 통화하는 걸 봤는데 영어를 참 잘 하더라고요.

❷ 백화점이 세일을 해서 그런지 사람이 굉장히 많더라고요.

❸ 알고 보니 유리 씨가 재일교포더라고요.

❹ 회의하는 동안 부재중 전화가 10통이나 왔더라고요.

01. 보기 와 같이 바꾸십시오.

보기 주말에 등산을 갔다 왔는데 공기가 참 좋았다.

➡ 주말에 등산을 갔다 왔는데 공기가 참 좋더라고요.

❶ 친구 결혼식에 참석했는데 신부가 참 예뻤다.

➡ ______________________

❷ 오래간만에 운동을 했는데 너무 힘들었다.

➡ ______________________

❸ 장기자랑 시간에 보니까 수영 씨가 노래를 참 잘했다.

➡ ______________________

❹ 동창회에 갔는데 친구들이 벌써 식사를 끝냈다.

➡ ______________________

❺ 같이 얘기해 보니까 영진 씨가 재미있는 사람이었다.

➡ ______________________

02. 다음은 미선씨의 주말 일기입니다. 보기 와 같이 문장을 완성하십시오.

지난 주말에는 오래간만에 가족들과 같이 교외에 있는 공원으로 바람을 쐬러 갔다. 날씨가 화창하고 선선해서 그런지 가족단위로 나들이를 나온 사람들이 많았다. 천천히 공원을 산책하는 젊은 부부는 아기를 유모차에 태우고 나왔고 할머니를 모시고 나온 가족은 잔디에 돗자리를 깔고 샌드위치를 먹고 있었다. 모두들 여유로운 모습이었다. 우리도 나무 밑 그늘에 앉아 집에서 싸온 김밥을 먹었다. 밖에서 먹으니 더 맛있었다. 앞으로도 이런 기회를 자주 마련해야겠다.

보기 주말 날씨가 화창하고 선선하더라고요.

❶ 공원에는 가족단위로 ______________________.

❷ 공원을 산책하는 젊은 부부는 ______________________.

❸ 할머니를 모시고 나온 가족은 ______________________.

❹ 공원에 나온 사람들 모두가 ______________________.

❺ 우리는 김밥을 먹었는데 밖에서 먹으니 ______________________.

문법 2 -으나마/나마

- 동사나 형용사의 어간 뒤에 써서 앞 문장의 내용이 그리 흡족하지는 않지만 아쉬운 대로 받아들여야 함을 나타낸다.
- 동사, 형용사의 어간이 자음으로 끝나면 '-으나마'를 쓰고, 모음으로 끝나면 '-나마'를 쓴다.

❶ 잘 하지는 못하나마 최선을 다해서 해 보겠습니다.

❷ 부족하나마 솜씨를 발휘해 봤습니다.

❸ 작으나마 이 성금이 위로가 되었으면 합니다.

❹ 가끔씩이나마 시골에 계신 할머니를 찾아뵈어라.

01. 보기 와 같이 연결하고 문장을 완성하십시오.

보기 누추하다	• 얼굴이라도 볼 수 있어서 좋았어요.
❶ 부족하다 •	• 작은 선물을 준비했습니다.
❷ 잠시이다 •	• 제 나름대로 최선을 다하겠습니다.
❸ 약소하다 •	• 저희 집에서 집들이를 하려고 합니다.
❹ 완벽하게 하지는 못하다 •	• 뒤에서 묵묵히 도와주기로 했습니다.
❺ 발 벗고 나서지는 못하다 •	• 제가 선생님께 도움이 됐으면 합니다.

보기 누추하나마 저희 집에서 집들이를 하려고 합니다.

❶ ______________________________

❷ ______________________________

❸ ______________________________

❹ ______________________________

❺ ______________________________

02. 다음은 돌잔치에서 아이의 어머니와 손님이 하는 대화입니다. 알맞은 말을 골라 대화를 완성하십시오.

• 약소하다	• 서투르다	• 조금이다
• 가끔씩이다	• 짧다	• 작다

어머니: 바쁘실 텐데 이렇게 저희 아이 돌잔치에 와 주셔서 감사합니다.

손　님: 축하합니다. 이건 보기 약소하나마 ~~으나마/나마~~ 축하의 의미로 준비한 선물입니다.

어머니: 뭘 이런 걸 다 가지고 오셨어요? 자 이제 저쪽으로 가셔서 음식 좀 드세요. ❶ ____________으나마/나마 제가 솜씨를 발휘해서 음식을 준비해 봤습니다.

손　님: 아이고 음식을 손수 다 준비하셨어요? 대단하세요.

어머니: 뭘요. 부끄럽습니다. 참, 그리고 식사 후에는 ❷ ____________으나마/나마 축하 공연도 열릴 예정이니 천천히 즐기다 가세요.

손　님: 어떻게 하지요? 저는 일이 있어서 금방 일어나야 할 것 같아요.

어머니: 그래도 식사는 하시고 가셔야지요. ❸ ____________으나마/나마 드시고 가세요.

손　님: 오랜만인데 이렇게 바로 가서 정말 죄송해요. 앞으로는 ❹ ____________으나마/나마 연락하고 지냅시다.

어머니: 아쉽네요. 아, 그리고 ❺ ____________으나마/나마 감사의 표시로 답례품을 준비했으니 가실 때 꼭 챙겨 가지고 가세요.

활동 위에서 배운 어휘와 문법을 사용하여 다음 중 하나를 골라 이야기해 보십시오.

• 여윳돈의 투자 방법　• 자신의 투자 경험　• 현재 가장 인기 있는 투자 상품

보기 저에게 여윳돈이 있다면 저는 그림을 사겠어요. 현재 그렇게 유명하지 않은 화가의 그림은 값도 그리 비싸지 않아서 적은 돈을 투자해서 살 수 있어요. 유명하지 않았던 화가가 나중에 유명해져서 그 화가의 그림 값이 폭등하는 경우도 있더라고요. 그렇지만 그림 값이 오르지 않아도 좋아하는 그림을 그냥 집에 걸어 놓는 것만으로도 충분해요.

제 3 과

문화

01 인간의 삶의 양식, 문화

02 대중문화

03 정원에 나타난 문화

04 전통 문화의 현대화

01 인간의 삶의 양식, 문화

학습목표 문화의 기본 개념 관련 어휘를 익혀서 활용할 수 있다.
'-을지라도', '-겠거니 하다' 표현을 익혀서 활용할 수 있다.

여러분, 외국생활을 하다보면 문화차이를 느낄 때가 있지요? 그런데 문화차이는 외국에서만 느끼는 걸까요? 같은 집단에 속해 있을지라도 문화차이는 발생할 수 있습니다. 다른 사람도 나와 같겠거니 하고 행동했다가 사람들의 이상한 시선을 받은 적은 없나요? 이것 역시 문화가 다르기 때문에 발생하는 일이지요. 그럼 과연 문화란 무엇일까요?

문화란 한 사회의 구성원들이 형성해온 생활방식, 즉 한 집단의 생활양식이라고 할 수 있습니다. 집단을 나누는 기준은 성, 세대, 계급, 지역, 인종, 직업 등 다양한데, 이 다양한 기준들이 수많은 집단을 만들고 각기 독특한 자기 문화를 공유합니다. 한 집단 속에는 많은 하위집단이 있고 각 하위집단의 문화를 하위문화라 하는데 결국 문화는 수많은 하위문화들의 집합인 셈입니다.

집단 간의 문화가 충돌하는 경우가 있는데 예를 들면 프랑스에서는 공공장소에서 이슬람 의복 부르카 착용을 금지해 논란을 빚은 적이 있지요. 이런 문화충돌 현상은 전쟁과 학살 같은 재앙을 가져 오기도 했습니다. 이런 충돌을 피하고 원활한 문화 이해와 교류를 위해서 필요한 것이 바로 상대방의 입장에서 문화를 이해하자는 상대주의 관점입니다. 자신의 문화가 절대적이라는 생각에서 벗어나야 이질적인 문화를 접했을 때 진정한 이해를 할 수 있을 것입니다.

새 어휘

생활양식	주택의 형태와 구조는 그 나라 또는 지역의 독특한 생활양식을 보여 준다. 한국, 일본, 중국 간의 의 · 식 · 주 문화를 보면 공통적인 생활양식을 발견할 수 있다.
하위문화	청소년 시기에는 자기들만의 결속감과 정체성을 위한 하위문화를 만들려는 경향이 강하다. 펑크스타일은 1970년대 영국에서 시작된 젊은이들의 하위문화였지만 지금은 대중적인 하나의 패션 장르가 되었다.
집합	선수들이 모두 모이면 다음 훈련 장소와 집합 시간을 말씀드리겠습니다. 고대에는 여러 부족의 집합으로 국가가 형성되었다.
착용	이곳에서는 물놀이를 할 때 안전을 위해 구명조끼를 착용해야 한다. 곧 출발하오니 승객여러분께서는 안전벨트를 착용하시기 바랍니다.
문화충돌	다민족 국가에서는 크고 작은 문화충돌이 종종 발생한다. 이것은 4명의 딸이 각각 다른 국적의 남자와 결혼하는 과정에서 생기는 문화충돌을 다룬 코미디 영화이다.
학살	전쟁 중에 발생한 민간인 학살 사건이 뒤늦게 밝혀졌다. 수많은 사람들이 종교적인 이유로 학살을 당했다.
원활하다	외국어는 보통 어느 정도 배우면 그 나라 사람과 원활하게 의사소통을 할 수 있어요? 이민자들의 원활한 사회 적응을 돕기 위해 구청에서 지원센터를 운영하고 있다.
이질적	외국 여행을 하면 낯설고 이질적인 문화를 경험할 수 있다. 화려한 조명의 멋진 고층 건물과 바로 건너편의 빈민촌은 매우 이질적인 느낌을 준다.

01. 밑줄 친 것과 의미가 맞는 말을 쓰십시오.

보기 서로 다른 성질의 문화가 만나 새로운 문화를 형성한다. (이질적)

❶ 테러리스트들은 여자와 아이까지 잔인하게 죽였다. (   )

❷ 자외선이 강할 때는 선글라스를 쓰는 것이 좋다. (   )

❸ 강당에 신입생들이 모두 모였다. (   )

❹ 대학생들은 그들만의 생활 문화를 가지고 있다. (   )

02. 빈칸에 알맞은 말을 쓰십시오.

보기 가: 아시아 지역을 여행하면서 느낀 점이 뭐예요?
나: 같은 아시아 지역인데도 나라마다 독특한 (생활양식을)~~을~~/를 가지고 있어서 재미있었어요.

❶ 가: 노약자들이 유행성 독감에 걸리지 않으려면 어떻게 하는 게 좋습니까? 주의사항을 말씀해 주십시오.
나: 가능하면 외출을 피하고 외출 시 마스크를 (   )하는 것이 좋습니다.

❷ 가: 외국계 기업에서 일하시는데 문화차이 때문에 발생하는 문제는 없나요?
나: 나라간 문화차이보다는 세대간에 (   )으로/로 문제가 생길 때가 있습니다.

❸ 가: 집에서 간단하게 할 수 있는 건강요법을 소개해 주세요.
나: 반신욕은 혈액순환이 (   )도록 도와주어 건강을 유지하는 데에 도움이 됩니다.

❹ 가: 세계적으로 흥행에 성공한 영화인데 왜 우리나라에서는 인기가 없지요?
나: 한국인의 정서에는 맞지 않는 (   )인 요소가 많아서 그런 것 같아요.

주제 어휘

문화의 기본 개념	• 이방인	• 현지인	• 문화 교류	• 문화 충돌	• 문화 충격
	• 문화 상대주의	• 동질적	• 이질적	• 배타적	• 수용적

01. 빈칸에 알맞은 말을 쓰십시오.

보기 한반도에서 수천 년간 함께 살아온 한국인은 (동질적)인 생활양식과 문화를 공유하고 있다.

❶ 사람들은 오랜만에 고향에 돌아온 나를 낯선 곳에서 온 (   )처럼 대했다.

❷ 외국 여행을 갔을 때 (   ) 여행 가이드가 한국말을 너무 잘해서 깜짝 놀랐다.

❸ 유럽여행을 갔을 때 누드해변을 보고 (   )을/를 받았다.

❹ 실크로드를 통해 동서양의 (   )이/가 이루어졌다.

02. 빈칸에 알맞은 말을 쓰십시오.

요즘 같은 국제화시대에는 외국생활을 하게 되는 경우가 많다. 외국에 가면 우리는 누구나 이방인이 된다. 그 곳에 사는 현지인들의 생활모습과 건축물, 자연환경 등 대부분이 내가 사는 나라와는 다르다. 이런 보기 (이질적)인 생활양식에 대해 거부감과 ❶ (   )인 태도를 보이면 ❷ (   )이/가 나타나고 이방인과 현지인간에 갈등과 싸움으로 커질 수도 있다. 이럴 때는 ❸ (   )인 태도와 ❹ (   )적인 시각이 필요하다.

문법 1 -을지라도/ㄹ지라도

- 동사나 형용사의 어간 뒤에 써서 앞 절의 사실을 인정하면서 그에 구애받지 않는 사실을 이어 말할 때 쓰는 연결 어미이다. 어떤 미래의 일에 대하여 '그렇다고 가정하더라도'의 뜻을 나타낸다.
- 동사, 형용사의 어간이 자음으로 끝나면 '-을지라도'를 쓰고, 모음으로 끝나면 '-ㄹ지라도'를 쓴다.

❶ 아무리 화가 날지라도 사람을 때려서는 안 됩니다.
❷ 그는 재능은 좀 부족할지라도 가장 열심히 노력하는 선수이다.
❸ 설령 철없는 아이일지라도 거짓말이 나쁘다는 것은 안다.
❹ 이번 공모전에서 입상은 못했을지라도 준비과정에서 많은 것을 배웠을 것이다.

01. 보기 와 같이 연결하고 문장을 완성하십시오.

보기 겉모습은 같다	————	그 기능과 쓰임새는 전혀 다르다.
❶ 생산업체가 많아지다 •		• 관점에 따라 평가는 달라질 수 있다.
❷ 비록 가난하게 살다 •		• 시간이 지나면 그 감정은 식기 마련이다.
❸ 아무리 정당한 행동이다 •		• 마음만은 부자다.
❹ 자주 사용하지는 않다 •		• 값은 떨어지지 않을 겁니다.
❺ 열렬히 사랑해서 결혼했다 •		• 필요할 때가 있으니 버리면 안 된다.

보기 겉모습은 같을지라도 그 기능과 쓰임새는 전혀 다르다.

❶ ____________________

❷ ____________________

❸ ____________________

❹ ____________________

❺ ____________________

02. 다음은 결혼관에 대한 글입니다. 알맞은 말을 골라 이야기를 완성하십시오.

• 능력이 있다	• 고생을 하다	• 되지 못하다
• 결혼하다	• 어려운 일이다	• 나이가 많다

젊은 여성들의 결혼관이 크게 달라졌다. 내가 어렸을 때는 여자가 보기 능력이 있을지라도 ~~을지라도/ㄹ지라도~~ 결혼하면 다니던 직장을 그만 두는 경우가 대부분이었다. 남편과 자녀의 뒷바라지를 위해 자신을 희생하는 현모양처가 결혼한 여자의 미덕으로 여겨졌기 때문이다. 그러나 반세기가 지난 지금은 여자가 ❶ ______________ 을지라도/ㄹ지라도 단지 남편과 자녀를 위해서 일을 그만두지는 않는다. 옛날 같은 현모양처는 ❷ ______________ 을지라도/ㄹ지라도 자신의 일은 포기하지 않겠다는 것이다. 요즘 여성들은 집안일과 직장일을 병행하느라고 ❸ ______________ 을지라도/ㄹ지라도 일을 통해 자아실현을 하고자 한다. 아무리 ❹ ______________ 을지라도/ㄹ지라도 남자 못지않게 해내는 요즘 젊은 여성을 보면 존경스럽기까지 하다.

또 하나의 변화는 결혼은 필수가 아니라 선택이라는 사고방식이다. 요즘 대부분의 여성들은 결혼하고 싶으면 하고, 싫으면 안 해도 된다는 생각을 가지고 있는 것 같다. 아무리 ❺ ______________ 을지라도/ㄹ지라도 결혼을 위한 결혼은 하지 않겠다는 여성들이 많다.

문법 2 -겠거니 하다

• 동사나 형용사의 어간 뒤에 써서 으레 그럴 거라고 단정하거나 미루어 짐작하여 어떤 행동을 수행했음을 의미하는 표현이다.

❶ 나중에 필요하면 자기가 알아서 하겠거니 하고 아이에게 공부하라는 말을 안 했어요.

❷ 동생은 벌써 도착했겠거니 하고 집에 왔는데 밤늦게까지 돌아오지 않았다.

❸ 가방과 책을 들고 있어서 학생이겠거니 했어요.

❹ 출장지가 북쪽이라서 춥겠거니 하고 두꺼운 옷을 준비했는데 생각보다 따뜻했어요.

01. 보기 와 같이 문장을 바꾸십시오.

보기 외국인이라서 영어를 알거라고 생각하고 영어로 말을 걸었어요.
➡ 외국인이라서 영어를 알겠거니 하고 영어로 말을 걸었어요.

❶ 한국 사람이니까 매운 음식을 좋아할 거라고 생각하고 음식 안에 고추를 많이 넣었어요.

➡ ____________________

❷ 다음 주가 시험이라서 아이가 공부하고 있을 거라고 생각했어요.

➡ ____________________

❸ 오후 7시라서 퇴근했을 거라고 생각하고 한잔하자고 전화를 했어요.

➡ ____________________

❹ 평소에 약속을 잘 지키고 신용도 있어서 돈을 제때 갚을 거라고 생각하고 빌려줬어요.

➡ ____________________

❺ 유명 상표라서 비쌀 것 같다고 생각하고 아예 매장에 들어가지도 않았어요.

➡ ____________________

02. 다음은 남자친구 때문에 고민하는 내용입니다. 알맞은 말을 넣어 대화를 완성하십시오.

동료: 미선 씨, 왜 이렇게 표정이 안 좋아요? 무슨 일 있었어요?

미선: 남자 친구가 내 생일 선물을 보기 준비했 겠거니 했는데 빈손으로 나왔지 뭐예요?

동료: 바빠서 ❶ ______ 겠거니 하고 이해하세요.

미선: 바쁘다고 해도 좀 심한 것 같아요. 나는 남자친구 생일에 정말 신경 써서 선물을 준비해 주었는데...
그리고 데이트할 때도 비싼 식당에 가면 ❷ ______ 겠거니 하고 그런 식당에는 가자고 말도 안 해요. 그런 내 마음을 ❸ ______ 겠거니 했는데 어느 날은 저보고 왜 싼 것만 좋아하냐고 해서 아주 섭섭했어요.
게다가 남자친구가 요즘은 약속 시간에 자주 늦게 오는데 연말이라서 ❹ ______ 겠거니 하고 이해하고 넘어갔어요. 그런데 얼마 전에는 주말이니까 ❺ ______ 겠거니 하고 만나자고 전화를 했는데 피곤하다면서 전화를 끊어 버리는 거예요. 혹시 남자친구 마음이 변한 건 아닐까요?

동료: 남자친구하고 진지하게 이야기를 한번 해 보세요.

활동 위에서 배운 어휘와 문법을 사용하여 다음 중 하나를 골라 이야기해 보십시오.

- 문화 충격 경험
- 한국과 자국의 동질적인 문화
- 자국의 청소년의 하위문화

보기 제가 지난 겨울에 직접 경험했던 한국에 대한 문화 충격 사례입니다. 버스 정류장에서 한 할머니가 저에게 이렇게 추운데 짧은 치마를 입고 다니면 어떻게 하냐고 야단을 쳤습니다. 당황한 나는 한국친구를 만났을 때 그 이야기를 했더니 친구는 "아마 네가 추워보였나 봐. 손녀처럼 생각해서 그랬겠거니 하고 이해해. 우리나라에서는 모르는 사람일지라도 가족처럼 생각해서 그러시는 노인분들이 가끔 계셔" 라고 말했습니다.

02 대중문화

학습목표 연예 산업과 관련된 어휘를 익혀서 활용할 수 있다.
'으로/로 말미암아', '-는 탓에' 표현을 익혀서 활용할 수 있다.

기자 요즘 박 대표님 기획사 소속 가수들이 너무 상업화되고 있다는 비판이 일고 있는 것에 대해 어떻게 생각하십니까?

대표 문화에 자본이 개입되면 상품화되기 마련이지요. 상품화가 된다고 해서 대중문화의 본질을 잃어버리는 것은 아니라고 생각합니다. 여전히 대중 문화는 대중의 감수성을 자극하고 감성을 어루만져주는 역할을 하고 있지요. 그리고 대중문화가 상품화되면서 하나의 산업이 될 수가 있습니다.

기자 네, 예비 스타를 발굴해 훈련시켜 데뷔시키는 스타 시스템은 대중문화의 성장에 긍정적인 영향을 미쳤지요. 그런데 이러한 기획사 위주의 문화로 말미암아 다양성을 해치고 있다는 비판에 대해 어떻게 생각하십니까?

대표 우리나라는 내수시장이 좁은 탓에 세계 시장으로 진출을 안 할 수가 없어요. 국제적인 경쟁에서 살아남기 위해서는 기획사의 체계적인 관리가 필요합니다. 그 과정에서 선택과 집중이 이루어질 수밖에 없고요.

기자 마지막으로 한국 대중문화가 나아가야 할 방향에 대해 한 말씀 해 주시죠.

대표 우리 고유의 정서와 국제적으로 통용될 수 있는 정서를 함께 다루어야 합니다. 사실 한국 드라마가 외국에서 성공할 수 있었던 요인 중 하나가 가족과 인간에 대한 사랑이라는 보편적인 정서를 다루었기 때문이지요.

새 어휘

비판이 일다	최근 정부가 발표한 부동산 정책에 대해 비판이 일고 있다. 그 영화의 폭력적인 장면이 청소년들에게 폭력을 미화시킨다는 비판이 일고 있다.
개입하다	아이들의 가벼운 싸움에 부모들이 개입하는 바람에 큰 싸움이 됐다. 정부가 시장 경제에 개입하여 가격을 낮출 경우 기업의 생산력이 떨어질 수 있다.
감수성	청소년기는 감수성이 예민한 시기라서 조그만 일에도 상처를 받을 수 있다. 그 배우는 감수성이 풍부하고 표현력이 뛰어나서 배우로서의 앞날이 기대됩니다.
어루만지다	할머니는 아이의 아픈 배를 어루만져 주었다. 친구의 위로가 상처 받은 나의 마음을 어루만져 주었다.
내수 시장	정부는 내수 시장을 활성화하기 위해 새로운 정책을 내 놓았다. 한국 경제는 내수 시장의 규모가 작기 때문에 수출 의존도가 높다.
진출하다	한국 팀이 브라질 팀을 꺾고 결승전에 진출하였다. 우리 회사 제품이 해외 시장으로 진출하기 위해서는 가격과 품질 면에서 경쟁력을 갖추어야 한다.
체계적	논문을 쓰기 위해서는 먼저 자료를 체계적으로 정리해야 한다. 노후의 건강을 위해서는 젊었을 때부터 체계적인 건강 관리가 필요하다.
통용되다	영어는 세계적으로 통용되는 언어이다. 유로화는 대부분의 유럽 국가에서 통용된다.

01. 빈칸에 알맞은 말을 쓰십시오.

보기 K그룹이 외식산업에 (진출하)기 위해 시장조사를 하고 있다.

❶ 국토 개발 사업에 권력층이 ( )었는지/았는지/였는지 철저하게 조사를 해야 한다.

❷ 전염병을 예방하기 위해서는 국가의 ( )인 관리 시스템이 필요하다.

❸ 배우는 연기를 통해 상처받은 사람들의 마음을 ( )을/ㄹ 수 있어야 한다.

❹ 그 잡지사의 표지 사진이 인종 차별적이라는 ( )고 있다.

02. 빈칸에 알맞은 말을 쓰십시오.

한국의 연예 산업은 **보기** (내수 시장을) ~~을/~~를 넘어 세계시장에 ❶ ( ) 게 되었다. 세계시장에서 성공하기 위해서는 먼저 ❷ ( )인 전략을 세워야 한다. 우선 모든 사람들에게 ❸ ( )는 정서가 무엇인지 생각해 본 후, 그들의 ❹ ( )을/를 자극하기 위해 노력해야 한다.

주제 어휘

연예 산업	• 연예 기획사	• 소속사	• 스타 발굴	• 지망생	• 연습생
	• 오디션	• 데뷔하다	• 상품화	• 획일화	• 다양성

01. 빈칸에 알맞은 말을 쓰십시오.

보기 대형 기획사에서는 (소속사) 가수가 새 앨범을 낼 때 많은 홍보비를 지출한다.

❶ 예전에는 마시는 물이 (   )되어 판매될 거라고는 생각도 못했다.

❷ 여주인공 한 명을 뽑기 위한 (   )에 지원한 사람이 1000명이 넘었다.

❸ 요즘 각 방송사마다 (   )을/를 위한 프로그램을 경쟁적으로 내놓고 있다.

❹ 문화의 (   )을/를 이해하기 위해서는 다른 문화를 존중하고 이해하는 태도가 필요하다.

02. 빈칸에 알맞은 말을 쓰십시오.

연예인의 사회, 경제적 지위가 높아지면서 스타가 되고 싶어하는 10대 연예인 보기 (지망생)들이 많아졌다. 10대들의 연예계 진출은 ❶ (   )의 등장과 함께 본격화되었다고 볼 수 있다. 이들은 회사에 소속되어 몇 년 동안 ❷ (   )으로/로 연예인이 되기 위한 준비를 하다가 연예계에 ❸ (   )게 된다. 이렇게 장기간의 준비와 막대한 자본의 투자로 만들어지기 때문에 수익이 무엇보다 중요시되면서 이들은 자신의 개성보다는 대중들이 좋아하는 ❹ (   )된 모습을 지니는 경우가 많다.

문법 1 으로/로 말미암아

- 명사 뒤에 써서 앞 문장의 어떤 현상이나 사물을 원인으로 하여 뒷문장의 안 좋은 결과가 생겼음을 나타낸다.
- 명사가 자음으로 끝나면 '으로 말미암아'를 쓰고, 모음으로 끝나면 '로 말미암아'를 쓴다.

❶ 지구 온난화로 말미암아 해수면이 상승하고 있다.
❷ 내전으로 말미암아 많은 사람들이 가족과 삶의 터전을 잃었다.
❸ 화산 폭발로 발생한 화산재로 말미암아 유럽 전역의 비행기가 결항이 되었다.
❹ 그 국회의원의 부적절한 행동으로 말미암아 그가 속한 정당에 대한 비난이 쏟아졌다.

01. 알맞은 말을 골라 보기 와 같이 문장을 완성하십시오.

• 선수들의 부상	• 마약 복용	• 화재
• 폭설	• 무분별한 개발	• 동맥경화

보기 무분별한 개발로 ~~으로/로~~ 말미암아 환경 오염이 심각해졌다.

❶ ____________ 으로/로 말미암아 뇌졸중이나 심근경색이 발생하는 경우가 많다.

❷ ____________ 으로/로 말미암아 그 팀은 경기력을 제대로 발휘할 수 없었다.

❸ 갑자기 내린 ____________ 으로/로 말미암아 시내 교통이 마비가 되었다.

❹ 그 연예인은 ____________ 으로/로 말미암아 이미지에 큰 타격을 입었다.

❺ 지난 밤 ____________ 으로/로 말미암아 문화재가 소실되었다.

02. 다음은 학교 폭력의 원인에 대해 쓴 입니다. 알맞은 말을 골라 이야기를 완성하십시오.

- 다수 학생들의 행동
- 잘못된 가정교육
- 자제력 부족
- 선정적이고 폭력적인 콘텐츠
- 스마트폰의 활성화
- 충동적인 성격

학교 폭력의 원인이 무엇이라고 생각합니까?

학교 폭력은 여러 가지 복합적인 문제들이 얽혀서 발생합니다. 먼저 개인의 도덕적인 문제나 **보기** 충동적인 성격으로 ~~으로/로~~ 말미암아 학교 폭력이 발생하는 경우가 있습니다. 이런 학생은 ❶ ____________ 으로/로 말미암아 학교 폭력의 가해자가 되는 경우가 많습니다. 인격이 형성되어야 할 시기에 ❷ ____________ 으로/로 말미암아 인격이 제대로 형성되지 않은 결과이지요.

그리고 집단적 동조에 의한 압력도 무시할 수 없습니다. 자신의 의사와 관계없이 ❸ ____________ 으로/로 말미암아 어쩔 수 없이 학교 폭력에 가담하게 되는 경우도 있습니다.

또한 대중매체를 통해 파급되는 ❹ ____________ 으로/로 말미암아 학교폭력이 더 심해지고 있습니다. 특히 최근에는 ❺ ____________ 으로/로 말미암아 사이버 폭력이 증가하고 있습니다.

문법 2 -는/은/ㄴ 탓에

- 동사나 형용사의 어간 뒤에 써서 주로 부정적인 까닭이나 원인으로 주로 부정적인 결과가 생겨남을 나타낸다.
- 동사나 '있다', '없다'의 어간 뒤에서는 '-는 탓에'를 쓰고, 형용사나 과거 동사의 어간이 자음으로 끝나면 '-은 탓에'를, 모음으로 끝나면 '-ㄴ 탓에'를 쓴다.

❶ 친구가 자꾸 말을 거는 탓에 수업에 집중할 수가 없었다.
❷ 날씨가 흐린 탓에 일출을 볼 수 없었다.
❸ 그 사람은 말이 직설적인 탓에 사람들의 오해를 많이 받는다.
❹ 동생이 늦게 일어난 탓에 비행기를 놓쳤다.

01. 보기 와 같이 연결하고 문장을 완성하십시오.

보기 오랜 시간을 외국에서 보냈다 •	• 오늘 하루 종일 숙취에 시달렸다.
❶ 어제 과음을 했다 •	• 전 재산을 날렸다.
❷ 거래처에서 제 시간에 물건을 가져오지 않았다 •	• 너희들이 고생이 많구나.
❸ 부모를 잘못 만났다 •	• 모국어를 거의 다 잊어버렸다.
❹ 보증을 잘못 섰다 •	• 집안에 나쁜 일이 계속 생기는 거라고 무당이 말했다.
❺ 조상의 묘를 잘못 썼다 •	• 큰 손해를 입었다.

보기 오랜 시간을 외국에서 보낸 탓에 모국어를 거의 다 잊어버렸다.

❶ ______________________________

❷ ______________________________

❸ ______________________________

❹ ______________________________

❺ ______________________________

02. 다음은 기자와 시장의 인터뷰입니다. 알맞은 말을 골라 대화를 완성하십시오.

• 눈이 많이 오다 • 관광객이 많이 몰리다 • 내수 시장이 좁다
• 불경기이다 • 교통이 불편하다 • 오랜 세월 방치되다

기자: 시장님, 이곳이 관광지로 인기를 끌게 된 비결이 뭡니까?

시장: 우리 도시는 유적지임에도 불구하고 보기 교통이 불편한 ~~는/은/ㄴ~~ 탓에 찾아 오는 관광객이 적었습니다. 그리고 유적들이 ❶ ______ 는/은/ㄴ 탓에 관광객들의 외면을 받았습니다. 그래서 교통 시설을 늘리고 유적 관리에 신경을 썼습니다.

기자: 그런 노력들을 하셨군요. 그런데 요즘 ❷ ______ 는/은/ㄴ 탓에 국내 관광객이 많이 줄었는데 여기는 어떻습니까?

시장: 우리나라는 ❸ ______ 는/은/ㄴ 탓에 국내 관광객만 유치해서는 살아 남을 수 없다는 생각에 해외 관광객 유치를 위해 많은 노력을 했습니다.

기자: 그런데 겨울에도 관광객들이 많이 찾아옵니까?

시장: 사실 겨울철만 되면 ❹ ______ 는/은/ㄴ 탓에 관광객이 별로 없었습니다. 이런 날씨를 활용해서 눈꽃 축제, 얼음 축제 등과 같은 행사를 벌인 결과 겨울철에도 관광객이 많아졌습니다. 그런데 ❺ ______ 는/은/ㄴ 탓에 자연이 파괴되는 문제가 생겼습니다. 그래서 이 문제를 해결하려고 여러 분야의 전문가들과 함께 논의 중입니다.

활동 위에서 배운 어휘와 문법을 사용하여 다음 중 하나를 골라 이야기해 보십시오.

• 연예 기획사의 스타 육성 시스템에 대해 찬성하는 의견과 그 이유
• 연예 기획사의 스타 육성 시스템에 대해 반대하는 의견과 그 이유

보기 저는 연예 기획사의 스타 육성 시스템에 대해 찬성합니다. 기획사의 체계적이고 전문적인 관리를 통해 각자의 재능에 맞는 이미지를 기를 수 있고, 자신의 재능을 극대화할 수 있습니다.

기획사의 대형 권력화로 말미암아 스타가 노예화 · 상품화된다는 비판도 있지만 저는 기획사의 전문성이 연예인 지망생들에게 경쟁력을 갖게 해 준다는 점에서 스타 육성 시스템에 대해 찬성합니다.

03 정원에 나타난 문화

학습목표 정원 문화 관련 어휘를 익혀서 활용할 수 있다.
'-데요', '-으면서도' 표현을 익혀서 활용할 수 있다.

제임스 중국에 갔을 때 북경의 이화원이 정말 인상적이었어요. 정원 안에 거대한 호수를 인공적으로 만든 것도 놀라운데 그 호수를 팔 때 나온 흙으로 산을 만들고 중턱에는 정자까지 지어 놓았데요.

미 선 정원을 보면 그 나라의 문화적 특성을 알 수 있는 것 같아요. 한국에서는 자연을 거스르지 않기 위해서 물길이며 바위 등을 있는 그대로 활용했어요. 관상수를 심거나 나무와 꽃을 전지하는 것도 피했고요.

제임스 안내원 말에 의하면 북경이 평야지대라서 주변에 마땅한 경치가 없기 때문에 그런 인공적인 산을 만들었다고 해요. 또 심산유곡의 분위기를 내기 위해 기암괴석을 곳곳에 배치해 놓기도 했고요. 중국 정원은 마치 거대한 공간 안에 인공적으로 자연을 담아 낸 듯 보였어요.

미 선 그렇군요. 한편 일본인들은 산과 강의 자연적 경관을 축소하여 그 안에 보기 좋게 가꾼 수목들로 꾸며 놓은 정원을 만들어 감상을 했지요.

제임스 같은 동양 문화권인데도 참 다르네요.

미 선 세 나라 모두 자연을 가까이 접하고 즐기기 위해 정원을 만들겠다는 생각은 일맥상통하면서도 차이를 보여요. 한마디로 중국과 일본은 자연을 끌어들여 감상한다면 한국은 자연 속으로 안긴다고 할까요?

새 어휘

정자	고향에서 여름이면 호수 옆 정자에서 더위를 피하곤 했었다. 경복궁에 있는 향원정은 연못 위에 세워져 있는 아름다운 정자이다.
거스르다	부모님의 뜻을 거스르는 행동은 하지 않는 게 좋다. 자연을 거스르지 않고 사는 것은 인간의 도리이다.
관상수	우리 할아버지는 집에서 관상수를 키우며 시간을 보내신다. 정원을 꾸미려고 관상수를 사다가 심었다.
전지하다	오랫동안 돌보지 않아 지저분해진 나무를 전지했다. 전지를 자주 해 줘서 그런지 정원이 아주 깔끔하네요.
마땅하다	마땅한 집이 없어서 이사를 못하고 있다. 이번 일에 대한 책임은 회사 대표가 지는 것이 마땅하다.
심산유곡	정선의 그림은 한국의 심산유곡을 사실적으로 잘 그려냈다. 김 교수는 은퇴한 후 심산유곡에 들어가 글을 쓰며 지내고 있다.
기암괴석	설악산은 기암괴석과 울창한 숲이 어우러져 경치가 매우 아름답다. 기암괴석들로 이루어진 그 산을 구경하러 해마다 수많은 관광객이 찾아온다.
축소하다	박물관에 있는 탑은 원래 탑을 5분의 1로 축소한 모형이다. 정부는 재정 부족으로 복지 예산을 축소하겠다고 밝혔다.
일맥상통	이번 대북 정책은 지난 정부의 정책과 일맥상통하는 면이 있다. 고구려와 부여의 신화는 시조가 활을 잘 쏘고 태양 숭배 사상이 나타난다는 점에서 일맥상통한다.

01. 빈칸에 알맞은 말을 쓰십시오.

보기 예전에는 왕의 명령을 (거스른)~~은/ㄴ~~ 사람은 살아남기가 힘들었다.

❶ 그 사람은 대학교를 졸업하고도 (   )은/ㄴ 직장을 찾지 못해 놀고 있다.

❷ 그 사람과 내 의견은 다른 것 같지만 여러 모로 (   )하는 면이 있다.

❸ 요즘 경기가 안 좋아서 사업 규모를 (   )기로 했다.

❹ 정선의 산수화에는 (   )의 아름다운 풍경이 사실적으로 잘 나타나 있다.

02. 빈칸에 알맞은 말을 쓰십시오.

요즘 같이 하루하루 정신없이 지내다 보면 여유로운 삶을 꿈꾸게 된다. 아무도 찾지 않는 **보기** (심산유곡)에 들어가 살고 싶다. 독특하게 생긴 바위가 만들어 낸 ❶ (   )의 풍경이 펼쳐져 있고 시원하게 흐르는 폭포수가 있어 정신이 맑아지는 곳 말이다. 심산유곡까지는 아니더라도 작은 연못과 그 옆에 앉아서 쉴 수 있는 ❷ (   )이/가 있는 곳에서 사는 것도 괜찮을 것 같다. 정자 옆에는 ❸ (   )을/를 심고 가끔 그 나무들을 ❹ (   )으면서/면서 시간을 보내는 삶도 나쁘지 않을 것 같다.

주제 어휘

정원 문화	• 순응 • 역행 • 조화 • 경관 • 조경 • 관상 • 자연친화적 • 인공적 • 풍수지리설 • 자연 경외 사상

01. 빈칸에 알맞은 말을 쓰십시오.

보기 조선 말기의 쇄국정책은 시대의 흐름을 (역행)하는 것이었다.

❶ (　　　　　　)은/는 지형이나 방향이 인간의 길흉화복에 영향을 준다고 보는 이론이다.

❷ 이 아파트는 단지 내 (　　　　　　)에 신경을 써서 자연을 느낄 수 있게 했다.

❸ 요즘은 건강을 위해 나무나 흙 같은 천연 재료로 지은 (　　　　　　) 주택이 인기이다.

❹ 우리 아버지는 (　　　　　　)을/를 목적으로 화초를 키우고 계신다.

02. 빈칸에 알맞은 말을 쓰십시오.

고대로부터 인간은 자연을 숭배하는 **보기** (자연 경외 사상을)을/를 표현하기 위해 자연과 어울리며 ❶ (　　　　　　)을/를 이루는 정원을 만들어 왔다. 특히 동양의 정원은 인간이 ❷ (　　　　　　)으로/로 만든 건축물들이 자연과 조화롭게 어울려 있다. 이때 인간이 만든 건축물들은 자연의 ❸ (　　　　　　)을/를 해치면 안 되는데 이는 자연을 그대로 받아들이고 자연에 ❹ (　　　　　　)하려는 동양인들의 자연철학사상 때문이다.

문법 1 -데요

• 동사나 형용사의 어간 뒤에 써서 과거에 직접 경험하여 새로 알게 된 사실에 대해 어떤 느낌을 실어 상대방에게 전달할 때 쓰이는 표현이다. '-데'에 높임의 '요'가 붙은 표현이다.

❶ 제임스 씨가 한국 음식을 잘 먹데요.

❷ 그 영화가 생각보다 재미없데요.

❸ 알고 보니 영호 씨가 감수성이 풍부한 사람이데요.

❹ 사무실에 갔더니 미선 씨는 벌써 퇴근했데요.

01. 보기 와 같이 대화를 완성하십시오.

보기 가: 중국 정원이 어땠어요? (한국 정원과 많이 다르다)
나: 한국 정원과 많이 다르데요.

❶ 가: 새로 생긴 식당이 어땠어요? (음식도 맛있고 분위기도 좋다)
나: ______________________

❷ 가: 교수님이 어디에 가셨지? (아까 퇴근하시다)
나: ______________________

❸ 가: 미선 씨한테 전화해 봤어요? (전화를 안 받다)
나: ______________________

❹ 가: 민호 씨하고 동창이에요? (나하고 같은 학교를 졸업했다)
나: 네, ______________________

❺ 가: 영수 동생이 운동을 잘 하던데요. (알고 보니 농구 선수이다)
나: ______________________

02. 다음은 방학 동안 일본 여행을 갔다 온 친구와의 대화입니다. 알맞은 말을 골라 대화를 완성하십시오.

• 다르다	• 쓰지 않았다	• 전지해 놓았다
• 단순하다	• 작은 산도 있다	• 모습이다

가: 지난 방학 때 일본 교토로 여행을 갔다 왔어요. 교토는 한국의 경주 같은 곳이라고 해서 비슷할 거라고 생각했는데 많이 보기 다르 데요.

나: 뭐가 달랐어요?

가: 절 구경을 많이 했는데 한국 절의 지붕은 처마가 화려한데 일본은 ❶ ______ 데요. 그리고 원색의 단청을 ❷ ______ 데요.

나: 아, 그래요? 그리고 또 뭘 봤는데요?

가: 정원도 구경했어요. 정원에 있는 나무들을 아주 깔끔하게 ❸ ______ 데요.

나: 그리고 또 뭐가 있었어요?

가: 연못 중앙에는 후지산을 본 따서 만들었다는 ❹ ______ 데요.

나: 정원 안에 산이요?

가: 네. 후지산의 경관을 그대로 축소해 놓은 ❺ ______ 데요. 그 정교함에 놀라움을 금치 못했어요.

문법 2 -으면서도/면서도

- 동사나 형용사의 어간 뒤에 써서 선행절의 동작이나 상태와 반대되는 말 또는 대응하는 말이 후행절에 온다.
- 동사, 형용사의 어간이 자음으로 끝나면 '-으면서도'를 쓰고, 모음으로 끝나면 '-면서도'를 쓴다.

❶ 그 사람은 말은 근사하게 하면서도 실제로 행동으로 옮기지는 않는다.
❷ 영호는 회사일로 바쁘면서도 주말마다 가는 봉사활동에 꼭 참여한다.
❸ 이 음식은 저칼로리이면서도 맛이 좋다
❹ 그 아이는 남은 과자를 자기가 다 먹었으면서도 안 먹었다고 잡아뗐다.

01. 보기 와 같이 연결하고 문장을 완성하십시오.

보기 그 사람을 알다 • ——— • 모르는 척했다.

❶ 맛이 없다고 하다 • • 관심이 없는 것처럼 행동했다.
❷ 그 남자를 좋아하다 • • 계속 먹는다.
❸ 시험을 잘 봤다 • • 다른 사람을 돕는 일에 앞장선다.
❹ 형편이 어렵다 • • 못 봤다고 걱정을 한다.
❺ 피아노를 잘 치다 • • 사람들 앞에서 연주하는 걸 싫어한다.

보기 그 사람을 알면서도 모르는 척했다.

❶ ____________________
❷ ____________________
❸ ____________________
❹ ____________________
❺ ____________________

02. 다음은 기숙사에 살고 있는 학생의 일기입니다. 알맞은 말을 넣어 이야기를 완성하십시오.

어제 친한 친구하고 싸웠다. 그런데 오늘 그 친구가 분명히 나를 **보기** 봤으면서도 ~~으면서도/면서도~~ 아는 척을 안 했다. 나는 기분이 몹시 상해서 교실에 들어왔고 다른 친구들은 나를 보고 인사를 했다. 나는 ❶ ________으면서도/면서도 기분 좋은 듯이 다른 친구들과 인사를 나눴다. 수업 시간에도 그 친구가 계속 마음에 걸려서 집중이 안 됐다. 선생님이 이해했냐고 하셨을 때 나는 ❷ ________으면서도/면서도 이해한다고 대답했고 혹시 다른 생각을 했냐고 하셨을 때도 ❸ ________으면서도/면서도 아니라고 대답했다. 수업 후에 나는 친구와 화해를 해야겠다고 생각하고 그 친구 기숙사 방으로 갔다. 친구는 ❹ ________으면서도/면서도 없는 척했다. 전화를 걸었지만 전화도 받지 않았다. 그 친구는 내가 화해하고 싶어 한다는 것을 ❺ ________으면서도/면서도 어떻게 나한테 이럴 수 있을까?

활동 위에서 배운 어휘와 문법을 사용하여 다음 중 하나를 골라 이야기해 보십시오.

- 자기 나라 전통 정원의 특징
- 자기 나라 전통 주택의 특징
- 동양과 서양 정원의 공통점

보기 한옥의 마당이나 서양의 정원은 모두 자연과 통하고 싶은 인간의 욕구를 반영한다는 점에서는 일맥상통하면서도 각각의 특징이 있어요. 한옥의 마당은 관상용이 아니라 생활과 밀접한 활동을 위한 공간이었어요. 결혼식이나 환갑잔치, 농작물 건조 등 의식주와 관련된 활동이 모두 마당에서 이루어졌지요. 그래서 마당에는 잔디를 깔지 않고 나무도 한 두 그루 정도만 심었어요. 이렇게 한옥의 마당은 집의 중심적 공간으로서 자연과 인간의 삶을 연결해 주는 역할을 했어요.

04 전통 문화의 현대화

학습목표 전통 계승 관련 어휘를 익혀서 활용할 수 있다.
'-기 나름이다', '-되' 표현을 익혀서 활용할 수 있다.

사회자 지금까지 사물놀이 장단에 맞춘 비보이 춤 공연 영상을 보셨는데요. 김 교수님은 이러한 전통 문화의 현대화에 대해서 어떻게 생각하십니까?

김교수 보는 내내 어깨가 들썩거리지 않았습니까? 전통 문화는 고리타분한 것이라는 고정관념을 깨고 이렇게 젊은 세대에게 다가가려는 노력이 꼭 필요하다고 봅니다.

최교수 동감입니다. 사람들이 '전통'이란 단어를 들으면 막연하게 '보존해야 할 무엇'이라고 생각하는 경우가 많습니다. 현재의 생활과는 아무 관련이 없다고 생각하는 것이지요. 그런데 전통을 있는 그대로 고수하여 대중이 이를 기피하고 그래서 후대로 이어가지 못한다면 무슨 의미가 있겠습니까?

사회자 전통은 과거로부터 이어져 내려온 행동 양식과 정신까지 포함하는 것인데 이런 현대화된 공연에 과연 정신적인 부분이 남아 있을까요?

최교수 그건 생각하기 나름이 아닐까요? 드럼 반주에 맞춘 아리랑을 들으면서 '듣기 좋다'고 느낀다면 아리랑에 녹아있는 정신도 전해지는 거라고 생각합니다. 표현하고 느끼는 방식이 다를 뿐이지요.

김교수 맞습니다. 원형만을 고집하는 것은 발전을 저해하고 갈등을 야기할 수 있습니다. 시대에 맞게 변화를 추구하되 민족의 정신을 잃지 않을 때 올바른 전통의 계승이 이루어지는 것입니다.

새 어휘

들썩거리다	신나는 음악을 들으니 어깨가 들썩거린다. 아이들이 만화 주제가를 들으며 엉덩이를 들썩거리고 있다.
고리타분하다	이 드라마는 이전의 고리타분한 사극과 다른 젊은 감각의 신개념 사극이다. 국악은 고리타분하고 지루하다는 고정관념을 깨기 위해 젊은 국악인들이 모여 국악 밴드를 만들었다.
막연하다	새로운 곳에 가면 뭔가 시작할 수 있을 거라는 막연한 기대를 가지고 고향을 떠났다. 노후에 대해 막연하게 생각만 할 게 아니라 구체적으로 계획을 세워 봅시다.
고수하다	30년 전의 교육방식을 고수한다면 학생들의 창의력 개발은 기대할 수 없다. 회사 측은 임금 인상에 반대하는 입장을 고수하고 있어 노사 대립이 계속될 것으로 보입니다.
기피하다	경기가 좋지 않아 기업들이 투자를 기피하고 있다. 젊은 사람들이 기피하는 직업은 무엇이 있을까요?
원형	이곳은 고려시대 사찰의 특징을 잘 보여주는 중요한 유적지여서 반드시 원형을 보존해야 합니다. 제주 곳곳에 1930년대 사용했던 군사 시설의 원형이 그대로 남아 있다.
저해하다	빈곤한 환경은 아동의 두뇌 발달을 저해한다는 연구 결과가 있습니다. 복잡한 세금 정책이 기업 활동을 저해하고 있습니다.
야기하다	새 우편번호 사용에 대한 홍보가 부족해 혼란이 야기되고 있다. 경찰은 교통사고를 야기하는 불법 주정차에 대한 단속을 강화하기로 했다.
추구하다	인간은 누구나 행복을 추구할 권리가 있다. 가구를 만들 때 미적인 부분만을 추구하다 보면 실용성이 떨어질 수 있다.

01. 빈칸에 알맞은 말을 쓰십시오.

보기 무분별한 개발로 인해 (원형이)~~이/가~~ 손상된 문화재가 많습니다.

❶ 사물놀이 장단에 맞춰 사람들이 몸을 (   )으며/며 박수를 쳤다.

❷ (   )은/ㄴ 미래에 대한 불안감으로 점쟁이를 찾는 20~30대가 늘고 있대요.

❸ 대기업 중심의 경제 정책은 경제 발전을 (   )습니다/ㅂ니다.

❹ 정부는 사회 불안을 (   )을/ㄹ 수 있는 인터넷 유언비어를 철저히 단속하겠다고 발표했습니다.

02. 빈칸에 알맞은 말을 쓰십시오.

한복은 한민족 고유의 의복이다. 그러나 일상생활에서 한복을 입은 사람을 보면 젊은 사람들은 '저 사람은 전통을 **보기** (고수하)는 보수적이고 ❶ (   )은/ㄴ 사람'이라고 생각할지도 모른다. 그만큼 한복은 젊은이들과 멀어진 것이다. 젊은이들이 계속 한복을 ❷ (   )는다면/ㄴ다면 한복은 더 이상 후대로 이어지지 못할 것이다. 따라서 고유 의복의 전통을 이어가려면 ❸ (   )이/가 다소 변형된다 해도 시대에 맞게 변화와 다양성을 ❹ (   )어야/아야/여야 할 것이다.

주제 어휘

전통 계승	• 전통	• 인습	• 계승	• 단절	• 퓨전
	• 재해석	• 현대화	• 대중화	• 보편성	• 특수성

01. 빈칸에 알맞은 말을 쓰십시오.

> **보기** 어떤 집단이나 공동체에서 가치 있는 것으로서 전해 내려오는 사상, 관습, 행동 양식 등을 (전통이라고)~~이라고/라고~~ 한다.

❶ 전통이 현재의 문화 창조에 기여할 수 있음에 반해 (   )은/는 비판 없이 이어져 내려와 고쳐 나가거나 버려야 할 것을 말한다.

❷ 광복절을 맞아 선조들의 독립 정신을 (   ) · 발전시키고 애국심을 높이기 위해 각 지자체에서 태극기 달기 운동을 벌이고 있습니다.

❸ 이 소설의 주제는 누구나 공감할 수 있는 일반적인 내용이지만 소재 면에서 (   )을/를 가진다.

❹ 젊은 국악인 김형석 씨는 한국의 고유한 특징을 살리면서 세계적인 (   )을/를 갖는 음악을 만들고 싶다고 했다.

02. 빈칸에 알맞은 말을 쓰십시오.

요즘 젊은 국악인들은 국악을 현대적으로 **보기** (재해석)하여 많은 사람들이 가까이할 수 있도록 ❶ (   )하려는 노력을 계속하고 있다. ❷ (   ) 국악밴드 '린', '고래야' 등은 국악을 록(rock)과 같은 현대 대중음악과 접목하는 등 국악의 ❸ (   )을/를 시도 중이다. 일부 국악인들은 악기만 우리 것이지 퓨전 국악을 전통이라고 할 수 있겠냐면서 비판하기도 하지만 이러한 시도는 전통의 ❹ (   )을/를 막을 수 있다는 점에서 의미가 있다.

문법 1 -기 나름이다

- 동사의 어간 뒤에 써서 어떻게 하느냐에 따라 일이나 행위의 결과가 달라짐을 의미한다.

❶ 모든 일은 생각하기 나름이에요.

❷ 피부는 가꾸기 나름이다.

❸ 사랑을 받고 못 받고는 자기하기 나름이지요.

❹ 건강은 관리하기 나름이니까 지금 상태를 유지할 수 있도록 관리를 잘 하세요.

01. 보기 와 같이 문장을 바꾸십시오.

보기 행복하다고 마음을 먹으면 행복한 것이고, 불행하다고 생각하면 불행하죠.
➡ 행복은 마음먹 기 나름이에요.

❶ 이 문장은 어떻게 해석하느냐에 따라 의미가 달라져요.
➡ 이 문장의 의미는 ____________________ 기 나름이에요.

❷ 어떻게 교육하느냐에 따라 아이들의 가치관이 달라져요.
➡ 아이들의 가치관은 ____________________ 기 나름이에요.

❸ 열심히 노력하면 합격할 것이고 노력하지 않으면 떨어지겠죠.
➡ 합격하고 못 하고는 ____________________ 기 나름이에요.

❹ 어떤 측면에서 접근하느냐에 따라 다른 해결 방법이 나올 거예요.
➡ 어떤 해결 방법이 나올지는 ____________________ 기 나름이에요.

❺ 지하철에서 시간을 유용하게 쓰는 사람이 있는가 하면 그냥 시간을 버리는 사람도 있어요.
➡ 지하철에서 보내는 시간은 ____________________ 기 나름이에요.

02. 다음은 아내와 남편의 대화입니다. 알맞은 말을 골라 대화를 완성하십시오.

- 가격은 판매자가 정하다
- 사용하다
- 전자제품의 수명은 관리하다
- 아이가 어떤 사람으로 크는지는 부모 하다
- 부모가 가르치다
- 생각하다

아내: 재민이가 자꾸 핸드폰을 사 달라고 졸라서 가격을 좀 알아봤는데 왜 이렇게 파는 곳마다 값이 다른 거야?

남편: 보기 가격은 판매자가 정하 기 나름이니까 그런 거 아니야? 그런데 초등학생한테 정말 핸드폰이 필요할까?

아내: 그건 ❶ ______________ 기 나름인 것 같아. 교육적인 측면에서 보면 없는 게 낫지만, 안전 측면에서는 있는 게 좋다고 생각하는 사람도 있잖아.

남편: 그렇네. 그런데 핸드폰을 사 주더라도 요금이 얼마나 나올지는 ❷ ______________ 기 나름이니까 핸드폰 요금은 용돈으로 해결하도록 버릇을 들였으면 좋겠어.

아내: 좋아. 아이 습관은 ❸ ______________ 기 나름이지. 그런 제약이 있어야 무절제하게 사용하지 않을 거야. 이게 내가 어제 골라 놓은 건데 오래 사용할 수 있을까? 한번 봐 줘.

남편: ❹ ______________ 기 나름인데, 남자 아이라서 어떨지 모르겠네.

아내: 아, ❺ ______________ 기 나름이라지만, 정말 부모 노릇하기 힘들다.

문법 2 —되

- 동사의 어간 뒤에 써서 앞 내용을 인정하면서도 그에 대한 단서가 있음을 나타내므로 '–는데, 단'의 뜻이다. 말보다는 글에서 쓰이며 예스러운 느낌을 준다.

❶ 수술한 지 얼마 안 되었으니까 운동을 하되 무리하면 안 됩니다.
❷ 이 책을 참고하되 자기 의견이 들어가게 글을 써야 합니다.
❸ 놀러 나가되 10시까지는 들어오도록 해라.
❹ 아이가 잘못을 했을 때 야단을 치되 잘못한 부분에 대해서만 얘기를 해야 한다.

01. 보기 와 같이 대화를 완성하십시오.

보기
가: 요즘 주식에 투자를 해도 될까요?
나: 투자하 되 여유 자금 정도만 하는 것이 좋을 것 같습니다.

❶ 가: 도서관에서 이어폰으로 음악을 들어도 돼요?
나: ______________________ 되 다른 사람에게 피해가 가지 않도록 하세요.

❷ 가: 오늘 하루만 일하기로 한 아르바이트생인데요. 이 책상을 사용해도 됩니까?
나: ______________________ 되 개인 물품에는 손대지 마세요.

❸ 가: 아버지, 제가 하고 싶은 일을 해도 될까요?
나: ______________________ 되 책임은 네가 져야 한다.

❹ 가: 콘서트장 안에서 사진을 찍을 수 있어요?
나: ______________________ 되 인터넷에는 올리지 말아 주십시오.

❺ 가: 음식은 마음껏 가져다 먹어도 되는 거지요?
나: ______________________ 되 남기시면 안 됩니다.

02. 다음은 토론 시 주의사항을 적은 이메일입니다. 알맞은 말을 골라 이야기를 완성하십시오.

- 자유롭게 토론하다
- 복장은 편하게 하다
- 상대방의 주장에 반박하다
- 자료를 활용하다
- 토론자의 활발한 참여를 유도하다
- 진지한 태도로 말씀하시다

서울 방송국 '시사 토론' 녹화에 참여하는 분들께 몇 가지 주의사항을 말씀드리겠습니다. 보기 진지한 태도로 말씀하시 되 표정은 밝게 해 주십시오. ❶ ____________ 되 주제에서 벗어나는 내용은 피해 주십시오. 그리고 ❷ ____________ 되 개인적인 공격은 피해 주십시오. 통계나 조사 결과, 연구 결과 등 주장을 뒷받침할 수 있는 자료는 얼마든지 활용하실 수 있습니다. 그러나 ❸ ____________ 되 너무 자료에 의존하면 안 됩니다. 사회자는 ❹ ____________ 되 발언의 기회가 어느 한쪽에 치우치지 않게 해 주십시오. 마지막으로 ❺ ____________ 되 반바지나 슬리퍼 차림은 피해 주십시오. 그럼 다음 주 금요일 오후 7시 서울 방송국 3층 녹화장에서 뵙겠습니다.

활동 위에서 배운 어휘와 문법을 사용하여 다음 중 하나를 골라 이야기해 보십시오.

- 각국의 전통의 현대화 방안
- 전통을 현대화한 예

보기 저는 한국의 퓨전 국악 밴드 '린'을 소개하고자 합니다. '린'은 여성국악그룹입니다. 5명의 멤버가 한국 고유의 전통 악기로 현대적인 분위기의 곡을 연주하고 오케스트라와 협연을 하는 등 국악의 대중화와 현대화를 위해 힘쓰고 있습니다. 전통이 대중과 가까워지는 것은 다가가기 나름이라고 생각합니다. 이렇게 해서 전통이 지켜질 수 있다면 원형과 좀 달라져도 괜찮다고 생각합니다.

제 4 과 예술

01 예술이란?
02 명화 감상
03 예술과 외설
04 전통 예술의 보존

01 예술이란?

학습목표 예술 관련 어휘를 익혀서 활용할 수 있다.
'-더라도', '-냐 -냐에 따라' 표현을 익혀서 활용할 수 있다.

여러분은 예술이 뭐라고 생각하세요? 대부분 사람들은 이 질문에 대해 뭔가 아름다운 작품을 만드는 인간의 창작활동이라고 말합니다. 맞습니다. 그런데 미의 기준은 시대마다 문화마다 사람마다 다르기 때문에 같은 예술작품을 보더라도 느끼는 감정은 각기 다릅니다. 예술은 근대에 와서야 기술과 구별되어 예술가의 독창적 상상력이나 영감에 의해 표출되는 미적 창작활동과 그 작품을 가리키는 개념이 되었습니다.

그럼 예술의 종류를 어떻게 나눌 수 있을까요? 그건 어느 시대냐 어떤 관점이냐에 따라 분류 기준이 다릅니다만 일반적으로 시간 예술과 공간 예술로 크게 나눕니다. 시간 예술은 문학 · 음악 · 연극 등을 포함하고, 공간 예술은 회화·조각·건축 등을 말하는데 회화·조각·건축 같은 공간의 형태적인 아름다움을 이루어내는 예술을 통틀어 조형예술이라고도 합니다. 또한 연극, 무용, 오페라처럼 무대에서 공연되는 것들을 공연예술로 분류하기도 합니다. 현대에 와서는 카메라, 텔레비전, 라디오, 컴퓨터 등 새로운 매체 기술을 사용하는 미디어 아트가 또 하나의 예술 장르로 자리매김하고 있지요.

어떤 장르의 예술이든 미적 가치를 추구하는 창작활동과 예술작품은 인간의 삶을 풍요롭게 하고 정서를 순화시킬 뿐만 아니라 때로는 위로와 치유와 희망을 가져다주기도 합니다.

새 어휘

독창적	한글은 세계 언어학자들로부터 과학적이고 독창적인 문자로 인정을 받았다. 인사 담당자의 눈에 띄려면 자기소개서를 독창적으로 써야 한다.
영감	이 의상은 색상과 디자인 모두 고려청자에서 영감을 얻어 만들었습니다. 소설 '무영탑'은 작가가 경주의 석가탑을 보고 영감이 떠올라서 쓰게 된 작품이다.
표출	시민들은 시위를 통해 정부의 정책에 대해 불만을 표출했다. 아직 말을 하지 못하는 아기는 울음으로 자신의 욕구와 감정을 표출한다.
통틀어	지금 내가 가진 돈은 통틀어 3만원밖에 없다. 김수연이 배우, 가수, 코미디언을 통틀어 가장 인기 있는 연예인으로 뽑혔다.
조형예술	세계 유명 조형예술 작품을 한눈에 감상할 수 있는 책이 나왔다. 악기, 텔레비전 등 다양한 생활용품이 현대 조형예술에서 사용된다.
자리매김하다	이 잡지는 창간 5년 만에 직장 여성의 생활 패션 잡지로 자리매김했다. 구청의 주말 벼룩시장이 건전한 소비를 위한 지역문화로 자리매김하길 바랍니다.
순화	자연은 도시 생활에 지친 현대인들의 마음을 순화시켜 준다. 방송국에서 청소년 언어 순화를 위한 특집 프로그램을 제작하고 있다.
치유	마음의 상처가 깊을수록 치유하기가 어렵다. 많은 바이러스가 신체의 면역력에 의해 자연 치유된다고 한다.

01. 빈칸에 알맞은 말을 쓰십시오.

보기 전 세계를 (통틀어) 가장 큰 부자는 아마 미국의 빌 게이츠일 겁니다.

❶ 분노를 ( )하지 못하고 참기만 하면 화병에 걸릴 수 있다.
❷ 대학로는 연극, 전시, 거리공연 등이 많아 문화 공간의 거리로 ( )었다/았다/였다.
❸ 빗소리에서 ( )을/를 얻어 이 곡을 만들었습니다.
❹ 서울시는 범죄 피해자들의 심리 ( )을/를 위한 상담 프로그램을 운영하고 있다.

02. 빈칸에 알맞은 말을 쓰십시오.

오랜만에 스트레스도 풀 겸해서 친구하고 미술관에 갔다. 전시장에는 다양한 방식으로 작가의 예술세계를 **보기** (표출)한 많은 작품들이 있었다. 회화뿐만 아니라 조각품, 시청각 매체를 이용한 미디어 아트 등 다양한 ❶ ( ) 작품을 감상할 수 있었다. 특히 한국의 유명한 비디오 아티스트 백남준 씨의 작품은 아주 ❷ ( )이라서/라서 잊을 수가 없다.

역시 예술은 사람들에게 아름다움을 느끼게 하고 이를 통해 일생생활 속에서 거칠어진 마음을 ❸ ( )시키며 지친 영혼과 정신을 ❹ ( )해 주는 힘이 있다.

주제 어휘

예술	• 모방	• 창조	• 조형예술	• 시간예술	• 공간예술
	• 순수예술	• 참여예술	• 응용예술	• 행위예술	• 미를 추구하다

01. 빈칸에 알맞은 말을 쓰십시오.

보기 (시간예술은)~~은/는~~ 시간의 흐름에 따라 표현되는 예술양식으로, 대표적으로 음악이 이에 속한다.

❶ 모든 예술 작품의 공통점은 (   )는다는/ㄴ다는 것이다.

❷ 사회상을 표현하고 사회적 기능을 강조하는 예술을 (   )이라고/라고 한다.

❸ 회화, 조각, 건축 같이 공간을 필요로 하는 조형예술을 (   )이라고도/라고도 한다.

❹ (   )은/는 다른 목적 없이 아름다움을 추구하는 예술이다.

02. 다음은 예술가를 인터뷰한 내용의 한 부분입니다. 빈칸에 알맞은 말을 쓰십시오.

저는 대학 때 **보기** (조형예술)의 하나인 조각을 전공했습니다. 유명 조각 작품을 그대로 ❶ (   )해 만들어 보면서 조각 기법을 배웠습니다. 대학을 졸업하고 우연히 가구의 매력에 빠져 한동안 가구를 만들었어요. 실용성을 추구하는 ❷ (   )의 길로 들어선 셈이지요. 그런데 제가 만든 가구들이 값으로 평가되는 걸 보면서 점점 현실에 구속당하는 느낌이 들었습니다. 그래서 진정한 저의 예술 세계와 새로운 ❸ (   )을/를 위해 저를 구속하는 그 가구들을 부수는 ❹ (   )을/를 하게 되었지요. 저는 예술장르가 무엇이든 제가 추구하는 예술세계를 다양한 방식으로 표현해 보고 싶습니다.

문법 1 -더라도

- 동사나 형용사의 어간 뒤에 써서 가정이나 양보의 의미로 앞 문장의 사실을 인정하지만 그것과 상관없이 뒤 문장에서는 앞 문장의 기대와 반대되는 행동을 하게 되는 경우에 쓰인다. '-어도/아도/여도'와 의미가 유사하지만 '-더라도'의 뜻이 더 강하다.

❶ 어느 나라에 가서 살더라도 자신이 한국 사람이라는 것을 잊지 마세요.

❷ 증세가 좋아진 것 같더라도 일주일은 더 약을 먹어야 완치할 수 있습니다.

❸ 친자 확인 결과 내 자식이 아니더라도 나는 그 아이를 계속 키우겠어요.

❹ 등록금을 냈더라도 수업 시작 전에 등록을 취소하면 환불받을 수 있다.

01. 보기 와 같이 대화를 완성하십시오.

> 보기 가: 가 본적이 없는 장소를 사실처럼 그리라는 말씀이세요?
> 나: 네, 가 본 적이 없 더라도 상상해서 그려야 합니다.

❶ 가: 똑같은 일을 하는데 월급이 다른 건 불공평하다고 생각해요.
나: ______________________ 더라도 경험에 따라 일처리 시간과 방식이 다르잖아요.

❷ 가: 기술개발이 가능하니까 일을 시작해 봅시다.
나: ______________________ 더라도 개발 비용이 엄청나서 투자자가 없을 겁니다.

❸ 가: 오염 수치가 아주 극소량인데 당국의 처벌이 너무 무거운 것 같아요.
나: ______________________ 더라도 날마다 먹는 식수이기 때문에 그 위험도는 높거든요.

❹ 가: 두 사람이 좀 더 일찍 만났더라면 결혼할 수 있었을 텐데.
나: 글쎄요, ______________________ 더라도 결혼은 어려웠을 거라고 봐요.

❺ 가: 이 업무는 따로 교육을 받아야 할 수 있는 일인가요?
나: 아니요, ______________________ 더라도 누구나 할 수 있는 쉬운 일입니다.

02. 다음은 신입 판매 직원에 대한 교육 내용입니다. 알맞은 말을 골라 이야기를 완성하십시오.

- 손님이 없다
- 통화중이다
- 시간이 많이 걸리다
- 손님이 한꺼번에 많이 몰리다
- 밝은 표정으로 끝까지 듣고 잘 대처하십시오.
- 손님이 물건을 다 살 때까지 기다린 후에 식사하러 가십시오.

여러분이 근무시 지켜야 할 사항을 몇 가지 말씀드리겠습니다.

먼저 **보기** 손님이 없 더라도 자리를 비우면 안 됩니다. 그리고 손님이 오면 ❶ ________________ 더라도 얼른 전화를 끊고 손님을 응대해야 합니다. 또 손님이 물건을 고를 때 ❷ ________________ 더라도 잘 고를 수 있도록 친절하게 안내를 해 주십시오. ❸ ________________ 더라도 당황하지 말고 침착하게 손님들을 대하십시오. 식사 시간이더라도 ❹ ________________.
혹시 손님이 불만을 말하더라도 ❺ ________________.

문법 2 -냐 -냐에 따라

• 동사나 형용사의 어간 뒤에 쓰며 물음을 나타내는 종결어미 '-냐'를 두 번 사용해 두 내용 중 어느 것을 선택할지 그 선택 여부에 결과가 달려있음을 나타낸다. 동사 뒤에는 '느'를 붙여 말하는 경우가 많다.

❶ 어느 대학에 가느냐 무슨 직업을 선택하느냐에 따라 삶의 모습이 달라진다.

❷ 값이 비싸냐 싸냐에 따라 살지 말지가 결정된다.

❸ 휴가 장소가 산이냐 바다냐에 따라 준비할 것이 달라진다.

❹ 같은 설문조사라고 해도 누구를 대상으로 했느냐 어디에서 했느냐에 따라 결과는 정반대로 나올 수도 있다.

01. 알맞은 말을 골라 보기 와 같이 문장을 완성하십시오.

- 어디에 묵어요? 뭘 먹어요?
- 어떤 환경에서 자랐어요? 어떤 교육을 받았어요?
- 근무 조건이 어때요? 맡은 일에 얼마나 만족해요?
- 성대가 진동해요? 안 해요?
- 카카오 함유량이 얼마예요? 무슨 재료가 들어가요?
- 이번 일이 성공해요? 실패해요?

보기 여행은 같은 곳에 가더라도 어디에 묵느냐 뭘 먹느냐에 따라 경비가 달라져요.

❶ 음성은 ________________ 에 따라 유성음과 무성음으로 나누어진다.

❷ ________________ 에 따라 직장에 대한 만족도가 달라진다.

❸ 초콜릿은 ________________ 에 따라 여러 종류로 분류된다.

❹ ________________ 에 따라 우리 회사의 미래가 결정된다.

❺ ________________ 에 따라 가치관이 다르게 형성된다.

02. 다음은 사내 행사준비에 대한 대화입니다. 알맞은 말을 골라 대화를 완성하십시오.

- 장소 : 비가 와요? 안 와요?
- 참가 인원 : 주말이에요? 평일이에요?
- 예산 비용 : 참가 인원이 몇 명이에요? 준비물이 뭐예요?
- 점심 도시락 비용 : 무슨 메뉴로 해요? 어느 업체로 해요?
- 경품 준비 : 경품이 뭐예요? 경품이 얼마나 돼요?
- 경기 종목 : 직원들 모두가 참여할 수 있어요? 없어요?

과　　장: 우리 회사 체육대회 장소는 어디로 했으면 좋겠어요?

담당직원: 보기 비가 오느냐 안 오느냐 에 따라 장소가 달라질 겁니다.

과　　장: 그럼 장소는 일주일 전에 일기예보를 보고 결정합시다. 참가 인원은 얼마나 될 것 같아요?

담당직원: 날짜가 ❶ ____________ 에 따라 참가자 수도 달라질 것 같습니다.

과　　장: 그럼 평일에 하는 게 좋을 것 같군요. 금요일에 합시다. 비용이 얼마나 들지 먼저 예산을 세워 보세요.

담당직원: 그런데 예산 비용은 ❷ ____________ 에 따라 달라지니까 먼저 날짜와 장소를 정하고 참가 희망자가 몇 명인지 알아보면 좋을 것 같습니다.

과　　장: 그럽시다. 그리고 당일 점심 도시락 비용도 ❸ ____________ 에 따라 다를 테니까 몇 군데 도시락 업체와 메뉴를 알아봐 주세요. 또 ❹ ____________ 에 따라 직원들의 참가 여부가 바뀔 수도 있으니까 다양한 경품을 먼저 알아보고 목록을 뽑아 보세요.

담당직원: 네, 알겠습니다. 경기 종목은 뭘로 하면 좋을까요?

과　　장: ❺ ____________ 에 따라 직원들의 호응도가 달라지니까 가능하면 모두 같이 즐길 수 있는 종목으로 정해 보세요.

활동 위에서 배운 어휘와 문법을 사용하여 여러분이 관심 있는 예술 장르를 골라 이야기해 보십시오.

- 시간 예술 : 문학, 음악, 연극
- 공간 예술 : 회화, 조각, 건축
- 미디어 아트

보기 저는 시간예술 중의 하나인 음악을 아주 좋아합니다. 그런데 고전음악보다는 록, 재즈, 힙합 등 다양한 장르의 대중음악을 많이 듣습니다. 요즘은 특히 힙합에 관심이 더 많아졌습니다. 힙합은 노래를 잘 못하더라도 누구나 할 수 있는 장르라고 생각합니다. 랩이라는 독특한 형식을 이용해 자신의 생각을 자신만의 스타일로 독창적으로 표현할 수 있다는 매력이 있습니다. 저도 직접 랩 가사를 써서 노래로 한 번 불러보고 싶습니다.

02 명화 감상

학습목표 명화 감상 관련 어휘를 익혀서 활용할 수 있다.
'-으면 몰라도', '-을지언정' 표현을 익혀서 활용할 수 있다.

학예사 저희 미술관을 찾아 주신 여러분 감사합니다. 밀레 탄생 200주년을 기념하여 열리는 이번 밀레전에는 당시 활동하던 다른 화가들의 작품도 두루 감상하실 수 있습니다. 먼저 밀레의 '이삭 줍는 사람들'을 보시지요.

풍경과 사람들의 모습이 매우 사실적이지요? 지금은 이런 풍경화가 흔한 것이지만 당시에는 이렇게 사실적으로 자연을 묘사한 그림은 비판을 받았다고 합니다. 19세기 초만 해도 자연이란 신화나 역사적 사건의 배경으로 사용되면 몰라도 그림의 중심적 역할을 하며 사실적으로 표현되는 일은 없었다고 합니다. 그런데 이 그림에서 자연은 여인들을 품고 있는 배경으로서 그림의 중요한 부분입니다. 넓은 밭과 저물어 가는 노을, 그리고 추수 후 쌓아 놓은 몇 무더기의 노적가리들이 풍요로운 농촌의 가을 풍경을 잘 보여 주고 있습니다. 그리고 그러한 자연 속에서 평화롭게 이삭을 줍고 있는 세 여인의 모습이 아주 현실감 있게 묘사되어 있습니다. 이 여인들은 비록 현실의 삶은 가난에 쪼들릴지언정 이 순간만큼은 삶에 대한 희망과 신념을 가지고 있는 듯 보입니다. 그리고 여기 여인들의 등 위로 쏟아져 내리는 따뜻한 빛을 보세요. 뭔가 풍요롭고 안락해 보이지요? 마치 종교적 분위기로 승화된 듯한 느낌마저 들게 하지 않습니까? 자, 그럼 다음은 밀레의 또 다른 걸작 '만종'을 감상하시겠습니다.

새 어휘

두루	미선 씨는 미모와 지성, 품성을 두루 갖춘 여성이다. 그 사람은 젊었을 때 세계 여러 곳을 두루 여행하며 많은 경험을 쌓았다.
품다	엄마가 아기를 가슴에 품고 잠이 들었다. 경찰의 과잉 대응에 대해서 불만을 품은 사람들이 많다.
저물다	다사다난했던 한 해가 어느새 저물어 가고 있다. 아이들은 해가 저무는 것도 모르고 밖에서 뛰어 놀고 있다.
추수	추수를 하는 농부들의 얼굴에는 풍년의 기쁨이 담겨 있다. 추수를 끝낸 논은 텅 비어서 쓸쓸해 보였다.
무더기	소원을 빌려고 사람들이 올려놓은 돌이 무더기로 쌓여 있었다. 이번 특별단속으로 밀수업자들이 무더기로 적발되었다.
노적가리	농부들은 추수를 끝내고 논 한 쪽에 노적가리를 쌓아 놓았다. 예전에 노적가리는 아이들의 좋은 놀이터였다.
이삭	참새들이 들판에 떨어진 이삭을 쪼아 먹고 있다. 가을 햇볕 아래 벼 이삭들이 나날이 익어가고 있다.
쪼들리다	그 사람은 가난에 쪼들려서 결국 학업을 포기해야 했다. 영수 씨는 사업에 실패 한 후 빚 때문에 생활이 늘 쪼들리고 있다.
승화	사람들은 그의 그림을 인간의 욕망이 예술로 잘 승화된 작품이라고 평가한다. 베토벤은 자신의 고통을 음악으로 승화시켰다.

01. 빈칸에 알맞은 말을 쓰십시오.

보기 전쟁 후 우리 할아버지는 한동안 가난에 (쪼들렸다고)~~었/았/였다고~~ 한다.

❶ 그 소설은 작가의 어린 시절의 아픔이 예술로 (   )된 작품이다.

❷ 봄이 되면 산 곳곳에 봄꽃들이 (   )으로/로 피어 있는 것을 볼 수 있다.

❸ 우리 대학교에는 외국인이 많아서 여러 나라의 친구들을 (   ) 사귈 수 있다.

❹ 닭장 속의 암탉들이 알을 (   )고 있다.

02. 빈칸에 알맞은 말을 쓰십시오.

지난 주말에 시골로 봉사활동을 갔다 왔다. 농촌은 요즘 한 해 동안 키운 벼를 거두는 보기 (추수로)~~으로/로~~ 한창 바쁘기 때문에 일손을 돕고 싶어서였다. 그 곳에 도착하니 마을 사람들이 모두 나와서 일을 하고 있었다. 우리도 뭔가 도우려고 했지만 추수는 거의 끝나가고 있었다. 그래서 우리는 벼에서 떨어진 ❶ (   )을/를 줍고 여기저기 흩어진 볏단을 모아 논 한 쪽에 ❷ (   )을/를 쌓는 일을 도왔다. 열심히 일을 하다 보니 어느새 해는 서쪽으로 ❸ (   )고 있었다. 마을에 큰 도움을 주겠다는 기대를 ❹ (   )고 왔는데 별로 도움이 되지 못한 것 같아서 미안한 마음이 들었다.

주제 어휘

명화 감상	• 창작하다	• 묘사하다	• 빛을 보다	• 감탄하다	• 영감
	• 걸작	• 명작	• 대가	• 추상적	• 사실적

01. 빈칸에 알맞은 말을 쓰십시오.

보기 셰익스피어는 문학사에 영원히 남을 (명작)들을 남겼다.

❶ 그렇게 (   )으로/로 얘기하지 말고 예를 들어서 구체적으로 말해 봐.

❷ 이 오페라는 우리 학교 작곡과 학생들이 직접 (   )은/ㄴ 작품이다.

❸ 19세기 중엽 유럽의 미술계에는 보이는 것을 주관적으로 해석하지 않고 (   )으로/로 표현하는 사실주의 화가들이 등장하기 시작했다.

❹ 조선시대 화가 김홍도는 당시 서민의 생활상을 실감나게 (   )었다/았다/였다.

02. 빈칸에 알맞은 말을 쓰십시오.

미술계에서 **보기** (대가로)~~으로/로~~ 손꼽히고 있는 빈센트 반 고흐는 생전에 미술계에서 거의 무시되었지만 사후에 ❶ (   )은/ㄴ 대표적인 화가이다. 현재 고흐의 작품은 어떤 작품보다 뛰어난 ❷ (   )으로/로 인정받고 있으며 엄청난 가격으로 거래되고 있다. 원래 네덜란드 사람인 고흐는 프랑스 파리로 건너가 처음 보는 프랑스 화가들의 작품 기법에 ❸ (   )었고/았고/였고 그들의 영향을 많이 받았다. 말년에는 작품 활동을 위한 ❹ (   )을/를 얻기 위해 파리를 떠나 프랑스 남부 시골인 아를로 가서 활동을 했다.

문법 1 −으면/면 몰라도

- 동사나 형용사의 어간 뒤에 써서 어떤 사실에 대해 강한 확신을 나타낼 때 쓰는 표현으로 앞 문장에는 예외적이고 특별한 경우를 가정하는 내용이 온다.
- 동사, 형용사의 어간이 자음으로 끝나면 '-으면 몰라도'를 쓰고, 모음으로 끝나면 '-면 몰라도'를 쓴다.

❶ 그 병은 새로운 약이 개발되면 몰라도 현재로서는 치료할 수 없는 병입니다.

❷ 보수가 아주 좋으면 몰라도 그렇게 힘든 일은 하고 싶지 않아요.

❸ 획기적인 아이디어이면 몰라도 그렇지 않으면 채택되지 않을 거예요.

❹ 완전히 고장 났으면 몰라도 아직 쓸 만한데 그 비싼 핸드폰을 왜 바꾸려고 하세요?

01. 보기 와 같이 연결하고 문장을 완성하십시오.

보기 어렸을 때부터 배우다 •	• 어떻게 몇 달 동안 배낭여행을 할 수 있겠어요?
❶ 밤을 새우다 •	• 그렇게 큰 집을 어떻게 사겠어요?
❷ 회사를 그만두다 •	• 함부로 직원을 해고할 수는 없어요.
❸ 치명적인 실수를 했다 •	• 원어민처럼 영어를 할 수 없을 거예요.
❹ 뛰어난 천재이다 •	• 그렇게 어려운 문제를 풀 수 있겠어요?
❺ 복권이 당첨되다 •	• 오늘 안에 끝내기는 어려울 거예요.

보기 어렸을 때부터 배우면 몰라도 원어민처럼 영어를 할 수 없을 거예요.

❶ ____________________

❷ ____________________

❸ ____________________

❹ ____________________

❺ ____________________

02. 다음은 자신의 꿈에 대해서 말하는 두 친구의 대화입니다. 알맞은 말을 넣어 대화를 완성하십시오.

진수: 영호야. 내 꿈은 배우가 돼서 유명한 스타가 되는 거야.

영호: 야야, 스타는 아무나 되는 게 아니야. 타고난 **보기** 소질이 있으면~~으면/면~~ 몰라도 너처럼 평범한 애가 어떻게 유명한 스타가 될 수 있겠니?

진수: 아직 나는 고등학생인데 지금부터 연기 학원에 다니면 되지 않겠어?

영호: 지금부터? 어렸을 때부터 ❶ ___________ 으면/면 몰라도 지금부터는 너무 늦었지.

진수: 그래도 또 알아? 나한테 숨은 재능이 있을지.

영호: 꿈 깨라. 스타가 되려면 재능뿐만 아니라 외모도 중요하잖아. 네가 ❷ ___________ 으면/면 몰라도 지금의 외모로는 글쎄...

진수: 그럼 수술하지 뭐.

영호: 수술을 하려면 비용이 많이 들 텐데, 네가 ❸ ___________ 으면/면 몰라도 그 돈을 어떻게 구할래? 게다가 너희 부모님 생각도 해야지. 부모님이 적극적으로 ❹ ___________ 으면/면 몰라도 네 의지만으로는 그 꿈을 이루기는 힘들걸.

진수: 아니야, 그래도 나는 꼭 대스타가 될 거야. 배우라는 직업이 ❺ ___________ 으면/면 몰라도 그러지 않는 한 나는 내 꿈을 이룰 거야.

문법 2 -을지언정/ㄹ지언정

- 동사나 형용사의 어간 뒤에 써서 앞 문장의 내용을 인정하거나 극단적으로 가정하여 뒤 문장의 사실을 강조하는 예스러운 표현이다. '비록', '아무리'와 같은 부사와 잘 어울리며, '-을망정'과 유사한 의미로 쓰인다.
- 동사, 형용사의 어간이 자음으로 끝나면 '-을지언정'을 쓰고, 모음으로 끝나면 '-ㄹ지언정'을 쓴다.

❶ 그 화가는 후원자로부터 재정적인 지원을 못 받을지언정 작품에 대한 소신은 굽히지 않았다.
❷ 비록 집안 형편이 어려울지언정 학업은 포기하지 않겠어요.
❸ 우리 할아버지는 나이는 많으실지언정 마음만은 여전히 청춘이세요.
❹ 그 가수는 이번 사건으로 대중들의 관심은 잃었을지언정 자신을 돌아보고 새 출발하는 계기를 얻게 되었다.

01. 보기 와 같이 연결하고 문장을 완성하십시오.

보기 비록 가난하다 •	• 개개인의 삶은 소중한 것입니다.
❶ 집집마다 맛의 차이는 있다 •	• 그 경험을 통해서 배운 것이 많아요.
❷ 비록 평범한 인간이다 •	• 삶을 포기하지는 마세요.
❸ 사업에 실패했다 •	• 언젠가는 꼭 다시 도전할 거예요.
❹ 외롭고 힘들다 •	• 김치의 기본 재료는 다 같아요.
❺ 비록 지금은 포기하다 •	• 마음만은 행복합니다.

보기 비록 가난할지언정 마음만은 행복합니다.

❶ ______________________________

❷ ______________________________

❸ ______________________________

❹ ______________________________

❺ ______________________________

02. 다음은 자수성가한 김 회장에 대한 기사입니다. 알맞은 말을 골라 이야기를 완성하십시오.

• 실패를 하다	• 쓰러지다	• 밥을 굶다
• 성공과는 멀어지다	• 일거리를 놓치다	• 태어났다

중경그룹의 김 회장은 자수성가한 대표적인 인물이다. 그는 비록 가난한 집안에서 **보기** 태어났을지언정 ~~을지언정/ㄹ지언정~~ 자신의 처지를 비관하는 일 없이 긍정적인 생각을 가지고 살았다. 그리고 자신에게는 공부밖에 길이 없다고 생각하고 ❶ ________ 을지언정/ㄹ지언정 공부는 포기하지 않겠다는 각오로 열심히 공부를 했다. 낮에는 일하고 밤에는 공부하느라 힘들어서 ❷ ________ 을지언정/ㄹ지언정 어느 한 가지도 포기할 수는 없었다. 결국 그는 작은 가게를 시작으로 사업을 시작하게 되었는데 사업을 할 때 ❸ ________ 을지언정/ㄹ지언정 성실과 정직을 기본으로 하겠다고 결심했다. 그래서 뇌물을 주고 일거리를 따내는 다른 업자를 보고도 흔들리지 않았다. 비록 ❹ ________ 을지언정/ㄹ지언정 그런 방법으로 사업을 하고 싶지는 않았기 때문이다. 또한 자식을 키울 때도 마찬가지였다. ❺ ________ 을지언정/ㄹ지언정 부정한 방법으로 성공하는 건 의미 없다는 사실을 자식들에게 늘 강조하고 있다.

활동 위에서 배운 어휘와 문법을 사용하여 다음 중 하나를 골라 이야기해 보십시오.

- 자신이 좋아하는 명화에 대한 감상
- 미술관에서 직접 본 적이 있는 명화
- 각국의 미술관에 있는 유명한 명화

보기 수많은 대가의 작품 중에서 제가 좋아하는 그림은 이중섭 화가의 '황소'예요. 이중섭은 경제적으로도 쪼들렸고 공산 치하에서 창작 활동에도 많은 제한을 받았대요. 그러나 현실은 이렇게 힘들지언정 예술에 대한 그의 열정은 식지 않았어요. '황소'라는 작품은 이러한 작가의 분신과도 같은 그림이에요. 화가가 처한 상황과 감정이 이 소에 잘 나타나 있기 때문이지요. 거친 붓질로 표현된 황소는 입을 크게 벌리고 울부짖고 있는데 화가의 분노, 고통을 느끼게 해요.

03 예술과 외설

학습목표 예술과 외설 관련 어휘를 익혀서 활용할 수 있다.
'-기 십상이다', '-으니 어쩌니 해도' 표현을 익혀서 활용할 수 있다.

밍밍 조금 전 연극 어땠어? 너무 야해서 낯 뜨거워 죽는 줄 알았어.

리에 시작부터 배우들이 알몸으로 등장해서 좀 민망했지만 극에 몰입하다 보니 그런 것에 신경이 안 쓰이던데. 작가의 심오한 뜻을 완전히 이해할 수는 없겠지만 왜 그러한 방법을 사용했는지 조금은 알 것 같아. 예술에서는 작가의 욕구를 자유롭게 표현해도 되지 않을까?

밍밍 글쎄, 연극은 소설이나 시 같은 문학 작품들과는 좀 다른 것 같아. 관객들 앞에서 직접적으로 보여주다 보니 더 적나라하게 느껴질 수 있고, 사람들의 말초적인 감각만 자극하게 될 수도 있다고 생각해.

리에 그런 면도 있기는 해. 사실 연극 공연에서 관객을 동원하기 위한 방법의 하나로 성을 이용하다 보면 외설 논란에 휩싸이기 십상이지. 그렇지만 작품의 전체적인 맥락이나 주제를 전달하기 위해 꼭 필요하다면 괜찮다고 보는데...

밍밍 주제가 중요하니 어쩌니 해도 사람들에게 불쾌감이나 수치심을 준다면 외설로 봐야 할 것 같아. 사람들이 거부감 없이 받아들일 수 있는 방식으로 표현해야 진정한 예술이지.

리에 글쎄, 그래도 표현의 자유가 더 중요하지 않을까?

새 어휘

낯 뜨겁다	텔레비전을 켜자마자 낯 뜨거운 장면이 나와서 깜짝 놀랐다. 지하철에서 지나친 애정 표현을 하는 커플을 보니 내가 낯 뜨거워서 쳐다볼 수가 없었다.
민망하다	분위기를 띄우려고 농담을 했는데 아무도 안 웃어서 민망했다. 별 것도 아닌 일로 많은 사람들 앞에서 칭찬을 받아서 민망했다.
몰입하다	주인공의 부자연스러운 연기 때문에 영화에 몰입할 수가 없었다. 그 배우는 자신이 맡은 배역에 몰입하다 보니 촬영이 끝난 후에도 현실로 돌아오기가 힘들었다고 한다.
심오하다	그의 소설은 심오한 주제를 다루고 있어서 읽기가 어렵다. '일월오봉도'는 단순한 풍경화가 아니라 심오한 뜻을 가지고 있는 그림이다.
적나라하다	그 영화는 전쟁의 잔인함을 적나라하게 보여주고 있다. 그 화가는 여성의 나체를 적나라하게 묘사해서 사람들에게 충격을 주었다.
말초적	대부분의 액션 영화는 화려한 액션 장면을 통해 사람들에게 말초적인 쾌락을 제공한다. 방송사들은 시청률을 높이기 위해 말초적인 흥미를 유발하는 프로그램을 만들기도 한다.
외설	이 소설은 적나라한 묘사 때문에 한동안 외설로 여겨졌으나 최근 작품성을 인정받았다. 그 배우는 자신의 베드신을 외설이 아닌 예술로 받아들여 달라고 말했다.
휩싸이다	가수가 이번에 발표한 신곡이 표절 시비에 휩싸였다. 전국적으로 발생한 강진으로 인해 사람들이 공포에 휩싸였다.
맥락	글의 전체적인 맥락을 이해해야 이 문제를 풀 수 있다. 영화를 중간부터 보기 시작했더니 전체 맥락을 이해할 수 없어 재미가 없었다.
수치심	어린 아이도 수치심을 느끼기 때문에 다른 사람 앞에서 야단치는 것은 좋지 않다. 자신은 의도하지 않았다고 해도 상대방에게 성적 수치심을 느끼게 했다면 성추행으로 봐야 한다.

01. 빈칸에 알맞은 말을 쓰십시오.

보기 직원들이 모두 모인 자리에서 과장님이 부장님께 야단맞는 걸 보니 내가 참 (민망했다)~~었다/았다/였다~~.

❶ 주인공의 감정이 가슴에 와 닿지 않아서 맡은 역에 (   )기가 어렵다.
❷ 부엌에서 시작된 불이 번져서 집 전체가 불길에 (   )었다/았다/였다.
❸ 무릎까지 꿇고 사과하라는 고객의 요구에 (   )을/를 느꼈지만 어쩔 수 없었다.
❹ 무거운 주제를 다루는 소설보다는 (   )인 감성만을 추구하는 소설이 잘 팔린다고 한다.

02. 빈칸에 알맞은 말을 쓰십시오.

국립무용단의 공연이 언론에서 보기 (외설이라는)~~이라는/라는~~ 비판을 받고 있다. 공연 중 잠깐 상의를 벗고 나오는 장면이 있는데 이 장면이 ❶ (   )다며 논란의 대상이 되고 있다. 사실 이 장면은 2막 3장 중 약 1분 정도밖에 되지 않으며 계속 손으로 가리고 있기 때문에 나체를 ❷ (   )게 보여주지는 않는다. 그리고 공연의 전체적인 ❸ (   )에서 필요한 장면으로 공연을 본 관객들 또한 이 장면을 통해 안무가가 말하고자 하는 ❹ (   )은/ㄴ 주제를 이해할 수 있었다고 한다. 이처럼 언론이 극 전체를 보지 않고 부분만을 가지고 문제로 삼는 것은 바람직하지 않다.

주제 어휘

예술과 외설	• 비판 • 허용하다	• 비난 • 심의	• 의견이 분분하다 • 검열	• 논란이 일다 • 예술성	• 금지하다 • 대중성

01. 빈칸에 알맞은 말을 쓰십시오.

보기 정부의 이번 정책에 대해 연일 (비판) 기사가 나오고 있다.

❶ 이번 시의회에서 무상급식 법안이 (   )을/를 통과했다.

❷ 그 소설가는 (   )과/와 예술성을 동시에 갖춘 작가이다.

❸ 해외 원정 도박을 한 배우에게 (   )이/가 쏟아졌다.

❹ 정부가 특정 그룹에 특혜를 준 사실이 밝혀져 (   )고 있다.

02. 빈칸에 알맞은 말을 쓰십시오.

예술과 외설에 대한 논쟁은 인류의 역사와 함께 했다고 할 수 있다. 예술과 외설을 구분하는 기준은 시대에 따라 달라진다. 예를 들면 1990년대 초반만 해도 사전 **보기** (검열) 결과 외설이라고 판단하여 상영을 ❶ (   )은/ㄴ 영화들이 지금은 예술로 받아들여지기도 한다. 지금은 '사전 검열 제도'가 없어졌지만 외설인지 ❷ (   )을/를 지닌 작품인지 판단하여 ❸ (   ) 여부를 결정해야 한다고 주장하는 사람들이 아직도 상당수 있어서 ❹ (   )다.

문법 1 -기 십상이다

- 동사의 어간 뒤에 써서 그렇게 되기 쉽다는 의미를 나타낸다.

❶ 자극적인 음식을 자주 먹으면 위염에 걸리기 십상이다.
❷ 안 쓰는 물건을 아깝다고 안 버리면 애물단지가 되기 십상이다.
❸ 스마트폰을 오랫동안 보면 일자목이 되기 십상이니 조심해야 한다.
❹ 다른 사람들의 의견을 무시하고 혼자 일을 하다가는 왕따 당하기 십상이다.

01. 알맞은 말을 골라 보기 와 같이 문장을 완성하십시오.

- 급히 먹으면 체하다
- 비위생적인 음식을 먹으면 배탈이 나다
- 서비스가 좋아도 맛이 없으면 망하다
- 상처를 방치하면 덧나다
- 경험자의 말을 안 들으면 실수하다
- 크게 다치다

보기 길거리 음식을 먹을 때는 조심하세요. 비위생적인 음식을 먹으면 배탈이 나 기 십상이에요.

❶ 오토바이를 탈 때는 꼭 안전모를 써야 돼요. 안전모를 쓰지 않았을 때 사고가 나면 ________________ 기 십상이에요.

❷ 왜 그렇게 급히 드세요? ________________ 기 십상이에요. 천천히 드세요.

❸ 처음 일을 시작할 때는 경험자의 말을 잘 들으세요. ________________ 기 십상이에요.

❹ 가벼운 상처라도 꼭 소독을 하고 약을 바르세요. ________________ 기 십상이에요.

❺ 음식 맛에도 신경을 쓰세요. ________________ 기 십상이에요.

02. 다음은 초등학교 입학을 앞둔 딸의 교육 문제로 걱정하는 엄마에게 해 주는 조언입니다. 알맞은 말을 골라 이야기를 완성하십시오.

- 다른 사람의 말에 휘둘리다
- 따돌림을 당하다
- 흥미를 잃다
- 뒤떨어지다
- 아이 교육에 소홀해지다
- 의존적인 아이가 되다

Q. 내년에 제 딸이 초등학교에 입학하는데 제가 직장에 다니고 있어서 어떻게 해야 할지 모르겠어요. 선배 엄마들 조언 좀 부탁해요.

A. 엄마가 바쁘다보면 **보기** 아이 교육에 소홀해지기 십상이에요. 바쁘더라도 1학년 때는 아이에게 신경을 더 쓰셔야 돼요. 먼저 아이가 집에 돌아오면 학교 생활이 어땠는지 물어 보세요. 학교 친구들과 잘 지내지 못하면 ❶ ____________ 기 십상이에요. 수업을 잘 따라가게 도와주세요. 수업을 못 따라가면 공부에 ❷ ____________ 기 십상이에요. 처음부터 공부에 흥미를 잃으면 학년이 올라가도 계속 ❸ ____________ 기 십상이에요. 아이에게 신경을 쓰되 너무 지나치면 ❹ ____________ 기 십상이니까 아이가 혼자 할 수 있는 일은 스스로 하게 하세요. 그리고 아이 교육에 있어서 엄마가 주관을 가지는 것이 중요해요. 그렇지 않으면 ❺ ____________ 기 십상이에요. 너무 걱정하지 말고 딸과 함께 즐거운 학교 생활을 시작하기 바랍니다.

문법 2 -으니/니 어쩌니 해도

- 동사나 형용사의 어간 뒤에 써서 생각한 것을 나열하거나 이러고 저러고 이야기함을 나타낸다. '아무리 -이니/니 뭐니 해도', '아무리 -으니/니 어쩌니 해도'의 형태로 쓰여 '사람들이 아무리 이런 저런 이야기를 하더라도 나는 이렇게 생각한다'는 의미를 나타낸다.
- 동사, 형용사의 어간이 자음으로 끝나면 '-으니 어쩌니 해도'를 쓰고, 모음으로 끝나면 '-니 어쩌니 해도'를 쓴다.

❶ 시간이 걸리니 어쩌니 해도 나는 내가 직접 된장을 담가 먹는다.
❷ 건강에 나쁘니 어쩌니 해도 담배를 끊을 수가 없다.
❸ 명품이니 뭐니 해도 디자인이 나쁘면 안 팔리게 마련이다.
❹ 그 배우가 잘생겼니 어쩌니 해도 내 눈에는 매력이 없다.

01. 보기 와 같이 연결하고 문장을 완성하십시오.

보기 갑이 비싸다 •	• 정말 보고 싶으면 그 사람을 보러 가게 된다.
❶ 거리가 멀다 •	• 일주일 만에 물건이 다 팔렸다.
❷ 천재이다 •	• 내 입에는 잘 맞아서 맛있게 먹었다.
❸ 짜다 •	• 돈을 쓸 사람들은 다 돈을 쓴다.
❹ 일을 잘하다 •	• 아직 어린아이일 뿐이다.
❺ 불경기이다 •	• 인간관계가 원만하지 않으면 직장 생활이 힘들다.

보기 갑이 비싸니 어쩌니 해도 일주일 만에 물건이 다 팔렸다.

❶ ____________________

❷ ____________________

❸ ____________________

❹ ____________________

❺ ____________________

02. 다음은 새로 생긴 음식점에 대한 두 친구의 대화입니다. 알맞은 말을 넣어 대화를 완성하십시오.

에리코: 홍대 근처에 자연식 전문점이 생겼는데 가격이 좀 비싸대.

마리아: 보기 비싸니~~으니/니~~ 어쩌니 해도 맛있으면 장사가 잘 되지 않을까?

에리코: 그리고 종업원이 불친절하다는 말이 있더라.

마리아: ❶ ________________으니/니 어쩌니 해도 사람들이 많이 가는 것 같던데.

에리코: 메뉴가 건강식 위주라 그런지 음식 종류가 좀 적은 것 같다던데?

마리아: ❷ ________________으니/니 어쩌니 해도 건강을 중요하게 생각하는 사람들은 갈 거야.

에리코: 그런가? 그리고 기다리는 시간이 너무 많이 걸린대.

마리아: 미리 음식을 만들어 놓는 게 아니라 주문과 동시에 요리를 시작해서 그렇대. ❸ ________________으니/니 어쩌니 해도 그 집 음식을 먹고 싶어하는 사람들은 충분히 기다릴 것 같은데.

에리코: 내 친구들은 가는 길이 너무 복잡해서 찾기가 어려웠대.

마리아: ❹ ________________으니/니 어쩌니 해도 지도앱을 보면 찾아 갈 수 있어.

에리코: 주차가 불편하다는 말도 많던데.

마리아: ❺ ________________으니/니 어쩌니 해도 식당은 음식 맛만 좋으면 되지 뭐.

활동 위에서 배운 어휘와 문법을 사용하여 다음 중 하나를 골라 이야기해 보십시오.

- 예술과 외설을 어떻게 구분할 것인가?
- 외설을 법적으로 규제해야 하는가?

보기 얼마 전에 낯 뜨거운 장면으로 논란이 인 영화를 본 적이 있습니다. 그런데 선정적이니 어쩌니 해도 그 장면은 영화 전체를 이해하기 위해서 반드시 필요한 장면이었습니다. 노골적인 묘사나 선정적인 장면이 나온다고 해서 다 외설인 것이 아니라 이 작품처럼 작가의 의도를 전달하기 위해 반드시 필요한 경우는 예술로 봐야 한다고 생각합니다.

04 전통 예술의 보존

학습목표 예술 작품 보존 관련 어휘를 익혀서 활용할 수 있다.
'-기에 망정이지', '은커녕/는커녕' 표현을 익혀서 활용할 수 있다.

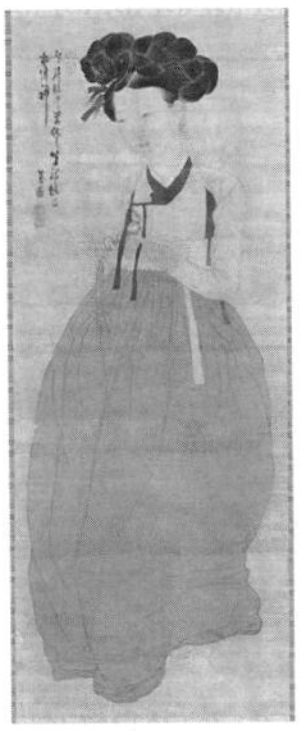

마리아 이게 신윤복의 미인도군요. 신윤복의 그림은 색감이 탁월한 것 같아요. 색감이 화려하지 않으면서 그림에 생명력을 불어넣어 준다고 할까요? 보는 이의 시선을 사로잡는 힘이 느껴져요.

영 수 실제로 보니 책에서 보던 것과는 또 다른 느낌이죠? 간송 전형필 선생의 열의와 헌신이 있었기에 망정이지 아니었으면 이런 작품들을 우리가 볼 수 있었겠어요?

마리아 정말 그래요. 미술관에 오기 전에 좀 찾아봤는데, 한국의 전통 예술품을 수준 높은 안목으로 수집하고 체계적으로 관리해 문화재로 나라를 지킨 분이시라면서요? 기와집 20채 값을 주고 산 청자도 있다던데...

영 수 네. 우리 문화재가 해외로 밀반출되는 일이 비일비재하던 때에 이를 막고 후대에 전하는 결정적인 역할을 하셨어요. 그런 큰돈을 지불하면서도 값을 깎기는커녕 더 얹어 주고 산 경우도 있대요.

마리아 엄청난 유산을 상속받았었다고는 하지만 모두가 먹고살기에 급급했던 시대에 그러기가 쉽지 않았을 텐데. 왠지 마음가짐이 숙연해지네요.

영 수 그렇지요? 문화재를 지키는 일이 민족을 지킬 수 있는 길이라 여기고 문화재를 수집하셨다는데, 진정 시대를 앞서간 분이 아닌가 싶어요.

새 어휘

탁월하다	우리 회사에서 새로 개발한 이 크림은 피부 보습 효과가 탁월합니다. 조선시대의 왕릉은 탁월한 가치를 인정받아 유네스코 세계유산에 등재되었다.
불어넣다	서울시는 복합쇼핑몰을 지어 활기를 잃은 이 지역에 활력을 불어넣겠다는 계획을 세웠습니다. 서대문구 청소년센터는 좌절을 경험한 청소년에게 용기를 불어넣어 주기 위한 다양한 프로그램을 운영 중이다.
사로잡다	그 뮤지컬은 화려한 무대 장치와 배우들의 뛰어난 노래 실력으로 관객들의 눈과 귀를 사로잡았다. 식품 회사들은 까다로워진 소비자들의 입맛을 사로잡기 위해 다양한 제품을 개발하고 있다.
헌신	그 여배우는 빈민을 위한 봉사 활동에 헌신을 하며 말년을 보냈다. 그 사람은 시각장애인이지만 아내의 헌신이 있었기에 학업을 마치고 자기 분야에서 성공할 수 있었다.
밀반출	정부는 인삼 종자 밀반출에 대한 단속을 강화하기로 했다. 인천공항 세관에 따르면 외화 밀반출이 작년보다 20% 증가했다고 합니다.
비일비재	층간 소음 때문에 이웃 간에 다투는 일이 비일비재합니다. 최근 몰래카메라로 인한 범죄가 비일비재하게 일어나고 있습니다.
얹다	손을 무릎 위에 얹고 허리를 펴고 앉으십시오. 사과 스무 개를 사니까 과일 가게 주인이 두 개를 얹어 주었다.
상속	아버지로부터 상속을 받은 재산으로 장학재단을 설립했다. 일부 부유층의 경우 상속 문제 때문에 형제 간에 갈등이 생기기도 한다.
급급하다	눈앞의 이익에만 급급하다 보면 미래를 내다볼 수 없습니다. 젊었을 때 돈 버는 것에 급급해 가족들과 여행 한번 제대로 하지 못했다.
숙연하다	숙연한 분위기 속에서 이번 테러 희생자들의 장례식이 치러졌다. 광복절 행사에서 독립 운동가들의 삶을 다룬 짧은 영상이 나오자 행사에 참석한 사람들의 표정이 숙연해졌다.

01. 빈칸에 알맞은 말을 쓰십시오.

> **보기** 냉장고 수리 기사가 땀을 뻘뻘 흘리는 것을 보고 어머니가 시원한 커피라도 사 마시라며 수리비에 돈을 얼마 더 (얹어) ~~어/아/여~~ 주셨다.

❶ 성당 옆에 천주교 순교자들이 묻혀 있는 곳을 한바퀴 돌아보니 마음이 (   )어졌다/아졌다/여졌다.

❷ 회사에 다닐 때 실적 올리기에 (   )어/아/여 동료들과 좋은 관계를 유지하지 못한 것이 후회된다.

❸ 천재 건축가로 불리는 가우디는 곡선을 사용하여 건축에 생명을 (   )었다/았다/였다.

❹ 이 드라마는 배우들의 뛰어난 연기와 공감가는 대사로 시청자들을 (   )었다/았다/였다.

02. 빈칸에 알맞은 말을 쓰십시오.

1930년대는 일제 강점기로 우리의 수준 높은 문화재들이 일본으로 유출되는 일이 **보기** (비일비재)했다. 간송 전형필은 민족이 살아남으려면 전통이 이어져야 하고 그러기 위해서는 중요한 문화재인 미술품이 보호되어야 한다는 생각을 가지고 있었다. 그래서 문화재의 ❶ (   )을/를 막기 위해 애를 썼다. 간송은 당대 최고의 예술가, 지식인들과의 활발한 교류를 통해 가지게 된 ❷ (   )은/ㄴ 안목과 ❸ (   )받은 재산으로 문화재를 체계적으로 수집했다. 이렇게 모은 문화재들을 보존하기 위해 1938년 '빛나는 보물을 모아둔 집'이라는 의미의 보화각을 세웠다. 이같은 그의 ❹ (   ) 덕분에 많은 문화재가 남아 민족의 자부심을 높이고 있다.

주제 어휘

예술 작품 보존					
	• 발굴	• 복원	• 보수	• 감정	• 반환
	• 소장	• 훼손	• 도굴	• 밀반출	• 약탈

01. 빈칸에 알맞은 말을 쓰십시오.

보기 국외로 (밀반출)되었던 피카소의 그림이 스페인으로 되돌아왔다.

❶ 태풍으로 절 입구의 다리가 무너져 (　　　　) 공사가 진행 중입니다.

❷ 간송은 미술품이 손에 들어오면 정확한 (　　　　)을/를 통해 늘 정당한 값을 주고 사들였다고 한다.

❸ 프랑스는 1866년 병인양요 때 가져간 외규장각 문서를 2011년에 한국으로 (　　　　)했다.

❹ 국립문화재연구소의 조사 결과에 따르면 전쟁과 침략 등으로 (　　　　)을/를 당한 문화재가 15만점에 이른다고 합니다.

02. 빈칸에 알맞은 말을 쓰십시오.

무령왕릉은 1971년 공주 송산리 고분을 공사하는 중에 우연히 **보기** (발굴)되었다. 이는 삼국시대 왕릉 중 묻힌 사람이 누구인지 알 수 있는 유일한 고분이다. 무령왕릉은 발굴 당시 한번도 ❶ (　　　　)되지 않은 온전한 상태였고 그 안에서 총 108종 4천6백여 점의 유물이 발견되었다. 현재는 ❷ (　　　　)을/를 막고 영구 보존을 위해 폐쇄한 상태이고, 바로 옆에 무덤 내부를 모형으로 그대로 ❸ (　　　　)해 전시하고 있다. 여기에서 나온 유물은 국립공주박물관에 ❹ (　　　　)되어 있다.

문법 1 —기에 망정이지

- 동사나 형용사의 어간 뒤에 써서 당황스럽고 난처한 일이 생겼지만 우연히 벌어진 다행스러운 상황 덕분에 큰 문제 없이 그 상황에서 빠져 나왔음을 의미한다.

❶ 비상금을 가지고 다니기에 망정이지 비상금이 없었으면 망신당했을 거예요.
❷ 여기 날씨가 안 춥기에 망정이지 두꺼운 옷도 없는데 고생할 뻔했어요.
❸ 아이가 한 명이기에 망정이지 둘이었으면 돈이 많이 들어서 제대로 키우지도 못했겠어요.
❹ 음식을 충분히 준비했기에 망정이지 음식이 모자랄 뻔했어요.

01. 보기 와 같이 연결하고 문장을 완성하십시오.

보기 병을 일찍 발견했다 •	• 아니었으면 큰 사고가 났을 거예요.
❶ 차가 천천히 달리고 있었다 •	• 큰 수술을 해야 할 뻔했어요.
❷ 지하철을 탔다 •	• 아니었으면 갑자기 돈을 구하느라 고생했을 거예요.
❸ 보험에 들었다 •	• 평일에 이렇게 아팠으면 출근도 못 할 뻔했어요.
❹ 쉬는 날이다 •	• 버스를 탔으면 시험 시간에 늦을 뻔했어요.
❺ 집이 튼튼하다 •	• 태풍으로 우리집도 피해를 입을 뻔했어요.

보기 병을 일찍 발견했기에 망정이지 큰 수술을 해야 할 뻔했어요.

❶ ____________________

❷ ____________________

❸ ____________________

❹ ____________________

❺ ____________________

02. 다음은 휴가지에서 생긴 일에 대한 대화입니다. 알맞은 말을 골라 대화를 완성하십시오.

- 돈을 따로 보관했다
- 숙소가 가깝다
- 스페인어를 아는 분이 도와주셨다
- 친구와 둘이 갔다
- 가방을 찾았다
- 혹시나 해서 두꺼운 옷을 준비했다

선영: 민희 씨, 스페인으로 휴가를 다녀오셨다면서요? 얘기 좀 해 주세요.

민희: 이런저런 우여곡절이 많았어요. 스페인 공항에 도착해서 짐을 기다리는데, 제 가방이 나오지 않는 거예요. 같은 비행기를 탔던 사람 중에 **보기** 스페인어를 아는 분이 저를 도와주셨 기에 망정이지 첫날부터 가방을 잃어버릴 뻔했지 뭐예요? 그 분 덕에 다음날 가방을 찾을 수 있었어요.

선영: 어머나. ❶ ______________ 기에 망정이지 못 찾았으면 여행 내내 어쩔 뻔했어요?

민희: 다음 날엔 복잡한 시장에서 지갑도 잃어버렸어요. 제가 ❷ ______________ 기에 망정이지 큰일 날 뻔했어요. 게다가 그 날이 일요일이어서 버스가 일찍 끊겼어요. 그런 줄도 모르고 늦게까지 시장 구경을 했는데, ❸ ______________ 기에 망정이지 아니었으면 엄청 고생을 했을 거예요.

선영: 날씨는 어땠어요?

민희: 계속 맑기는 했는데 이상 저온 현상으로 꽤 쌀쌀했어요. ❹ ______________ 기에 망정이지 계속 떨면서 다닐 뻔했어요. 여러 가지로 고생은 좀 했지만 그래도 친한 친구와 같이 가서 괜찮았어요.

선영: 네, ❺ ______________ 기에 망정이지 혼자 그런 고생을 했으면 정말 힘들었을 것 같아요.

문법 2 은커녕/는커녕

- 명사 뒤에 써서 앞의 것은 말할 필요도 없이 당연히 불가능하거나 어렵고, 그것보다 더 실현가능한 뒤의 경우조차 이루기 어려움을 나타낸다. 주로 부정적인 상황에서 쓰인다.
- 명사가 자음으로 끝나면 '은커녕'을 쓰고, 모음으로 끝나면 '는커녕'을 쓴다.

❶ 열심히 공부했는데 성적이 오르기는커녕 오히려 더 떨어졌어요.
❷ 허리가 아파서 걷기는커녕 제대로 앉아있지도 못해요.
❸ 주사가 아플까 봐 걱정했는데 아프기는커녕 바늘이 들어가는 느낌도 없던데요.
❹ 생일인데 선물은커녕 축하 전화도 못 받았어요.

01. 보기 와 같이 대화를 완성하십시오.

보기 가: 방에 에어컨이 있어요?
나: 에어컨은커녕 ~~은커녕/는커녕~~ 선풍기도 없어요.

❶ 가: 시험공부는 다 했어요?
나: ______________ 은커녕/는커녕 아직 숙제도 못 했어요.

❷ 가: 하와이에 가 보셨어요?
나: ______________ 은커녕/는커녕 제주도도 못 가봤어요.

❸ 가: 여자 친구하고 같이 자주 놀러 다니세요?
나: 요즘 너무 바빠서 ______________ 은커녕/는커녕 얼굴 볼 시간도 없어요.

❹ 가: 아이디어가 참신하다고 부장님께 칭찬 받지 않았어요?
나: ______________ 은커녕/는커녕 실현 가능성이 없다고 야단만 맞았어요.

❺ 가: 요즘 운동을 열심히 하시던데 몸무게가 많이 줄었어요?
나: ______________ 은커녕/는커녕 운동 후에 많이 먹어서 그런지 살이 더 쪘어요.

02. 다음은 바쁜 일상을 보내고 있는 직장인의 일기입니다. 알맞은 말을 넣어 이야기를 완성하십시오.

요즘 눈코 뜰 새 없이 바빠서 **보기** 휴가는커녕 ~~은커녕/는커녕~~ 주말도 없이 일을 하고 있다. 오늘은 업무 관련 전화가 어찌나 많이 오는지 ❶ ____________ 은커녕/는커녕 물 한잔 마실 시간도 없었다. 이렇게 살다가는 ❷ ____________ 은커녕/는커녕 연애도 제대로 못 할 것 같다. 이런저런 생각에 너무 피곤해서 퇴근길에 마사지를 받았는데 ❸ ____________ 은커녕/는커녕 몸이 더 아프다. 집에 와서 이번 달 가계부를 정리했다. 독립하기 전에는 생활비가 이렇게 많이 들 줄 몰랐다. 신입사원인 내 월급으로는 ❹ ____________ 은커녕/는커녕 생활비를 대기도 빡빡하다. 이번 어버이날에는 여행을 보내드리겠다고 부모님과 약속했는데 ❺ ____________ 은커녕/는커녕 식사나 제대로 대접할 수 있을지 걱정이다.

활동 위에서 배운 어휘와 문법을 사용하여 다음 중 하나를 골라 이야기해 보십시오.

- 각국에서 예술품 보존에 힘쓴 사람
- 각국의 예술품 보존 방안

보기 한국에서는 보존해야 할 가치가 있는 예술품을 국보나 보물로 지정하여 관리하고 있습니다. 국보는 보물 중에서 예술적 가치가 뛰어난 것, 제작 연대가 오래되거나 한 시대를 대표하는 것, 제작 기술이 특히 우수한 것 등을 골라 심의를 거쳐 문화재청장이 지정합니다. 이런 국가 차원의 보존 방안도 중요하지만 우리의 예술품을 아끼기는커녕 그 가치를 알지조차 못하는 사람들도 있으니 어렸을 때부터 교육을 통해 그 가치를 알게 하는 것도 중요하다고 생각합니다.

제 5 과

언어

01 언어와 의사소통

02 언어의 변화

03 높임말의 체계

04 한글 창제

01 언어와 의사소통

학습목표 언어와 의사소통 관련 어휘를 익혀서 활용할 수 있다.
'–는 반면', '–는다고도 할 수 있다' 표현을 익혀서 활용할 수 있다.

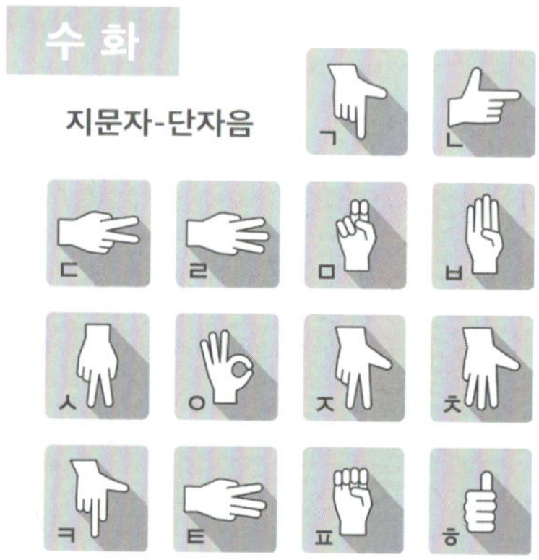

인간은 의사소통을 어떻게 하나요? 얼굴 표정이나 몸짓 같은 비언어적인 방법을 이용하기도 하지만 일반적으로는 말과 글이라는 언어를 이용하지요.

언어는 의사소통을 할 때 인간만이 사용하는 도구입니다. 언어는 음성 언어와 문자 언어로 나뉘는데 음성과 의미, 문자와 의미의 관계는 자의적이기 때문에 각각의 언어마다 동일한 사물을 가리키는 음성과 문자가 달라요.

음성 언어는 물리적인 목소리를 이용한 말이기 때문에 현장감이 있고 생생하다는 장점이 있는 반면 시공간의 제약을 받는데요. 이것을 극복할 수 있었던 것이 바로 인간이 창조한 각종 문자입니다. 문자로 음성을 기록함으로써 시공간을 초월해 의사소통이 가능해진 것이지요.

현대에 와서는 디지털 기술의 발달로 새로운 의사소통 방식이 등장했는데 바로 컴퓨터 기술과 인터넷을 이용한 의사소통이에요. 인터넷을 통한 소통은 공간을 넘나드는 실시간 통신이 가능하며 다량의 정보를 순식간에 주고받을 수 있다는 점에서 가히 의사소통 방식의 혁명이라고도 할 수 있습니다. 그 뿐만 아니라 디지털 기술이 전화로도 옮겨지면서 지금은 컴퓨터와 스마트폰을 이용해 언제 어디에 있든 음성과 문자로 실시간의 의사소통이 이루어지고 있는 놀라운 세상이 되었어요.

새 어휘

자의적	근로법의 이 부분은 노사의 입장에 따라 자의적인 해석이 가능하다. 영화 관람 등급에 대한 판정이 자의적이라는 비난이 일고 있다.
물리적	교통 · 통신이 발달했다고 해도 물리적인 거리가 멀면 오래 사귀기가 힘들다. 언어적인 폭력이 물리적인 폭력보다 더 마음에 상처를 줄 수 있다.
현장감	뉴스를 현장감이 있게 보도하기 위해 사건 현장에서 앵커가 뉴스를 진행했다. 4D로 영화를 보면 현장감을 더 잘 느낄 수 있다.
생생하다	초등학교 때 소풍을 가서 즐거웠던 기억이 아직도 생생하다. 어젯밤 꿈속에서 나를 다정하게 부르던 그 사람의 목소리가 지금도 생생하다.
초월하다	그 작품은 경매시장에서 상상을 초월하는 가격에 판매되었다. 명작은 시대를 초월해 계속 사람들로부터 사랑을 받는다.
넘나들다	이 지역은 최근 국경을 넘나들며 장사를 하는 사람들이 늘고 있다. 이번 음악회에서는 재즈부터 한국음악까지 장르를 넘나드는 다양한 곡을 감상할 수 있다.
순식간	창고에서 시작된 불은 순식간에 건물 전체로 번졌다. 놀이공원 같은 복잡한 곳에서는 아이를 잃어버리는 게 순식간이니까 눈을 떼면 안 된다.
가히	심산유곡의 기암괴석은 가히 절경이라 할 수 있다. 기숙사 하나만 보아도 학교가 얼마나 큰지 가히 규모를 짐작할 만하다.

01. 빈칸에 알맞은 말을 쓰십시오.

보기 그 많은 음식을 (순식간)에 다 먹어 버렸다.

❶ 책이나 드라마의 내용을 자신의 상황에 따라 ( )으로/로 해석하는 경우가 많다.

❷ 좋은 음향 시설로 음악을 들으면 마치 공연장에 있는 듯한 ( )이/가 느껴진다.

❸ 소설 '춘향전'은 신분을 ( )은/ㄴ 남녀 간의 순수한 사랑을 그리고 있다.

❹ 30년 전 처음 한라산 정상에 올랐을 때 느꼈던 감동이 아직도 ( )다.

02. 빈칸에 알맞은 말을 쓰십시오.

21세기의 인류는 정보 기술과 통신기기의 발달 덕분에 기다림 없이 지구상의 누구하고도 **보기** (순식간)에 연결될 수 있다. 시간과 공간의 ❶ ( )인 제약 없이 소통이 가능해진 21세기 현대인은 한 곳에 정착해 살던 과거와 달리 네트워크를 통해 국경을 ❷ ( )을/ㄹ 수 있게 되었다. 디지털 기술은 현대인에게 공간을 ❸ ( )게 해 주었으니 이는 ❹ ( ) 인류 역사의 새로운 혁명이라 할 만하다.

주제 어휘

언어와 의사소통	• 지식 축적	• 정보 전달	• 음성 언어	• 문자 언어	• 몸짓 언어
	• 언어 습득	• 모국어	• 소통	• 공감	• 경청

01. 빈칸에 알맞은 말을 쓰십시오.

보기 한국어, 중국어 등 6개의 (음성 언어를)~~을/를~~ 통역해 주는 프로그램이 개발되었다.

❶ (   )은/는 소리를 기호로 나타낸 것이다.

❷ 상업 광고의 기능 중 하나는 신제품에 대한 (   )이다.

❸ 문자 언어가 없었다면 문명 발달을 가능하게 한 거대한 (   )은/는 불가능했을 것이다.

❹ 상대방의 마음을 얻으려면 먼저 상대방의 말을 잘 (   )하고 그 말에 공감을 해 줘야 한다.

02. 빈칸에 알맞은 말을 쓰십시오.

인간은 말과 글만이 아닌 표정이나 눈짓, 손짓 같은 **보기** (몸짓 언어를)~~을/를~~ 이용해서도 의사소통을 한다. 몸짓 언어는 ❶ (   ) 시에 음성 언어, 문자 언어와 같이 배우게 된다. 따라서 몸짓 언어 역시 자신이 태어나고 자란 곳에서 익힌 ❷ (   ) 의 한 부분이다. 몸짓 언어 또한 언어와 문화마다 다르기 때문에 외국어를 배울 때 우리가 서로 ❸ (   )을/를 하고 서로의 생각에 ❹ (   )하려면 음성 언어와 문자 언어뿐만 아니라 몸짓 언어도 알아야 한다.

문법 1 -는/은/ㄴ 반면

- 동사나 형용사의 어간 뒤에 써서 앞 문장과는 반대의 사실을 연결하여 말할 때 쓴다.
- 동사의 어간 뒤에는 '-는 반면'을 쓰고, 형용사나 과거 동사의 어간이 자음으로 끝나면 '-은 반면'을, 모음으로 끝나면 '-ㄴ 반면'을 쓴다.

❶ 최근 중소형 아파트는 잘 팔리는 반면 대형 아파트의 거래는 부진하다.

❷ 이 카드는 여러 가지 혜택이 많은 반면 연회비가 비싸다.

❸ 그 사람은 자신의 이익이 걸린 일에는 적극적인 반면 그렇지 않은 일에는 무관심하다.

❹ 최근 10년 동안 남성 흡연자는 꾸준히 감소한 반면 여성 흡연율은 소폭 상승했다.

01. 보기 와 같이 연결하고 문장을 완성하십시오.

보기 전통 시장 매출은 감소현상을 보이다	• 단백질은 부족하다.
❶ 남부지역은 예년보다 많은 비가 내렸다	• 서부지역의 강우량은 30%나 줄어들었다.
❷ 이 음식은 비타민과 섬유질이 풍부하다	• 백화점 매출은 증가하고 있다.
❸ 형은 예의가 바르다	• 남자들이 선호하는 음식은 한식이다.
❹ 최저기온은 9~10도이다	• 최고기온은 23~25도로 일교차가 크겠다.
❺ 데이트할 때 여자들이 선호하는 음식은 양식이다	• 동생은 무례하고 제멋대로이다.

보기 전통 시장 매출은 감소현상을 보이는 반면 백화점 매출은 증가하고 있다.

❶ ____________________

❷ ____________________

❸ ____________________

❹ ____________________

❺ ____________________

01. 다음은 대학생 생활 문화에 대한 설문조사의 1순위 응답 내용입니다. 보기 와 같이 쓰십시오.

설문 조사 질문	남학생(100명)	여학생(100명)
보기 한 달에 용돈을 얼마나 씁니까?	평균 46만원	평균 51만원
❶ 어디에 용돈을 가장 많이 씁니까?	선후배, 친구들과 식사하고 술 마시는 데에	옷과 화장품 구입에
❷ 여가 시간에 주로 뭘 합니까?	운동	영화나 공연 관람
❸ 친구를 만나면 주로 뭘 합니까?	식사하고 술을 마신다	식사하고 차를 마신다
❹ 친구와 주로 무슨 이야기를 합니까?	취업과 군대	취업과 남자 친구
❺ 즐겨 읽는 책은 무엇입니까?	만화나 시사 잡지	소설책

보기 남학생은 한 달 평균 용돈이 46만원인 반면 여학생은 51만원으로 조금 더 많았습니다.

❶ ______________________________

❷ ______________________________

❸ ______________________________

❹ ______________________________

❺ ______________________________

문법 2 -는다고도/ㄴ다고도/다고도 할 수 있다

- 동사나 형용사의 어간 뒤에 써서 사실을 설명하는 데에 있어 우회적으로 말하는 표현이다. 단정적으로 말하지 않고 그렇지 않은 가능성을 열어두는 느낌이 있다.
- 동사의 어간이 자음으로 끝나면 '-는다고도 할 수 있다'를 쓰고, 모음으로 끝나면 '-ㄴ다고도 할 수 있다'를 쓰며, 형용사의 어간 뒤에서는 '-다고도 할 수 있다'를 쓴다.

❶ 인터넷 뱅킹으로 생활이 편리해졌지만 새로운 범죄의 요인이 된다고도 할 수 있다.
❷ 쉽게 결정하지 못하는 성격은 우유부단하다고 하나 그건 신중하다고도 할 수 있다.
❸ 사람들은 그가 추진력이 강하다고 하지만 다른 면으로 보면 독단적이라고도 할 수 있다.
❹ 그가 사업에 실패한 것을 사람들은 경영 능력 부족이라고 하지만 경제 상황이 나빠서라고도 할 수 있다

01. 알맞은 말을 골라 보기 와 같이 대화를 완성하십시오.

- 스토리 구성도 구성이지만 요즘의 시대상을 반영했기 때문이다
- 다른 시각으로 보면 정치에 대해 국민들이 그만큼 무관심하다
- 정이 많은 것이다
- 환율 하락 탓도 있겠지만 정치 상황이 불안정해서이다
- 그런 이유도 있지만 가족보다는 자신만의 삶에 더 가치를 두기 때문이다
- 남북한의 문화가 합쳐져 새로운 문화가 탄생할 수 있다는 점에서 좋다

보기 가: 그 인터넷 만화는 스토리 구성이 탄탄해서 인기가 많은 것 같아요.
나: 스토리 구성도 구성이지만 요즘의 시대상을 반영했기 때문이라고도 ~~이라고도/라고도~~ 할 수 있어요.

❶ 가: 이번 선거 투표율이 현저히 낮은데, 기상상태가 나쁜 게 큰 원인이라고 하네요.
나: ______________________ 는다고도/ㄴ다고도/다고도 할 수 있어요.

❷ 가: 환율 하락 때문에 외국인 관광객이 많이 감소한 것 같아요.
나: ______________________ 이라고도/라고도 할 수 있어요.

❸ 가: 취업난이 심해지면서 젊은이들이 결혼을 기피하는 현상이 늘었습니다.
나: ______________________ 이라고도/라고도

할 수 있어요.

❹ 가: 저 사람은 남의 일에 지나치게 관심이 많은 것 같아요.

나: ______________________________ 이라고도/라고도 할 수 있어요.

❺ 가: 남북통일을 하면 우선 국방비를 줄일 수 있어서 좋습니다.

나: ______________________________ 는다고도/ㄴ다고도/다고도 할 수 있어요.

02. **다음은 남녀 간의 의사소통에 대한 좌담회입니다. 알맞은 말을 골라 대화를 완성하십시오.**

• 말투 때문이다	• 둔하다	• 표현 방식의 차이 때문이다
• 사회 지향적이다	• 섬세하다	• 목적 지향적이다

남 자: 남녀 간에 의사소통이 잘 안 되는 이유 중의 하나가 서로 관심 대상이 달라서라고 하는데 어떻게 생각하세요?

여자1: 그것도 그렇지만 보기 말투 때문이라고도 ~~이라고도/라고도~~ 할 수 있지요. 남자들은 여자들에 비해서 말투가 무뚝뚝하고 딱딱한 편이잖아요.

여자2: 네. 이 때문에 상대인 여자가 상처를 받거나 오해를 하는 경우도 있는 것 같습니다.

여자3: 그리고 남자는 직설적으로 말하는 사람이 많은데 여자는 완곡하게 말을 하는 경향이 있는 것 같아요. 그런 걸 보면 ❶ ______________ 이라고도/라고도 할 수 있어요.

남 자: 그래서 그런지 남자들은 여자들이 말하고자 하는 것을 빨리 알아채기가 어렵습니다.

여자1: 그만큼 남자들이 ❷ ______________ 는다고도/ㄴ다고도/다고도 할 수 있어요.

여자2: 맞아요. 그리고 쇼핑을 할 때도 여자들은 사야 할 물건만 아니라 이것저것 관심 있게 둘러보고 필요하다 싶은 것은 사기도 하는데 남자들은 달랑 필요한 물건 하나만 사가지고 나오는 사람이 많대요. 이런 걸 보면 남자들이 참 단순한 것 같아요.

남 자: 좋게 말하면 ❸ ______________ 이라고도/라고도 할 수 있지요. 또 남녀 간의 심리나 태도에 다른 점은 없나요?

여자3: 여자는 생활 속의 사소한 일까지 신경을 쓰고 관심을 갖는 편입니다. 그만큼 ❹ ______________ 는다고도/ㄴ다고도/다고도 할 수 있어요. 그런데 남자들은 일상생활의 일보다는 직장일이나 정치 사회적인 문제에 더 관심이 많은 것 같아요. 이걸 보면 남자들의 성향이 좀 더 ❺ ______________ 이라고도/라고도 할 수 있어요.

활동

위에서 배운 어휘와 문법을 사용하여 다음 중 하나를 골라 이야기해 보십시오.

- 과학기술과 의사소통 방식의 변화
- 문화마다 다른 몸짓 언어와 의사소통
- 의사소통이 잘 안 돼 생긴 오해나 문제

보기 한국 문화를 잘 모를 때 있었던 일입니다. 모임에서 우연히 알게 된 한국 사람이 있었어요. 그 사람과 이야기를 많이 나누고 빨리 친해졌는데, 헤어질 때가 되어서 그 사람이 저에게 다음에 같이 밥 한번 먹자고 하더군요. 그래서 저는 정말 밥 먹자는 연락이 오기를 계속 기다렸어요. 그런데 연락이 오지 않아서 다른 친구에게 물어봤더니 한국 사람들이 그렇게 말해도 그게 분명한 약속은 아니라고 하더군요. 그런 말은 그냥 인사말이라고도 할 수 있대요.

02 언어의 변화

학습목표 언어의 변화 관련 어휘를 익혀서 활용할 수 있다.
'-기 일쑤이다', '-을 것까지는 없겠지만' 표현을 익혀서 활용할 수 있다.

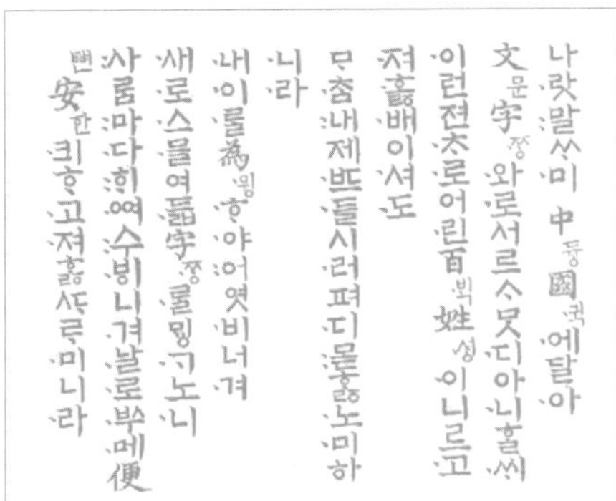

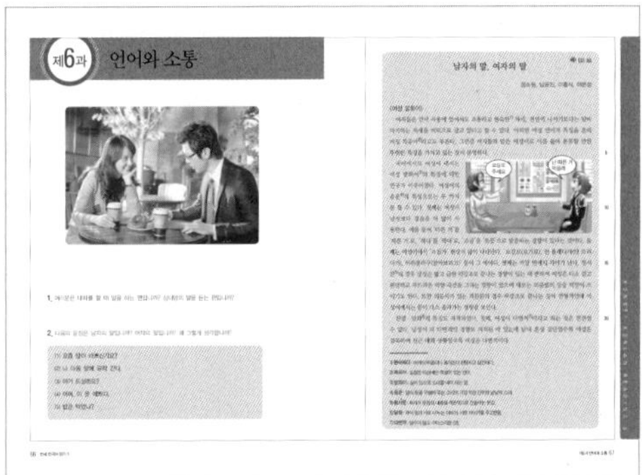

밍밍 얼마 전에 연예인 팬카페에 가입을 했는데요, 거기서 오고가는 대화를 이해할 수 없을 때가 많아요. 사전에도 없는 말들을 쓰는데 무슨 뜻이냐고 질문이라도 하면 그런 것도 모르냐며 무시하기 일쑤이고...

미선 맞아요. 요즘 인터넷 언어는 줄임말과 신조어가 많아서 무슨 말인지 모를 때가 많지요. 오죽하면 인터넷 언어를 외계어라고 하겠어요?

밍밍 하긴 언어 파괴 현상은 우리나라도 마찬가지예요. 그런데 이러한 현상이 청소년들의 인격 형성에까지 영향을 줄 수도 있다는 게 문제지요. 지나친 은어와 축약어의 사용으로 청소년들의 어휘력이 빈곤해지고 사고력의 부재로 이어져 인격적 장애를 초래할 수도 있지 않을까요?

미선 그건 지나친 비약인 것 같은데요. 10대들의 경우에는 억압된 감정을 그들만의 언어로 표출함으로써 규범으로부터의 해방감을 느끼고자 하는 거겠지요. 그리고 어차피 언어란 시대에 따라 변하기 마련인데 그러한 현상을 비규범적이라고 매도할 수는 없을 것 같아요.

밍밍 모든 말을 사전에 나오는 단어 그대로 쓸 것까지는 없겠지만 너무 심하게 훼손되는 일은 없어야 될 것 같아요.

미선 그래도 보수적인 언어 규범 하에서 일반 대중들이 인터넷을 통해 자유분방한 언어 사용 권리를 누리는 것도 의미 있는 일이 아닐까요?

새 어휘

오죽하면	그 남자가 오죽하면 가족들을 두고 자살을 했겠어요? 오죽하면 그렇게 점잖은 사람이 그런 심한 욕을 했을까?
축약	청소년용으로 출판한 명작 소설은 원래의 내용을 너무 축약해서 원작보다 재미가 덜하다. 인터넷에서는 빠르고 편하게 말하기 위해서 축약된 언어가 많이 쓰인다.
비약	이 글은 논리의 비약이 심해서 설득력이 떨어진다. 게임이 마약과 같다는 일부 주장은 지나친 비약이라고 생각한다.
억압되다	억압된 분위기에서는 창의적인 생각이 나오기 어렵다. 독재 정치 하에서 억압되어 살던 국민들은 결국 혁명을 일으켰다.
규범	아무리 지금이 자유로운 시대라고 해도 윤리적 규범을 무시할 수는 없다. 청소년들에게 무조건 사회 규범을 따르라고 하면 오히려 반발심을 일으킬 수 있다.
어차피	어차피 해야 할 일이라면 빨리 해 버리는 게 낫다. 아무리 급해도 어차피 오늘은 태풍 때문에 비행기가 출발을 못 하니까 느긋하게 기다려.
매도하다	일부 정치인들 때문에 모든 정치인들을 다 부도덕하다고 매도하면 안 된다. 사람들은 자신의 정당한 재산권을 주장하는 그 사람을 돈만 밝히는 사람으로 매도했다.
자유분방하다	내 친구는 다른 사람의 시선을 의식하지 않고 자유분방하게 산다. 기성세대들은 요즘 아이들의 자유분방한 사고방식을 이해하기 어렵다고 한다.

01. **빈칸에 알맞은 말을 쓰십시오.**

보기 (오죽하면) 그 가수가 악플을 단 사람을 고소했겠어요?

❶ 이 영화의 내용을 현실의 정치 상황과 연결시키는 것은 지나친 (   )이다.

❷ 길고 복잡한 내용을 짧은 시간에 (   )해서 말하다 보니 세부적인 내용을 다 말할 수 없었다.

❸ (   ) 모두 다 발표를 해야 한다면 제가 먼저 하겠어요.

❹ 사람들은 우리나라 국적을 포기한 그 운동선수를 배신자라고 (   )었다/았다/였다.

02. **빈칸에 알맞은 말을 쓰십시오.**

소설가 민치환 씨의 작품은 독특한 소재와 기법으로 늘 문학계에서 화제가 되고 있다. 보수적인 집안에서 자란 그는 엄한 부모 밑에서 자유롭지 못하고 **보기** (억압된) ~~은/ㄴ~~ 어린 시절을 보냈고 그러한 경험을 소설가가 된 지금 자신의 작품에 표출하고 있다. 그래서인지 그의 작품에는 사회적으로 지켜야 할 ❶ (   )에서 벗어나 ❷ (   )게 사는 주인공이 늘 등장한다. 일부 평론가들은 그러한 그의 작품을 비도적적이라고 ❸ (   )지만 대다수의 독자들은 주인공 하나 때문에 그의 소설을 그렇게 평가하는 건 지나친 ❹ (   )이라고/라고 반박한다.

주제 어휘

언어의 변화	• 신조어	• 축약어	• 외계어	• 은어	• 비속어
	• 언어 규범	• 언어 파괴	• 탈규범화	• 수용하다	• 거부하다

01. 빈칸에 알맞은 말을 쓰십시오.

보기 인터넷을 하다 보면 도저히 이해할 수 없는 국적불명의 (외계어를)~~을/를~~ 볼 수 있다.

❶ 학생들 사이에서 '심쿵', '열공'과 같이 원래 말의 첫 글자만 따서 짧게 만든 (   ) 이/가 널리 쓰이고 있다.

❷ SNS의 발달로 언어 규범을 벗어나는 (   ) 현상이 심각해지고 있다.

❸ 조선은 19세기 말경 미국, 프랑스, 러시아 등 서구열강들과 외교관계를 맺고 서구문화를 (   )었다/았다/였다.

❹ 요즘 젊은이들이 사용하는 '삼포세대', '이태백'과 같은 말은 어려운 사회 현실을 반영한 (   )이다.

02. 빈칸에 알맞은 말을 쓰십시오.

인터넷을 통한 의사소통은 익명성을 갖는다. 그래서 인터넷을 할 때 사람들은 자신의 존재를 감춘 채 현실에서는 억눌려 있던 저급한 의식을 **보기** (은어나) ~~이나/나~~ ❶ (   ) 같은 언어를 사용해 표현한다. 또 인터넷상에서 사람들은 언어 규칙 따르기를 ❷ (   )고 다른 사람의 인격을 무시하는 말을 하기도 한다. 그들은 표현의 자유를 주장하며 이러한 행위를 당연하다고 생각한다. 그러나 가상공간에서의 의사소통도 사람과 사람의 대화이므로 현실 세계에서 지켜지고 있는 ❸ (   ) 을/를 무시할 수 없다. 아무리 가상공간이라도 사회가 만든 언어 규칙을 파괴하는 ❹ (   )이/가 당연하게 생각되어서는 안 된다.

문법 1 -기 일쑤이다

• 동사의 어간 뒤에 써서 어떤 일이 매우 자주 일어남을 나타내는 표현으로, 자신의 의지와 관계없이 자연스럽게 그렇게 되는 일에 대해 쓴다.

❶ 우리 부서는 일이 많아서 야근을 하기 일쑤이다.
❷ 아침에는 시간이 없어서 우유 한 잔으로 때우기 일쑤이다.
❸ 어렸을 때 동생을 울려서 엄마한테 야단맞기 일쑤였다.
❹ 학창 시절에 자주 늦잠을 자는 바람에 지각을 하기 일쑤였다.

01. 보기 와 같이 바꾸십시오.

보기 정신없이 일을 하다가 보면 끼니를 거를 때가 많다.
➡ 정신없이 일을 하다가 보면 끼니를 거르기 일쑤예요.

❶ 회의 시간에 내 의견은 자주 무시당한다.
➡ ____________________

❷ 이 지역은 홍수가 나면 늘 도로가 침수된다.
➡ ____________________

❸ 아침에 서두르다가 보면 물건을 하나씩 빼 놓고 나올 때가 많다.
➡ ____________________

❹ 지하철에서 졸다가 내릴 곳을 자주 지나친다.
➡ ____________________

❺ 어렸을 때 밖에서 늦게까지 놀다가 엄마한테 자주 혼이 났다.
➡ ____________________

02. 다음은 편의점 주인과 지인의 대화입니다. 알맞은 말을 넣어 대화를 완성하십시오.

지인: 아니, 왜 또 아르바이트생을 구하려 해요?

주인: 말도 마세요. 어찌나 실수를 많이 하는지 일을 시킬 수가 있어야지요. 출근 시간에는 보기 지각하 기 일쑤이고 손님이 없으면 꾸벅꾸벅 ❶ ______________ 기 일쑤이고요.

지인: 공부하면서 일하니까 피곤해서 그러려니 하세요.

주인: 그것만이 아니에요. 계산도 매번 ❷ ______________ 기 일쑤이고 물건 정리하다가 음료수병도 ❸ ______________ 기 일쑤예요.

지인: 저런, 손해를 좀 봤겠네요.

주인: 네. 그리고 시킨 일도 ❹ ______________ 기 일쑤여서 야단이라도 치면 그냥 울어 버려요. 게다가 연락도 안 하고 ❺ ______________ 기 일쑤예요. 그럴 때는 정말 제가 울고 싶어요.

문법 2 –을/ㄹ 것까지는 없겠지만

- 동사나 형용사의 어간 뒤에 써서 앞 내용에 가장 최고의 상황을 말하고 그 정도까지는 아니라 하더라도 어느 정도까지는 만족시켜야 하는 경우에 쓰인다.
- 동사, 형용사의 어간이 자음으로 끝나면 '–을 것까지는 없겠지만'을 쓰고, 모음으로 끝나면 '–ㄹ 것까지는 없겠지만'을 쓴다.

❶ 옆집에서 시끄럽게 한다고 신고를 할 것까지는 없겠지만 주의는 줘야지요.

❷ 감기 초기 증세라면 병원에 갈 것까지는 없겠지만 약은 먹는 게 나아요.

❸ 결혼 전에 집을 사 놓을 것까지는 없겠지만 전세금 정도는 마련해 놓는 게 좋지 않을까요?

❹ 농구선수처럼 클 것까지는 없겠지만 운동선수가 되려면 어느 정도는 키가 커야지요.

01. 보기와 같이 연결하고 문장을 완성하십시오.

보기 수술을 하다	———	며칠 입원은 해야 할 것 같습니다.
❶ 운동을 매일 하다	• •	음식량은 줄이도록 하세요.
❷ 밤을 새우며 시험공부를 하다	• •	시험 범위는 한 번 훑어 봐야 하지 않겠어요?
❸ 집들이에 갈 때 비싼 선물을 하다	• •	본문 대화에 나온 단어는 외워야지요.
❹ 배운 단어를 다 외우다	• •	일주일에 3번은 해야 운동 효과가 있대요.
❺ 굶다	• •	빈손으로 가지는 마세요.

보기 수술을 할 것까지는 없겠지만 며칠 입원은 해야 할 것 같습니다.

❶ ______________________

❷ ______________________

❸ ______________________

❹ ______________________

❺ ______________________

02. 다음은 입사 지원을 원하는 취업 준비생과 회사 인사부 직원의 전화 통화입니다. 알맞은 말을 넣어 대화를 완성하십시오.

준비생: 이번에 실시하는 직원 채용 지원 자격에 대해서 문의하려고 하는데요. 경력이 많이 필요한가요?

직　원: **보기** 경력이 많을 ~~을/ㄹ~~ 것까지는 없겠지만 관련업에서 인턴쉽이나 아르바이트를 했던 경험은 필요합니다.

준비생: 전공은요? 무역학 전공이 아니어도 되나요?

직　원: ❶ ________________ 을/ㄹ 것까지는 없겠지만 관련 전공자를 우대해요.

준비생: 외국어 능력도 중요하지요?

직　원: ❷ ________________ 을/ㄹ 것까지는 없겠지만 기본 회화는 가능해야 해요.

준비생: 그리고 무역관리사 자격증 같은 것도 필요한가요?

직　원: ❸ ________________ 을/ㄹ 것까지는 없겠지만 기본적인 무역 상식은 알아야 하겠지요.

준비생: 그 회사에 입사하면 해외근무를 꼭 해야 하나요?

직　원: ❹ ________________ 을/ㄹ 것까지는 없겠지만 해외 출장은 자주 가게 될 겁니다.

준비생: 참, 모집요강을 보니까 면접 때 발표도 해야 하던데 시각자료를 준비해야 할까요?

직　원: ❺ ________________ 을/ㄹ 것까지는 없겠지만 발표지 정도는 준비하는 게 좋을 거예요.

활동 위에서 배운 어휘와 문법을 사용하여 다음 중 하나를 골라 이야기해 보십시오.

- 각국의 신조어나 축약어 소개
- 신조어 사용의 장점
- 신조어 사용의 문제점

보기 요즘 한국에서는 부모의 경제적 능력, 가정환경 등을 '수저'에 빗대어 표현한 신조어가 유행이에요. 사람들의 사회적 계급을 부모의 재산 정도에 따라 '금수저', '은수저', '동수저'로 구별하지요. 그리고 부모의 도움을 전혀 받을 수 없는 사람은 '흙수저'라고 해요. 이렇게, 태어날 때부터의 조건 때문에 '금수저'들은 쉽게 유리한 사회적 위치에 오를 수 있지만 '흙수저'들은 아무리 노력해도 성공하기 힘들다는 현실을 반영한 신조어라고 할 수 있어요. 요즘 같은 경쟁 사회에서 살아남으려면 꼭 '금수저'일 것까지는 없겠지만 적어도 '동수저'정도는 돼야 한다고들 해요.

03 높임말의 체계

학습목표 높임말 체계 관련 어휘를 익혀서 활용할 수 있다.
'하오체', '하게체'를 익혀서 활용할 수 있다.

선비1 좀 들어가도 되겠소? 오늘 같이 묵게 된 사람이오. 선비도 행색을 보아하니 과거를 보러 한양에 가는 길인 것 같은데 맞소?

선비2 그러하오. 이번 과거를 보러 가는 길이라오. 이번이 처음이라 모르는 것도 많고 사실 어떻게 해야 할지 잘 모르겠소. 댁은 몇 번째요?

선비1 나도 처음이라오. 그런데 선비는 어느 스승님 밑에서 수학했소?

선비2 좋은 스승님을 모시고 공부를 했으면 좋으련만 형편이 좋지 않아 혼자 수학했소. 그래서 막막하다오.

선비1 그렇구려. 지난번에 급제한 친구의 말에 의하면 답안 작성 시간이 많지 않으니 미리 예상 문제를 만들어서 답안 쓰는 연습을 많이 해 보는 것이 좋다 하였소. 그런데 이번 과거에서 무엇을 물어볼 것 같소?

선비2 글쎄... 작년에 역병이 창궐하고 외적의 침입까지 잦아서 많은 백성들이 고통 받지 않았소? 시절이 뒤숭숭하니 이런 시대의 선비의 도리라든가 문제 해결 방안 같은 것을 묻지 않겠소?

선비1 참, 목이 마르지 않소? 뭘 좀 마시면서 계속 담소를 나누는 것이 어떻겠소? 거 밖에 아무도 없나? 이 방에 마실 것 좀 가져다 주게.

새 어휘

선비	조선시대에 행동과 예절이 바르고 지식이 있는 사람을 선비라고 하였다. 현대의 지식인들에게도 옳은 일을 위해서는 자신의 뜻을 굽히지 않는 선비 정신이 필요하다.
행색	이몽룡은 자신의 신분을 속이려고 거지 행색으로 사람들 앞에 나타났다. 20년 만에 우연히 고등학교 동창을 만났는데 행색이 너무 초라해서 마음이 안 좋았다.
과거	한글날 덕수궁 앞에서 과거 시험을 재현한 행사가 열렸다. 과거는 고려 후기에 도입되어 조선 시대에 본격화된 관리 선발 시험이다.
수학하다	두 사람은 같은 교수 아래서 수학한 동문이다. 퇴계 이황의 문하에서 수학한 사람들 중에 유명한 학자가 많다.
막막하다	화재로 집을 잃은 사람들이 어떻게 살아야 할지 막막하다며 눈물을 흘렸다. 혼자 유학 준비를 하려고 했는데 너무 막막해서 유학원의 도움을 받기로 했다.
급제하다	장원 급제를 하면 임금이 직접 술을 따라 주었다. 조선 시대에 과거에 급제를 하면 가문의 영광이었다.
역병	그 마을은 역병으로 인해 출입이 통제되었다. 세종 17년에 평안도에 큰 역병이 돌아서 많은 사람들이 죽었다고 한다.
창궐하다	전염병이 창궐하여 인구의 1/3이 감소했다. 고려 말에 남해안에 외적이 창궐해서 많은 피해를 입었다.
뒤숭숭하다	잇따른 비행기 테러 사건으로 전 세계가 뒤숭숭하다. 곧 대량 해고가 있을 거라는 소문으로 회사 분위기가 뒤숭숭하다.
담소	이 카페는 아이를 유치원에 보내 놓고 담소를 나누는 엄마들이 많다. 점심시간에 식사를 마친 직장인들이 삼삼오오 모여 담소를 즐기고 있다.

01. 빈칸에 알맞은 말을 쓰십시오.

보기 병충해의 (창궐로)~~으로/~~로 올해 사과 생산량이 크게 줄었다.

❶ 그 사람은 사업에 실패하고 아내까지 잃고 나더니 (   )이/가 초라해졌다.

❷ 날씨가 따뜻해지자 공원 벤치에 앉아서 (   )을/를 나누는 사람들이 많아졌다.

❸ 세균학이 발전한 19세기 후반에 이르러서야 인류는 (   )의 원인을 알게 되었다.

❹ 조용했던 시골 마을에 연쇄 살인 사건이 발생해서 마을 분위기가 (   )어졌다/아졌다/여졌다.

02. 빈칸에 알맞은 말을 쓰십시오.

조선 시대 **보기** (선비)들은 ❶ (   )을/를 준비하기 위해 많은 노력을 했다. 혼자서 준비하다 보면 ❷ (   )기 때문에 사학이나 향교와 같은 교육 기관에 다니면서 공부한 경우가 많았다. 조선 후기로 가면서 서원의 좋은 스승님 밑에서 ❸ (   )은/ㄴ 사람들 중에 과거에 ❹ (   )은/ㄴ 사람들이 많아지면서 서원이 과거 준비 기관으로 인기를 끌게 되었다.

주제 어휘

높임말 체계					
	• 상대높임법	• 주체높임법	• 객체높임법	• 종결어미	• 특수 어휘
	• 상하 관계	• 친소 관계	• 친분	• 연령	• 서열

01. 빈칸에 알맞은 말을 쓰십시오.

보기 한국어에서 상대높임법은 문장의 (종결어미로)~~으로/~~로 표현된다.

❶ 휴가지를 고를 때 ( )에 따라 선호하는 여행지가 다르다.

❷ 높임법을 표현하기 위해 댁, 생신과 같은 ( )이/가 사용되기도 한다.

❸ 사업을 할 때 때로는 능력보다 개인적인 ( )이/가 중요한 역할을 하기도 한다.

❹ 대학을 평준화시켜서 대학 ( )에 따른 차별을 없애고 입시 경쟁을 사라지게 해야 한다는 주장이 있다.

02. 빈칸에 알맞은 말을 쓰십시오.

한국어의 높임법은 누구를 높이느냐에 따라 3가지로 나눌 수 있다. 문장의 주체를 높이는 보기 (주체높임법), 서술의 객체를 높이는 ❶ ( ), 듣는 사람을 높이는 ❷ ( )이/가 그것이다.

이러한 높임말 사용을 결정하는 것은 나이와 서열이라는 ❸ ( )뿐만 아니라 상대와 나의 친분 정도에 따른 ❹ ( )도 중요한 요인으로 작용한다. 그래서 나보다 어린 사람에게 높임말을 쓰거나, 나이가 많은 사람에게 반말을 쓰는 경우가 발생하게 되는 것이다.

문법 1 하오체

- 상대방이 나이가 비슷하거나 아랫사람일 경우 그 사람을 약간 높여 표현하는 경우이다. 나이가 든 어른이 아랫사람이나 처음 보는 동년배 어른에게 말할 때 사용된다.

❶ 나는 요즘 한가하오.

❷ 당신은 그동안 어떻게 지냈소?

❸ 좀 적적하지만 조용해서 좋구려.

❹ 다음 글을 읽고 질문에 맞는 답을 쓰시오.

01. 다음 문장을 보기 와 같이 '하오체'로 바꾸십시오.

보기 세상일은 마음먹기 나름입니다.
➡ 세상일은 마음먹기 나름이오.

❶ 전시물에 손을 대지 마십시오.

➡ ______

❷ 30년 넘게 다닌 회사를 그만두는 심정이 어떻습니까?

➡ ______

❸ 이번 주는 일정이 빡빡하니 다음 주에 만납시다.

➡ ______

❹ 말도 통하지 않는 낯선 곳에서 지내려니 답답하군요.

➡ ______

❺ 폭설이 내리는 바람에 교통이 통제되어 늦었습니다.

➡ ______

02. 다음은 90세 남편이 죽은 아내에게 보낸 편지입니다. 밑줄 친 부분을 '하오체'로 바꾸십시오.

여보,

그곳에서 잘 지내고 보기 있습니까?

난 아직도 혼자인 게 익숙하지 않아 ❶ 무기력합니다.

그래서 늘 집에서 아무것도 하지 않고 가만히 ❷ 있습니다.

날마다 집에 들르던 비둘기도 당신이 없으니 ❸ 오지 않는군요.

당신이 너무 보고 싶으니 오늘밤 꿈에는 좀 ❹ 나타나십시오.

당신 없는 세상이 너무 힘이 드니 우리 다음 세상에서는 꼭 같은 날, 같은 시각 ❺ 떠납시다.

❶ 있소?

❷ ________

❸ ________

❹ ________

❺ ________

문법 2 하게체

- 상대방이 말하는 이와 나이가 비슷하거나 아랫사람인 경우 이들을 약간 낮춰 표현하는 방법이다. 나이 든 친구 사이에서, 나이 많은 선생이 제자에게, 장인이나 장모가 사위에게 사용한다.

❶ 이사를 하느라고 그동안 정신이 없었네.
❷ 자네는 언제 시간이 되나?
❸ 남 말하기 좋아하는 사람들의 이야기는 무시하게.
❹ 이번 주는 내가 출장을 가야 하니 회의는 다음 주에 하세.

01. 다음 문장을 보기 와 같이 '하게체'로 바꾸십시오.

보기 자식들 공부시키고 결혼시키느라 허리가 휩니다.
➡ 자식들 공부시키고 결혼시키느라 허리가 휘네.

❶ 이 일은 매사에 빈틈없는 김 과장에게 맡기십시오.
➡ ______________________________

❷ 김군, 다음 달 학술대회 준비는 잘 되고 있습니까?
➡ ______________________________

❸ 은퇴 후 시골로 내려가니 여유롭고 좋군요.
➡ ______________________________

❹ 자네가 많이 아프다는 말을 듣고 걱정했습니다.
➡ ______________________________

❺ 단풍이 곱게 들었다는데 우리도 단풍놀이 갑시다.
➡ ______________________________

02. 다음은 오랜만에 처가를 방문한 사위와 장모의 대화입니다. 보기 와 같이 '하게체'를 사용해 대화를 완성하십시오.

장모: 보기 어서 오게. ❶ ____________.

사위: 죄송합니다. 찾아뵙고는 싶었는데 그동안 회사일이 너무 바빠서 시간을 낼 수가 없었습니다.

장모: 바쁜 일은 다 ❷ ____________?

사위: 네, 급한 일은 다 끝나서 이번 주는 좀 한가합니다. 그동안 잘 지내셨어요?

장모: 나야 별일 없지. 그 동안 힘들었을 텐데 이번 주말은 집에서 쉬지 않고?

사위: 여기 와서 장모님이 해 주는 맛있는 음식 먹고 주말 보내는 게 쉬는 거지요.

장모: 그렇게 생각해주니 ❸ ____________. 그래 무슨 음식이 먹고 싶나?

사위: 장모님이 해 주시는 건 다 맛있지요.

장모: 오느라 피곤했을 텐데 들어가서 우선 좀 ❹ ____________. 저녁 먹고 나서 ❺ ____________.

활동 위에서 배운 어휘와 문법을 사용하여 다음 중 하나를 골라 이야기해 보십시오.

- 장인과 사위의 대화
- 상사와 부하 직원의 대화
- 노부부의 대화
- 교수와 제자의 대화

보기

교수: 오랜만이네. 요즘 어떻게 지내나? 회사 생활은 힘들지 않고?

제자: 좀 익숙해졌는데 학교생활과 달라 가끔씩 힘드네요.

교수: 난 자네가 학교에 남아 계속 공부할 줄 알았는데, 취직을 한다고 해서 사실 좀 놀랐네.

제자: 저도 계속 공부하고 싶은 마음도 있었지만, 현장 일을 먼저 좀 익히고 싶었습니다. 한 이삼년 정도 일한 후에 다시 학교에 돌아올 마음도 있고요.

교수: 다시 학교로 돌아온다면 언제든지 환영이니 마음이 바뀌면 꼭 연락하게. 참 조만간 같이 식사라도 하세.

제자: 저야 언제든지 좋지요. 교수님 편하신 날짜로 말씀해 주세요. 시간 비워두겠습니다. 항상 건강 조심하시고요.

04 한글 창제

학습목표 훈민정음 관련 어휘를 익혀서 활용할 수 있다.
'이야말로/야말로', '-으련만' 표현을 익혀서 활용할 수 있다.

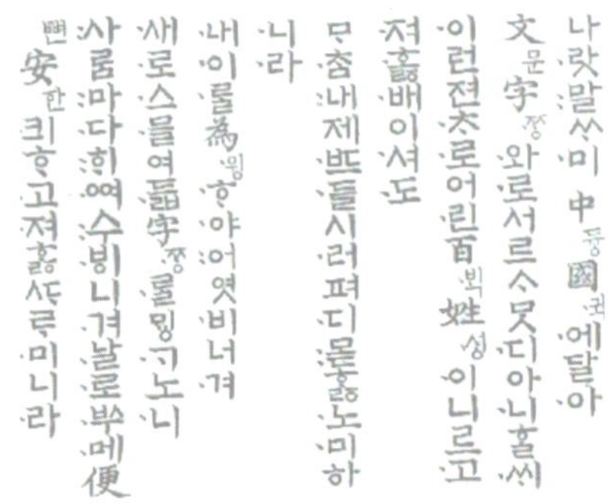
나랏말ᄊᆞ미 中듀ᇰ國귁에 달아
文문字ᄍᆞᆼ와로 서르 ᄉᆞᄆᆞᆺ디 아니ᄒᆞᆯᄊᆡ
이런 젼ᄎᆞ로 어린 百ᄇᆡᆨ姓셩이 니르고
져 홇 배 이셔도
ᄆᆞᄎᆞᆷ내 제 ᄠᅳ들 시러 펴디 몯ᄒᆞᇙ 노미 하
니라
내 이ᄅᆞᆯ 爲윙ᄒᆞ야 어엿비 너겨
새로 스믈여듧 字ᄍᆞᆼᄅᆞᆯ ᄆᆡᇰᄀᆞ노니
사ᄅᆞᆷ마다 ᄒᆡᅇᅧ 수ᄫᅵ 니겨 날로 ᄡᅮ메 便
뼌安ᅙᅡᆫ킈 ᄒᆞ고져 ᄒᆞᇙ ᄯᆞᄅᆞ미니라

밍밍 한글은 참 자판 입력에 최적화된 문자인 것 같아요. 마치 세종대왕이 이런 시대가 올 것을 꿰뚫어 보기라도 한 것처럼 말이에요. 어떻게 15세기에 이렇게 흠잡을 데 없이 과학적이고 체계적인 문자를 발명할 수가 있었을까요?

영수 맞아요. 한글날 특집 다큐멘터리에서 봤는데요. 기역을 발음할 때 발음기관의 모습을 엑스레이로 찍으니까 정말 혀뿌리가 'ㄱ' 모양이 되더라고요.

밍밍 소리와 글자 모양의 상관관계까지 고려해서 글자를 만들다니, 정말 놀라워요. 같은 위치에서 나는 소리는 글자 모양도 비슷하니까 외국인도 금방 배울 수 있는 것 같아요.

영수 바로 그런 면에서 한글의 독창성과 과학성이 드러나는 거 아니겠어요? 문맹 퇴치에 기여한 사람이나 단체에 주는 상 이름이 세종대왕상인 걸 보면 한글의 우수성을 세계도 인정한 셈이죠.

밍밍 한글이야말로 한국의 가장 자랑스러운 문화유산이네요. 세종대왕이 한글을 만들지 않으셨더라면 저처럼 한국어를 배우러 오는 외국인도 없었을 테니까요.

영수 그러게요. 그런데 우리 모두가 자부심을 가지고 한글을 아끼면 좋으련만, 정작 한국 사람은 그 우수성을 잘 모르는 것 같아 안타까울 때가 있어요.

새 어휘

입력	이 컴퓨터는 비밀번호를 입력해야 사용할 수 있습니다. 한국 웹사이트에 가입하려면 너무 많은 정보를 입력해야 해서 어렵다는 외국인이 많다.
최적화	A 통신회사는 연령별로 최적화된 요금제를 새로 내놓았습니다. 이 프로그램은 윈도우 컴퓨터에 최적화되어 다른 종류의 컴퓨터에서는 제대로 작동하지 않는다.
꿰뚫다	제 동생은 '삼국지'를 여러 번 읽어서 내용을 꿰뚫고 있어요. 사업가로 성공하려면 상대방의 마음을 꿰뚫어 보는 능력도 필요하다.
흠잡다	이 영화는 내용에서부터 배우들의 연기, 음악까지 흠잡을 데가 없습니다. 민희는 공부도 잘 하고 예의도 바르고 어디 하나 흠잡을 곳이 없는 친구이다.
특집	오늘 10시에 방송 예정이던 드라마는 추석 특집 프로그램으로 방영되지 않습니다. 올해로 개교 100주년을 맞았으니까 이번달 학교 신문에 학교의 역사에 대한 내용을 특집 기사로 싣는 것이 어떨까요?
발음기관	발음장애는 발음기관이 제대로 움직이지 않아 원하는 발음을 정확하게 하지 못하는 것이다. 사람들은 보통 발음기관이란 소리를 내기 위한 기관이라 생각하지만 생명 유지에도 필수적인 기관이다.
드러나다	이 소설의 주제가 드러나는 문장을 찾아서 쓰십시오. 조선시대의 암행어사는 신분이 드러나지 않도록 초라한 행색을 하고 다녔다.
문맹	우리 동네 주민센터에서는 문맹에서 벗어나려는 노인분들을 위한 한글학교를 운영 중입니다. 한국은 문맹률이 1% 미만이라고 합니다.
퇴치	허브향은 벌레 퇴치에 효과적이다. 세계적인 가수들이 모여 빈곤 퇴치를 위한 자선 콘서트를 열었습니다.
자부심	직장에 대한 자부심이 클수록 이직률이 낮고 업무 성과가 높습니다. 여론조사 결과 응답자의 75%가 대한민국 국민으로서의 자부심을 가지고 있다고 대답했다.

01. 빈칸에 알맞은 말을 쓰십시오.

보기 Y방송국의 인기 음악 프로그램인 '금요 멜로디'가 100회를 맞아 (특집) 공개 방송을 할 예정입니다.

❶ K마트 홈페이지에서 물건을 구매할 때 이 영수증에 있는 할인코드를 (   )하면 20% 할인이 됩니다.

❷ 이 소설은 내용 면에서나 구성 면에서나 (   )을/ㄹ 곳 없이 완벽하다는 평가를 받았습니다.

❸ 경기도청은 불법 마약류 (   )을/를 위해서 시민들에게 마약의 위험성을 알리는 캠페인을 벌이고 있다.

❹ 이 영화의 주인공은 사람의 마음을 (   )어/아/여 볼 수 있는 능력을 가진 인물이다.

02. 빈칸에 알맞은 말을 쓰십시오.

유엔(UN)에서는 아프리카의 소수 민족 중 문자가 없는 민족에게 그들의 언어를 표기하는 데 한글을 사용하도록 권하기도 한다. 한글은 8800여 가지의 소리를 적을 수 있는 만큼 소리를 적는 데 **보기** (최적화)되어 있기 때문일 것이다. 한글 자음은 입술, 목구멍, 혀 등 ❶ (   )의 모양을 본뜬 것이며 'ㅁ, ㅂ, ㅍ'처럼 같은 위치에서 나는 소리는 모양도 비슷하다. 따라서 한글은 매우 배우기 쉽기 때문에 한국에는 ❷ (   )이/가 거의 없다. 이런 점에서도 한글의 우수성이 ❸ (   )는다/ㄴ다. 우리는 이런 우수한 문자를 가진 것에 대해 ❹ (   )을/를 가지고 한글을 지켜가야 할 것이다.

주제 어휘

훈민정음	• 훈민정음	• 해례본	• 집현전	• 창제하다	• 반포하다
	• 보급하다	• 천지인	• 음양오행	• 표음문자	• 음소문자

01. 빈칸에 알맞은 말을 쓰십시오.

보기 (집현전은)~~은/는~~ 조선 전기에 학문 연구를 위해 왕의 지시로 세워진 기관이다.

❶ 송파구는 취약계층 198가구에 LED조명을 무상 (   )을/ㄹ 계획이라고 발표했다.
❷ 세종대왕은 한글을 만들고 3년 후인 1446년에 이를 (   )었다/았다/였다.
❸ 한글은 자음과 모음으로 이루어진 (   )으로/로, 만든 시대와 목적이 분명한 유일한 문자이다.
❹ (   )은/는 말소리를 그대로 기호로 나타낸 것이다.

02. 빈칸에 알맞은 말을 쓰십시오.

보기 (훈민정음은)~~은/는~~ 세종대왕이 1443년에 한글을 ❶ (   )었을/았을/였을 당시의 이름으로, 백성을 가르치는 올바른 소리라는 의미이다. 한글은 해설서가 있는 유일한 문자인데 제자 원리와 사용법을 설명해 놓은 ❷ (   )을/를 보면 기본 자음인 ·, ㅡ, ㅣ는 ❸ (   ) 즉, 하늘, 땅, 사람을 상징하고, ㄱ, ㄴ, ㅁ, ㅅ, ㅇ 5개의 기본 자음은 각각 목(木), 화(火), 토(土), 금(金), 수(水)를 상징한다. 훈민정음에는 동양철학의 ❹ (   ) 사상이 담겨 있는 것이다.

문법 1 이야말로/야말로

- 명사 뒤에 써서 앞 말을 강조하여 확인하는 뜻을 나타낸다.
- 명사가 자음으로 끝나면 '이야말로'를 쓰고, 모음으로 끝나면 '야말로'를 쓴다.

❶ 지금이야말로 과감한 결단력이 필요한 때이다.
❷ 너야말로 쉬어야 해. 그렇게 일만 하다가는 쓰러질 지도 몰라.
❸ 70~80년대야말로 한국이 가장 큰 경제 성장을 이루었던 시기입니다.
❹ 잘 먹고 잘 자는 것이야말로 건강을 유지할 수 있는 비결이다.

01. 보기 와 같이 연결하고 문장을 완성하십시오.

보기 농업	두뇌 발달이 이루어지는 결정적인 시기입니다.
❶ 감정을 표출시키는 것	용기가 필요한 일이라고 할 수 있다.
❷ 김 교수	정신을 건강하게 유지할 수 있는 최고의 방법이다.
❸ 생후 2년간	그 나라의 산업을 지탱하는 버팀목이다.
❹ 제철 음식	이번 프로젝트에 적합한 인물이 아닐까요?
❺ 자신의 실수를 인정하는 것	건강에 가장 좋은 약이라고 할 수 있습니다.

보기 농업이야말로 그 나라의 산업을 지탱하는 버팀목이다.

❶ ____________________

❷ ____________________

❸ ____________________

❹ ____________________

❺ ____________________

02. 보기 와 같이 대화를 완성하십시오.

보기 가: 한글 창제는 애민정신에서 비롯되었다지요?
나: 네, 애민정신이야말로 ~~이야말로/야말로~~ 한글을 창제하게 된 가장 큰 동기라고 할 수 있어요.

❶ 가: 매보다 무관심이 더 무섭지 않아요?
나: 맞아요. ____________ 이야말로/야말로 가장 무서운 벌인 것 같아요.

❷ 가: 10분짜리 한국어 동영상 강의를 개발하고 있다면서요?
나: 네, ____________ 이야말로/야말로 스마트폰 세대에게 가장 쉽게 다가갈 수 있는 방법이니까요.

❸ 가: 외국어능력은 글로벌 인재가 갖춰야 할 필수 조건 아니에요?
나: 그럼요. ____________ 이야말로/야말로 요즘 같은 글로벌 시대에 꼭 필요한 것이죠.

❹ 가: 걷기만 해도 운동이 되나요?
나: 되고말고요. ____________ 이야말로/야말로 가장 하기 쉬우면서도 효과가 좋은 운동입니다.

❺ 가: 안창호 선생은 국권 회복을 위해 학교를 세워 교육에 힘썼다면서요?
나: 네, ____________ 이야말로/야말로 나라의 미래를 좌우할 수 있는 중요한 문제니까요.

문법 2 -으려면만/려면만

- 동사나 형용사의 어간 뒤에 써서 어떤 조건이 충족되면 이러이러한 결과가 기대되는데, 아쉽게도 그 조건이 충족되지 못하여 기대하는 결과도 이루어질 수 없음을 나타낸다. 간혹 조건은 생략되기도 하며 '겠건만'보다 옛 표현이다.
- 동사, 형용사의 어간이 자음으로 끝나면 '-으련만'을 쓰고, 모음으로 끝나면 '-련만'을 쓴다.

❶ 사실대로 말하면 용서해 주련만 친구가 왜 계속 거짓말을 하는지 모르겠다.
❷ 자료의 내용이 좀 쉬우면 빨리 읽으련만 속도가 나질 않네요.
❸ 남편이 집안일을 좀 도와주면 편하련만 자기가 사용한 컵 하나도 치우질 않아요.
❹ 한 살이라도 젊을 때 시작했으면 공부하기가 쉬웠으련만 늦은 나이에 공부를 하려니 힘드네요.

01. 보기 와 같이 연결하고 문장을 완성하십시오.

보기 성격이 외향적이면 친구 사귀기가 쉽다	• 요즘은 도저히 시간이 나질 않아요.
❶ 밥만 잘 먹어도 좀 건강해지다 •	• 번호를 모르니 기다릴 수밖에 없죠.
❷ 전화번호를 알면 연락해 보다 •	• 나는 내성적이어서 친구 사귀는 데 시간이 오래 걸려요.
❸ 시간이 나면 아이와 같이 놀아 주다 •	• 빨리 가려다가 사고를 내고 말았어요.
❹ 약으로 치료할 수 있으면 좋다 •	• 우리 아이는 편식이 너무 심해요.
❺ 제가 끼어들지 않았으면 사고가 나지 않았다 •	• 수술을 해야 한다니 걱정이에요.

보기 성격이 외향적이면 친구 사귀기가 쉬우련만 나는 내성적이어서 친구 사귀는 데 시간이 오래 걸려요.

❶ ______________________________

❷ ______________________________

❸ ______________________________

❹ ______________________________

❺ ______________________________

02. 다음은 식당을 운영하고 있는 사람의 고민입니다. 알맞은 말을 골라 이야기를 완성하십시오.

- 뭔가 손님을 끌 수 있는 기발한 메뉴가 떠오르면 좋겠다.
- 매출이 오르면 돈을 모아 가게를 좋은 곳으로 옮기고 싶다.
- 이런 속마음을 누구에게든 털어 놓으면 속이 시원할 것 같다.
- 좀 더 일찍 자리를 잡았으면 좋았을 것이다.
- 식당이 길가에 있으면 손님이 많이 올 것이다.
- 친구도 같이 고민하면 혼자 생각하는 것보다 나을 것 같다.

친구와 식당을 시작한 지 일 년이 되었다. 그럭저럭 식당을 운영하고 있지만 원하는 만큼 장사가 잘 되지 않아 걱정이다. **보기** 뭔가 손님을 끌 수 있는 기발한 메뉴가 떠오르면 좋으련만 ~~으련만/련만~~ 이것저것 만들어 봐도 '이 맛이야!' 하는 게 나오질 않는다. ❶ ____________ 으련만/련만 친구는 너무 조급해하지 말라는 얘기만 한다. 그리고 ❷ ____________ 으련만/련만 너무 골목 안에 있어서 손님이 더 없는 것 같다. ❸ ____________ 으련만/련만 아직은 그럴 형편이 못된다. ❹ ____________ 으련만/련만 적성에 맞지도 않는 회사를 다니다가 뒤늦게 개업을 한 것도 요즘 후회가 된다. ❺ ____________ 으련만/련만 아내에게 얘기하면 걱정만 할 것 같아 답답할 따름이다.

활동 위에서 배운 어휘와 문법을 사용하여 다음 중 하나를 골라 이야기해 보십시오.

- 각국의 문자 소개
- 한글의 특징을 알고 있는대로 이야기하기

보기 아랍 문자는 자음 28자로 이루어져 있어요. 원래 아랍어를 표기하기 위해서 개발되었지만 말레이어, 터키어 등에도 사용된 적이 있다고 해요. 글씨는 오른쪽에서 왼쪽으로 쓰며 각 문자는 이어서 쓰고, 같은 문자라도 위치에 따라 글자모양이 달라져요. 한글처럼 읽기가 쉬우면 좋으련만 한 글자의 형태가 단독형, 어두형, 어중형, 어말형으로 4가지가 있기 때문에 읽는 것이 쉽지 않아요.

제 6 과 사회

01 인간과 사회
02 다문화 사회
03 가족의 변화와 미래
04 기업의 사회공헌

01 인간과 사회

학습목표 인간과 사회 관련 어휘를 익혀서 활용할 수 있다.
'-는다기보다는', '-지 않고서는' 표현을 익혀서 활용할 수 있다.

인간이 로빈슨 크루소처럼 아무도 없는 무인도 같은 곳에서 혼자 산다면 어떨까요? 아마 삶의 의미를 찾을 수 없을 겁니다. 사람은 본능적으로 타인과의 관계 속에서 삶의 의미와 행복을 찾고 느끼게 됩니다. 그런데 다른 사람이 존재하지 않는 곳에서 홀로 산다는 것은 행복을 추구하는 인간적인 삶이라기보다는 단지 생명을 이어가는 것에 불과하다고 할 수 있습니다.

인간은 사회 없이 존재할 수 없습니다. 인간은 본능적으로 집단을 형성하고 그 관계 속에서 개인의 삶을 영위하는 사회적 동물입니다.

개인이 속하는 최초의 사회라 할 수 있는 가족 집단에서부터 거대한 조직인 국가에 이르기까지 개인은 다양한 집단에 소속되어 있고 또한 스스로 다양한 조직을 형성하기도 합니다. 그리고 집단과 조직은 그 구성원들을 통제할 뭔가를 만들지 않고서는 그 집단과 조직의 질서를 유지할 수가 없습니다. 그래서 생겨난 것이 규범이지요. 관습이나 법 같은 사회 규범은 인간 스스로가 자신들의 사회를 무너뜨리지 않고 지탱해 가고자 하는 절실함에서 비롯된 약속입니다. 이런 약속들이 만들어지지 않고 지켜지지 않았다면 사회를 구성하는 다양한 집단과 조직, 그리고 그 속에 소속되어 살아가는 인간은 지금까지 존속하지 못했을지도 모릅니다.

새 어휘

본능적	자식에 대한 부모의 사랑은 본능적이다. 다가올 자연재해를 본능적으로 느끼는 동물들이 있다고 한다.
홀로	같이 놀던 친구들이 모두 집으로 돌아가고 놀이터에 나만 홀로 남았다. 모두 잠든 깊은 밤 홀로 깨어 파도소리를 들으며 옛 추억을 생각했다.
불과하다	실천이 따르지 않는 목표는 이룰 수 없는 꿈에 불과하다. 1900년 16억에 불과하던 세계인구가 2000년에는 62억이 넘었다.
영위하다	집은 생활을 영위하는 데에 불편하지 않을 정도의 공간이면 충분하다고 생각한다. 환경을 보전하는 것은 인류가 건강한 삶을 영위하는 데 필수적인 조건이다.
이르다	서양의 한 철학자는 인간의 절망을 죽음에 이르는 병으로 보았다. 이 신제품은 젊은층은 물론 노년층에 이르기까지 모든 여성 소비자를 만족시킬 수 있는 영양크림입니다.
무너뜨리다	동생은 화가 나서 형이 쌓아 놓은 장난감 탑을 무너뜨렸다. 국민들은 민주화 운동을 통해 독재 정권을 무너뜨리고 민주 국가를 세우고자 하였다.
지탱하다	탁자 위에 쌓인 물건의 무게를 지탱하지 못해 다리가 부러졌다. 국가를 지탱하는 힘은 몸과 마음이 건강한 국민 개개인에게서 나온다.
절실하다	우리나라는 저출산, 고령화 문제에 대한 대책 마련이 절실하다. 그 사람이 떠난 후에야 나에게 그 사람이 얼마나 소중한 존재인지 절실하게 느꼈다.
소속되다	그 연구소는 대학교에 소속된 기관이다. 국내 프로 농구팀에 외국인 선수가 여러 명 소속되어 있다.
존속하다	간통죄는 2014년까지 존속하다가 최근에 폐지되었다. 국민과 영토와 국민의 주권은 국가가 존속하기 위한 기본 조건이다.

01. 빈칸에 알맞은 말을 쓰십시오.

보기 사람은 누구나 신체에 위협을 느낄 때 (본능적으로)~~으로/로~~ 방어를 하게 된다.

❶ 4시간이나 회의를 했지만 우리는 결론에 (　　　　　)지 못했다.

❷ 경제력을 가진 신흥세력의 출현으로 산업 사회에서는 이전의 신분 제도가 더 이상 (　　　　　)기 어려워졌다.

❸ 실력이 뒷받침되지 않으면 학력은 휴지 조각에 (　　　　　)다.

❹ 역사적으로 보면 많은 나라들이 혁명을 통해 왕정을 (　　　　　)고 공화국을 세웠다.

02. 빈칸에 알맞은 말을 쓰십시오.

대기업을 상대로 김 모 씨가 **보기** (홀로) 단식 투쟁을 하고 있었습니다. 김 씨는 회사가 많은 직원을 부당하게 해고했다며 진실을 밝혀달라고 3주 째 단식을 해서 몸을 ❶ (　　　　　)기가 힘들어 보였습니다. 김 씨는 그 회사에 ❷ (　　　　　)어/아/여 10년 이상 일해 왔는데 하루아침에 해고를 당해 생계를 ❸ (　　　　　)을/ㄹ 수 없게 되자 이렇게 시위를 벌이게 되었다고 합니다.

앞으로는 이런 일이 일어나지 않도록 근로자를 보호할 수 있는 법적 정치가 ❹ (　　　　　)게 요구됩니다.

주제 어휘

인간과 사회	• 집단	• 조직	• 공동체	• 구성원	• 결속력
	• 관습	• 법	• 사회 규범	• 질서를 유지하다	• 질서를 어지럽히다

01. 빈칸에 알맞은 말을 쓰십시오.

보기 초등학생들이 학교 급식을 먹은 후 (집단) 식중독 증세를 보였다.

❶ 이 책은 기업이 어떻게 하면 경쟁력 있는 (   )이/가 될 수 있는지를 소개하고 있다.

❷ 중세 시대의 종교적인 규율은 현대 사회의 법만큼 강제성이 강한 (   )이었다/였다.

❸ (   )은/는 현대 사회에서 인간이 만든 가장 강력한 사회 규범이라고 할 수 있다.

❹ 학부모들이 학교 주변의 교통 (   )기 위해 교통 봉사단을 만들었다.

02. 빈칸에 알맞은 말을 쓰십시오.

농경사회에서는 **보기** (구성원)들이 서로 힘을 모아 농사일을 해야 했기 때문에 구성원들 간에 ❶ (   )이/가 중요했다. 따라서 서로가 하나라는 ❷ (   ) 의식이 강했으며 전통적으로 내려오는 집단 내의 ❸ (   )을/를 지키지 않고 ❹ (   )는 사람은 그 집단에서 추방당하기도 했다.

문법 1 -는다기보다는/ㄴ다기보다는/다기보다는

- 동사나 형용사의 어간 뒤에 써서 앞의 내용이라고 말하느니 차라리 뒤의 내용으로 표현하는 것이 더 낫다는 뜻이다.
- 동사의 어간이 자음으로 끝나면 '-는다기보다는'을 쓰고, 모음으로 끝나면 '-ㄴ다기보다는'을 쓴다. 형용사의 어간 뒤에서는 '-다기보다는'을 쓴다.

❶ 입맛이 없어서 밥을 먹는다기보다는 모래알을 씹는 것 같았다.
❷ 친구들의 도움이 고맙다기보다는 부담스러웠다.
❸ 김영수 씨는 배우라기보다는 친근한 옆집 아저씨 같다.
❹ 이 상은 제 능력이 좋아서 받았다기보다는 저의 팀원들의 노력 덕분에 받은 것입니다.

01. 보기 와 같이 연결하고 문장을 완성하십시오.

보기 제가 가르치다 •		• 개성 있게 생겨서 독특한 매력이 있다.
❶ 이목구비가 잘 생겼다 •		• 오히려 학생들한테서 많이 배우고 있습니다.
❷ 그 분의 성격은 꼼꼼하다 •		• 부탁에 가깝다.
❸ 사장님의 말씀은 명령이다 •		• 소심하다고 하는 게 더 맞을 것 같다.
❹ 자식이 잘되기를 바라는 것은 자식을 위해서이다 •		• 오해를 풀려고 간 것이다.
❺ 그 사람에게 잘잘못을 따지려고 갔다 •		• 부모 자신을 위해서인지도 모른다.

보기 제가 가르친다기보다는 오히려 학생들한테서 많이 배우고 있습니다.

❶ ______________________________

❷ ______________________________

❸ ______________________________

❹ ______________________________

❺ ______________________________

02. 다음은 친구와의 여행 일기입니다. 알맞은 말을 골라 이야기를 완성하십시오.

• 여행이다	• 가을바람이다	• 시간이 없어서다
• 관광지에 왔다	• 노래를 부르다	• 음식을 씹다

지난 주말에 모처럼 대학 동창 3명과 1박 2일 가을 여행을 갔다. 우리는 금요일 점심쯤 출발했는데 거리가 가까워서 **보기** 여행이라기보다는 ~~이라기보다는/라기보다는~~ 하루의 가을 소풍에 가까웠다. 우리가 숙박한 곳은 주변이 너무 고요해서 ❶ ________ 는다기보다는/ㄴ다기보다는/다기보다는 기도하러 깊은 산속에 온 느낌이었다. 저녁이 되어 바람이 불었는데 너무 따뜻해서 ❷ ________ 이라기보다는/라기보다는 봄에 부는 훈풍 같았다.

같이 간 친구 한 놈은 점심도 못 먹었다면서 정신없이 저녁을 먹었다. 어찌나 급히 먹는지 ❸ ________ 는다기보다는/ㄴ다기보다는/다기보다는 들이키는 것 같았다. 우리는 다들 직장 생활에 쫓겨 몇 년 동안 만날 시간이 없었다. ❹ ________ 이라기보다는/라기보다는 사실 시간을 낼 정신적인 여유가 없었던 것이다. 오랜만에 만난 우리는 많은 이야기를 나누며 술도 한잔 하고 노래도 불렀다. 음치인 친구 한 놈은 ❺ ________ 는다기보다는/ㄴ다기보다는/다기보다는 고함을 지르는 것 같았다. 우리는 10년 전의 대학생 때로 돌아간 것 같았다.

문법 2 -지 않고서는

- 동사나 형용사의 어간 뒤에 써서 앞선 사실이 당연하거나 꼭 필요함을 강조하여 그렇지 않으면 뒤에 오는 사실이 불가능함을 나타낸다. 이 때 '-지 않고서는 -을/ㄹ 수 없다'의 구성으로 많이 쓰인다.

❶ 검사를 해보지 않고서는 정확한 진단을 내릴 수 없습니다.
❷ 돈이 많지 않고서는 그렇게 큰 규모의 사업을 벌일 수가 없을 것이다.
❸ 실력을 갖추지 않고서는 국비 유학 장학생으로 선발될 수 없다.
❹ 중증 장애인은 도움을 받지 않고서는 혼자서 살아가기 힘듭니다.

01. 보기 와 같이 문장을 바꾸십시오.

보기 공부를 해봐야 왜 공부를 해야 하는지를 알 수 있다
➡ 공부를 해보지 않고서는 왜 공부를 해야 하는지를 알 수 없다.

❶ 수술해야 완치가 가능합니다.
➡ ____________________

❷ 키가 커야 모델이 될 수가 있다.
➡ ____________________

❸ 공공요금을 인하해야 물가가 안정될 수 있다.
➡ ____________________

❹ 이 곳 지리를 잘 아는 사람이어야 그 가게를 쉽게 찾을 수가 있어요.
➡ ____________________

❺ 파트너에 대한 믿음을 가져야 이런 위험한 일을 해낼 수 있을 것이다.
➡ ____________________

02. 다음은 한국 사회에 대한 신문 칼럼입니다. 알맞은 말을 넣어 이야기를 완성하십시오.

최근 조사에 따르면 한국 청소년들의 행복지수가 경제협력개발기구(OECD) 회원국 중에 거의 꼴찌라고 한다. 우리 청소년들이 정신적으로 건강하고 여유 있는 삶을 살기 위해서는 교육제도에 많은 변화가 필요하다. **보기** 교육제도가 변하 지 않고서는 청소년들은 불행한 학창시절을 보내게 될 것이다. 우선 치열한 경쟁을 부추기는 입시 제도를 바꿔야 한다고 생각한다. 지금의 ❶ ____________ 지 않고서는 입시 지옥이라는 경쟁 속에서 청소년들이 제대로 공부할 수가 없다. 그리고 다양한 경험과 여가활동, 인성 교육 중심으로 공교육이 활성화되어야 한다. ❷ ____________ 지 않고서는 사교육이 줄지 않을 것이다. 또한 학벌 중심의 인식을 바꾸고 학력 차별을 없애야 한다. ❸ ____________ 지 않고서는 일류 대학 진학에 대한 열망은 사라지지 않을 것이고 사교육을 더욱 부추기게 될 것이다. 그리고 우리 사회는 모두가 다 성공하려는 성공 지향주의를 버려야 한다. 이런 사고방식을 ❹ ____________ 지 않고서는 치열한 경쟁은 사라지지 않을 것이다. 무엇보다도 가장 중요한 것은 우리 모두가 함께 더불어 살아간다는 인식을 가지고 서로 배려하며 살아가야 한다. 이런 ❺ ____________ 지 않고서는 나 중심의 개인주의와 이기주의가 심해지고 경쟁도 더 치열해질 것이다.

활동

위에서 배운 어휘와 문법을 사용하여 다음 중 하나를 골라 이야기해 보십시오.

- 자기나라의 역사 속에서 당시의 사회를 지탱하기 위해 있었던 관습이나 제도
- 현대 사회에서 자기나라에 필요하다고 생각하는 법이나 제도
- 현대 사회에서 자기나라에 맞지 않는 법이나 제도

보기 암행어사 제도는 조선시대에만 있었던 독특한 비밀 감찰제도입니다. 암행어사는 왕이 직접 임명하며, 비밀리에 전국에 파견되었는데 왕의 신임을 얻지 않고서는 암행어사가 될 수 없었습니다. 파견된 암행어사는 각 지방 관리들의 비리를 조사해 왕을 대신해 벌을 내리기도 하고 백성들의 억울한 문제를 해결해 주기도 했습니다. 이 제도는 다른 나라에서는 유래를 찾아볼 수 없는 한국 고유의 제도로서 4백여 년간 존속했습니다.

02 다문화 사회

학습목표 다문화 사회 관련 어휘를 익혀서 활용할 수 있다.
'-긴 -나 보다', '-거니와'를 익혀 활용할 수 있다.

리에 며칠 전에 영화를 보러 극장에 갔는데 여기가 어느 나라인지 모를 정도로 외국인이 많더라고요. 외국인과 한국인 커플도 많았고요.

미선 요즘 외국인과 결혼하는 한국 사람들이 많아지긴 많아졌나 봐요. 제 친구들 중에서도 두 명이나 외국 사람과 결혼을 했거든요.

리에 요즘 국제결혼이 전체 결혼의 10%를 차지한대요. 심지어 농촌 지역의 초등학교 같은 경우는 학생 4명 중 1명이 다문화가정 자녀인 곳도 있어요. 이런 현상들을 보면 한국을 더 이상 단일민족 국가라고는 할 수 없을 것 같아요.

미선 국제결혼도 국제결혼이거니와 유학생, 주재원 등과 같은 장단기 체류 외국인이 증가하면서 급속하게 다문화 사회가 된 것 같아요. 그럼 이런 다문화 사회에서 우리는 어떻게 살아야 할까요?

리에 특정 문화에 무조건 적응하도록 강요하는 것은 지양해야 할 것 같아요. 역지사지의 마음으로 서로 다른 문화와 정체성을 인정할 수 있을 때 진정 그 사회가 하나로 응집력 있게 통합될 수 있는 거지요.

미선 맞아요. 틀린 것이 아니라 다르다는 것을 인식하고 받아들일 수 있는 포용력이 있어야 하는 거죠. 살색이 아니라 살구색이란 단어를 사용하기 시작한 것도 그런 노력의 시작이 아닐까요?

새 어휘

심지어	설 연휴 기간의 기차표가 다 매진되었을 뿐만 아니라 심지어 입석표도 다 팔렸다. 오랜 혼수상태에서 깨어난 할머니는 사람들을 못 알아보셨고 심지어는 할아버지도 못 알아보셨다.
단일민족	하나의 순수한 민족으로 이루어진 국가를 단일민족이라고 한다. 국제 교류가 활발해지면서 앞으로는 단일민족이라는 개념이 사라질 것이다.
주재원	주재원으로 3년 동안 중국에 파견 근무를 가게 되었다. 내란으로 인해 현지 상황이 불안해지면서 주재원과 교민의 안전이 우려된다.
체류	통계청에 따르면 올해 국내에 체류하는 외국인이 200만 명을 넘었다고 한다. 국내에서 90일 이상 체류하려는 외국인들은 출입국 관리 사무소에서 외국인 등록증을 발급받아야 한다.
급속하다	전염병의 급속한 확산으로 국민들이 불안해하고 있다. 고령화가 급속하게 진행됨에 따라 그에 대한 대책 마련도 시급하다.
지양하다	상대 후보자에 대한 근거 없는 비난은 지양해야 한다. 창의력을 키우기 위해서는 획일적인 교육을 지양해야 한다.
역지사지	역지사지란 말처럼 상대방의 상황에서 생각해보면 이해 못할 일이 없다. 네가 그 사람이라면 어떻게 할지 역지사지로 생각해 봐.
진정	네가 나에 대해 나쁜 말을 하고 다닌다면서? 네가 진정 내 친구라면 어떻게 그럴 수 있니? 글이 제대로 쓰이지 않자 그 작가는 자신이 진정 작가로서의 자질을 갖추고 있는지 고민하게 되었다.
응집력	주전 선수의 부상은 오히려 대표 팀의 응집력을 강화시켰다. 물은 대부분의 액체보다 응집력이 강하다.
살구색	이번 봄에는 살구색 원피스가 유행이라고 한다. 작년에 출시된 이 와인은 연한 살구색의 화이트 와인으로 달콤한 맛이 특징이다.

01. 빈칸에 알맞은 말을 쓰십시오.

보기 한 겨울에 (살구색) 스타킹을 신으면 추워 보인다.

❶ 그 둘은 정말 닮았어. (   ) 걷는 뒷모습까지 닮았어.

❷ 가계 빚을 줄이기 위해 과소비를 (   )어야/아야/여야 한다.

❸ 국가가 위기 상황일 때 정부는 국민들의 (   )을/를 강화시키려고 노력한다.

❹ 한국은 오랜 시간 동안 단일한 언어와 문화를 지켜 온 (   )이다.

02. 빈칸에 알맞은 말을 쓰십시오.

외국과의 교류가 활발해지면서 외국에 지사를 설립하는 회사가 **보기** (급속하)게 증가하고 있다. 외국에 지사를 설립하면 그 곳에 ❶ (   )을/를 파견하게 되는데, 이들이 현지에서 ❷ (   )하다 보면 문화적인 차이로 인해 여러 가지 문제를 겪을 수밖에 없다. 이때 상대방의 입장에서 이해하는 ❸ (   )의 사고방식으로 그들의 문화를 이해해야 그 사회 안에서 ❹ (   ) 그 사회의 일원으로 살아갈 수 있을 것이다.

주제 어휘

다문화 사회					
	• 다민족	• 다문화	• 이주	• 단일민족	• 다문화 지원센터
	• 차별	• 편견	• 고정 관념	• 화합	• 갈등

01. 빈칸에 알맞은 말을 쓰십시오.

보기 말레이시아는 말레이계, 중국계, 인도계 등으로 이루어진 (다민족) 국가이다.

❶ 노사 간의 (　　　　　　)을/를 해결하기 위해서는 서로 간의 이해와 대화가 필요하다.

❷ 현대 사회가 평등화되었다고 하지만 여전히 보이지 않는 남녀 (　　　　　　)이/가 존재하고 있다.

❸ 하나의 민족으로 이루어졌다는 (　　　　　　) 의식은 위기에서 나라를 다시 일으키게 하는 힘이 된다.

❹ 권기옥은 비행기 조종과 같은 위험한 일은 남자만 할 수 있다는 (　　　　　　)을/를 깨고 한국에서 비행기 조종에 도전한 최초의 여성이다.

02. 빈칸에 알맞은 말을 쓰십시오.

농어촌 지역의 남성들이 외국인과 결혼하는 경우가 많아지면서 이 지역에 보기 (이주) 여성들이 많아졌고 그 결과 한 가정 안에 여러 나라의 문화를 가지고 있는 ❶ (　　　　) 가족이 많아졌다. 그러면서 결혼은 같은 민족끼리 해야 한다는 ❷ (　　　　) 이/가 깨지고 있다. 지방자치단체는 지역사회와 이들이 문제없이 잘 ❸ (　　　　)하기 위해 여러 가지 정책을 도입하였는데, 대표적인 것이 ❹ (　　　　　　)의 설립이다.

문법 1 -긴 -나/은가/ㄴ가 보다

- 동사나 형용사의 어간 뒤에 써서 어떤 사실이나 상황으로 미루어 그런 것 같다고 추측하는 의미를 나타낸다. 이 때 말하는 사람의 추측을 나타내므로 '나'나 '우리'가 주어로 쓰이면 잘못된 문장이 된다. '-긴'을 사용하여 동사를 반복함으로써 의미가 강화되는 효과가 있다.
- 동사나 '있다', '없다'의 어간 뒤에서는 '-나 보다'를 쓰고, 형용사의 어간이 자음으로 끝나면 '-은가 보다'를, 모음으로 끝나면 '-ㄴ가 보다'를 쓴다.

❶ 쌀이 많이 남아 돈다는 걸 보니 사람들이 밥을 안 먹긴 안 먹나 봐요.

❷ 콘서트표가 1분 만에 매진된 걸 보면 그 가수가 인기가 많긴 많은가 봐요.

❸ 별장까지 있다는 걸 보면 유리 씨가 부자이긴 부자인가 봐.

❹ 리에 씨가 성적이 많이 오른 걸 보니 공부를 많이 하긴 많이 했나 봐요.

01. 알맞은 말을 골라 보기 와 같이 문장을 완성하십시오.

• 불경기이다	• 시험을 잘 봤다	• 건강에 신경을 많이 쓰다
• 요즘 바쁘다	• 파란색을 좋아하다.	• 음식에 관심이 많아지다

보기 요리 프로그램이 많아진 걸 보면 사람들이 음식에 관심이 많아지 긴 많아졌나 ~~나/은가/ㄴ가~~ 봐요.

❶ 리에 씨한테서 연락이 없는 걸 보니 ________ 긴 ________ 나/은가/ㄴ가 봐요.

❷ 영수 씨가 표정이 밝은 걸 보면 ________ 긴 ________ 나/은가/ㄴ가 봐요.

❸ 세일 기간인데도 사람들이 쇼핑을 안 하는 걸 보면 ________ 긴 ________ 나/은가/ㄴ가 봐요.

❹ 유기농 식품이 많이 팔리는 걸 보면 사람들이 ________ 긴 ________ 나/은가/ㄴ가봐요.

❺ 오늘도 파란색 옷을 입고 온 걸 보니 제임스 씨가 ________ 긴 ________ 나/은가/ㄴ가 봐요.

02. 다음은 취직이 힘든 젊은 세대를 걱정하는 두 중년 여성의 대화입니다. 알맞은 말을 골라 대화를 완성하십시오.

• 문제가 있다	• 일이 많다	• 살아남기가 힘들다
• 취업이 잘 안 되다	• 스트레스를 많이 받다	• 취업이 우선시되다

가: 취업이 안 돼서 그런지 요즘 대학생들에겐 우리 때와 다르게 낭만이 없는것 같아.

나: 맞아. 대학에 입학하자마자 취업 준비를 시작하는 학생들이 많아진 걸 보면 **보기** 취업이 정말 안 되긴 안 되나 ~~나/은가/ㄴ가~~ 봐.

가: 그래서 취업이 잘 되는 학과로 학생들이 몰리잖아.

나: 경영학과처럼 취업이 잘되는 학과의 경쟁이 높은걸 보면 적성보다는 ❶ ________ 긴 ________ 나/은가/ㄴ가 봐.

가: 힘들게 취업난을 뚫고 취직해도 힘들긴 마찬가지인 것 같아.

나: 맞아, 얼마 전에 취직한 우리 조카도 주말마다 회사에 나가는 걸 보면 ❷ ________ 긴 ________ 나/은가/ㄴ가 봐.

가: 주말은 물론이고 휴가까지 반납하면서 일하는 사람들이 많대.

나: 그렇게까지 일을 해야 하는 걸 보면 회사에서 ❸ ________ 긴 ________ 나/은가/ㄴ가 봐.

가: 요즘은 어린 학생들도 스트레스가 많은 것 같아.

나: 맞아. 정신과 상담을 받는 초등학생들이 늘고 있다는 걸 보면 학생들도 ❹ ________ 긴 ________ 나/은가/ㄴ가 봐.

가: 어떤 아이들은 학원을 대여섯 개씩이나 다닌대.

나: 그런 걸 보면 우리나라의 교육 제도가 ❺ ________ 긴 ________ 나/은가/ㄴ가 봐.

문법 2 -거니와

- 동사나 형용사의 어간 뒤에 써서 앞의 내용을 인정하면서 뒤의 사실을 덧붙임을 나타낸다. 앞의 사실에 더해 뒤의 사실까지 있어서 더 어떠하다는 것을 말할 때 주로 쓴다. 이미 끝났거나 지난 일에 대해 이야기할 때는 '-었거니와/았거니와/였거니와'형태를 사용하고 미래와 의지를 나타내고자 할 때는 '-겠거니와'를 사용한다.

❶ 부모님도 반대하거니와 성격도 안 맞아서 남자친구와 헤어졌다.

❷ 돈도 없거니와 그런 일에는 돈을 쓰고 싶지도 않다.

❸ 이 논문은 내용도 내용이거니와 형식도 제대로 갖추지 않았다.

❹ 눈도 많이 왔거니와 몸도 안 좋아서 집에 있었다.

01. 알맞은 말을 골라 보기와 같이 대화를 완성하십시오.

• 음식이 맛이 없다	• 나이가 많다	• 방이 작다
• 연기를 잘 하다	• 일을 열심히 하다	• 필기시험이 중요하다

보기 가: 그 사람 나이가 많아서 싫어?
나: 나이도 많 거니와 너무 보수적이어서 싫어.

❶ 가: 제임스 씨는 열심히 해서 성공한 것 같아요.
나: ____________________ 거니와 운도 좋아서 사업이 번창해요.

❷ 가: 저 식당은 손님이 없는 걸 보니 맛이 없나 봐요.
나: ____________________ 거니와 직원도 불친절해서 사람들이 안 가는 거예요.

❸ 가: 지난 번 필기시험 잘 봤으니까 걱정 안 해도 되겠지?
나: ____________________ 거니와 면접시험도 중요하니까 면접도 잘 준비해야 해.

❹ 가: 어제 계약하러 간다면서 왜 계약을 안 했어?
나: 직접 가서 보니까 ____________________ 거니와 주변 환경도 안 좋아서 계약을 안 했어.

❺ 가: 저 배우는 별로 잘 생기지도 않았는데 인기가 많네요. 연기를 잘 해서 그런가요?
나: ____________________ 거니와 좋은 일도 많이 해서 사람들이 좋아해요.

02. 다음은 전공 발표 수업을 어떻게 해야 하는지에 대한 두 학생의 대화입니다. 알맞은 말을 골라 대화를 완성하십시오.

- 발표를 잘 해야 한다
- 목소리의 크기가 중요하다
- 자료 준비를 잘 해야 한다
- 형식이 중요하다
- 발음과 억양이 자연스러워야 한다
- 발표지를 잘 만들어야 한다

가: 다음 주에 전공 수업에서 첫 발표가 있는데 어떻게 해야 할지 잘 모르겠어. 발표지는 형식이 중요하지?

나: 발표지는 **보기** 형식도 중요하 거니와 한국어 문법도 정확해야 해.

가: 발표할 때 시각 자료도 사용하는 게 좋겠지?

나: 그럼, ❶ ______________________ 거니와 시각 자료도 신경 써서 만들어야 해. 그래야 사람들의 집중력을 높일 수 있거든.

가: 발표할 때 또 뭐가 중요하지?

나: ❷ ______________________ 거니와 무엇보다도 그날 발표를 잘 해야 해.

가: 아직 한국말 발음이 부정확해서 걱정이야.

나: ❸ ______________________ 거니와 태도도 중요해.

가: 난 긴장하면 목소리가 작아져서 큰일이야.

나: ❹ ______________________ 거니와 떨지 않고 여유 있는 태도로 발표하는 것도 중요해.

가: 그렇구나. 더 신경써야 할 게 있어?

나: ❺ ______________________ 거니와 질문에 대답도 잘 해야 해.

가: 그럼 예상 질문도 생각해 봐야겠다.

활동 위에서 배운 어휘와 문법을 사용하여 다음 중 하나를 골라 이야기해 보십시오.

- 한국 거주 외국인들을 위해 정부에서 하고 있는 일
- 자국 거주 외국인들을 위해 각국에서 하고 있는 일

보기 서울시에서는 급속하게 증가하고 있는 외국인들의 한국 생활을 돕기 위해 서울글로벌 센터를 운영하고 있습니다. 이곳에서는 서울 생활에 필요한 각종 생활지원 서비스는 물론이거니와 한국어 교육도 실시하고 있습니다. 뿐만 아니라 외국인들이 한국 청소년들에게 자국의 문화를 소개하는 프로그램도 실시하고 있습니다.

03 가족의 변화와 미래

학습목표 가족의 변화 관련 어휘를 익혀서 활용할 수 있다.
'-다보니 그로 인해', '-기로서니' 표현을 익혀서 활용할 수 있다.

밍밍 요즘 보는 드라마에 참 특이한 가족이 나와요. 가장인 큰언니하고 동생들이 나오는데 다 부모가 달라요. 핏줄로 전혀 연결이 안 되어 있는데도 여느 가족 못지않게 서로를 아끼며 살고 있더라고요.

미선 아, 대안가족을 소재로 한 드라마인가 보군요. 가정 폭력이나 경제적인 문제 등으로 가족이 해체된 사람들이 모여 새로운 가족을 이루고 사는 거지요.

밍밍 워낙 사회가 다양해지다보니 그로 인해 예전엔 생각지도 못했던 가족의 형태도 등장하고 있군요. 옛날엔 혈연으로 연결된 관계만 가족이었잖아요?

미선 그랬지요. 하지만 혈연으로 이어진 가족일지라도 대화가 단절되고 서로에게 무관심하다면 오히려 남보다 못할 수도 있어요. 진정한 가족이란 혈연관계보다는 구성원 간의 이해와 사랑으로 이루어진 집단 아닐까요?

밍밍 그런데 가족 해체를 겪은 사람들이 또 다른 형태의 가족을 이루며 사는 걸 보면 결국 사람들은 가족을 통해 정서적인 안정과 위안을 원하는 게 아닌가 싶어요.

미선 맞아요. 그래서 요즘 반려견이라는 말까지 있잖아요?. 이러다가는 미래에는 로봇까지도 가족으로 여기는 날이 오지 않을까요?

밍밍 설마요. 아무리 세상이 변하기로서니 그렇게까지야 되겠어요?

새 어휘

특이하다	깊은 바다 속에는 생김새가 특이한 물고기들이 산다. 그 디자이너의 의상은 디자인과 색상이 특이해서 보통 사람들이 소화하기 어렵다.
여느	그 사람은 오늘도 여느 때와 다름없이 아침 일찍 집을 나섰다. 주사를 맞을 때 여느 아이들 같았으면 울었을 텐데 이 아이는 울지도 않고 잘 참네요.
못지않다	그 분은 나이는 많이 먹었을지라도 체력은 젊은이 못지않다. 이 제품은 중저가 상품이지만 명품 못지않은 품질을 자랑한다.
대안가족	'가족의 탄생'은 제각각의 사람들이 어울려 대안가족을 이루고 산다는 내용의 영화이다. 서로 싸우는 가족들에 대한 이야기를 들으면 대안가족이 진짜 가족보다 더 나을 수도 있다는 생각이 든다.
소재	그 작가는 한국전쟁을 소재로 하는 소설을 주로 썼다. 요즘은 실제 일어났던 사건을 소재로 하는 영화들이 많이 나오고 있다.
워낙	상대 팀이 워낙 강해서 도저히 이길 수가 없었다. 그 아이는 워낙 알아서 잘 하니까 잔소리를 하지 않아도 돼요.
혈연	알고 보니 그 모녀는 혈연관계가 아니었다. 혈연이나 지연보다는 능력과 실력을 따지는 사회가 되어야 한다.
정서적	음악을 들려주는 것은 아이의 정서적 발달에 좋다고 한다. 이 환자는 정서적으로 불안정한 상태이니 주위에서 신경을 많이 써 줘야 합니다.
반려견	반려견을 키우면 노년의 우울증을 예방할 수 있다고 한다. 미국의 한 자산가는 반려견에게 자신의 전 재산을 상속했다.

01. 빈칸에 알맞은 말을 쓰십시오.

보기 예술가들은 작품을 만들 때 (소재)의 제한을 받아서는 안 된다.

❶ 가정 폭력, 가족 해체를 겪은 사람들이 모여 새로운 형태의 가족인 (　　　　　)을/를 이루며 살기도 한다.

❷ 그 사람은 (　　　　　) 말이 없어서 같이 대화하는 사람들이 답답해해요.

❸ 올해는 (　　　　　) 해보다 비가 적게 내려 가뭄이 심하다.

❹ 오랫동안 외부 세계와 교류가 없던 그 부족은 다른 곳에서는 볼 수 없는 (　　　　　)은/ㄴ 풍습을 가지고 있다.

02. 빈칸에 알맞은 말을 쓰십시오.

얼마 전 미국의 한 억만장자가 자신의 **보기** (반려견)에게 한국 돈으로 약 140억 원의 재산을 물려줘 화제가 됐습니다. 사실 그 여성에게는 친아들이 하나 있었습니다. ❶ (　　　　　) 부모 같았으면 자식에게 재산을 물려주었겠지만 그녀는 아무리 피를 나눈 ❷ (　　　　　)일지라도 평소에 왕래도 없고 병이 든 자신을 돌보지 않은 아들을 자식으로 인정하지 않았습니다. 그녀에게 필요한 것은 ❸ (　　　　　)인 위안이었고 반려견이 어느 자식 ❹ (　　　　　)게 그 역할을 해 주었던 것입니다.

주제 어휘

가족의 변화	
	• 일인가족(일인가구) • 비동거가족 • 대안가족 • 혈연 • 비혈연 • 도시화 • 산업화 • 여성의 사회진출 • 가족 해체 • 가정 폭력

01. 빈칸에 알맞은 말을 쓰십시오.

보기 한국은 1960년대부터 (산업화가)~~이/가~~ 이루어져 주거, 교통, 통신 분야에서 많은 변화가 있었다.

❶ 대도시 주변 농촌 지역은 급속하게 (   )이/가 되어 인구가 증가하고 있다.

❷ 현대 사회에서는 경제 문제, 부부의 이혼, 불화 등으로 가족 공동생활이 무너지는 (   ) 현상이 일어나기도 한다.

❸ 가족 안에서 일어나는 (   )은/는 개인의 문제가 아니라 사회의 문제로 봐야 한다.

❹ 처음 만난 친척이지만 (   )으로/로 연결돼서 그런지 친근감이 느껴진다.

02. 빈칸에 알맞은 말을 쓰십시오.

현대 사회에서는 다양한 가족 형태가 등장하고 있다. 일이나 교육 등의 이유로 가족이지만 같이 살지 않는 보기 (비동거가족), 피를 나누지 않은 ❶ (   ) 관계의 사람들이 모여 가족처럼 사는 ❷ (   ), 그리고 가족 없이 혼자 사는 ❸ (   ) 등이 그 예이고 이는 전통적인 가족의 모습과 거리가 멀다. 이러한 가족들이 등장하게 된 이유는 여러 가지가 있지만 고학력 여성들이 증가하면서 ❹ (   )이/가 활발해진 것이 가장 큰 이유라고 할 수 있다.

문법 1 -다 보니 그로 인해

- 동사나 형용사의 어간 뒤에 써서 어떤 상황이나 사태가 원인이나 이유가 되어 부정적인 결과를 초래함을 나타낸다.

❶ 출산율이 감소하다 보니 그로 인해 고령화가 급속도로 진행되고 있다.
❷ 젊은이들이 신조어를 무분별하게 쓰다 보니 그로 인해 세대 간의 의사소통이 어려워졌다.
❸ 대학교 졸업자가 많다 보니 그로 인해 고학력 실업자가 증가하고 있다.
❹ 최근 이 지역에 지진이 잦다 보니 그로 인해 주민들의 불안감이 심해졌다.

01. 보기 와 같이 연결하고 문장을 완성하십시오.

보기 너무 바빠서 밥도 못 먹고 다니다 •	• 결혼 연령이 높아지고 있다.
❶ 1회용품 사용이 늘다 •	• 국내 유가가 상승하고 있다.
❷ 여성의 사회진출이 활발해지다 •	• 환경오염도 심해지고 있다.
❸ 대기업들이 입사 시험에서 영어 실력을 중요시하다 •	• 건강이 많이 나빠졌다.
❹ 중동 국가가 석유 공급을 줄이다 •	• 자립심이 부족한 아이들이 많아졌다.
❺ 부모들이 자녀들을 과잉보호해서 키우다 •	• 취업준비생들은 영어 학원에 다니느라고 많은 비용을 쓰고 있다.

보기 너무 바빠서 밥도 못 먹고 다니다 보니 그로 인해 건강이 많이 나빠졌다.

❶ ______________________

❷ ______________________

❸ ______________________

❹ ______________________

❺ ______________________

02. 다음은 스마트폰 사용에 대한 TV 토론입니다. 알맞은 말을 골라 토론을 완성하십시오.

- 사회생활이 가능하다
- 현대인들의 필수품이 되다
- SNS를 이용하다
- 동시에 정보를 접하다
- 들여다보며 계속 듣고 있다
- 현저히 떨어지게 됐다

사회자: 현대인들은 스마트폰을 자기 몸의 일부인 것처럼 늘 지니고 다닙니다. 이렇게 스마트폰이 보기 현대인들의 필수품이 되다 보 니 그로 인해 생활에 많은 변화들이 생기고 있습니다. 오늘은 그러한 변화들에 대해 의견을 나누어 보겠습니다.

패 널 1: 스마트폰 과잉 사용으로 우리의 건강은 나날이 나빠지고 있습니다. 스마트폰을 ❶ ________ 다 보니 그로 인해 시력이 저하되고 손목과 척추에도 무리가 가게 됩니다. 또한 스마트폰만 보다 보니 그로 인해 독서량도 ❷ ________ 고요.

패 널 2: 제 의견은 좀 다릅니다. 스마트폰으로 ❸ ________ 다 보니 그로 인해 많은 사람들이 다양한 정보를 공유할 수 있게 됐어요. 그리고 사람들이 스마트폰으로 ❹ ________ 다 보니 그로 인해 즉각적인 도움이 필요한 사람을 돕는다거나 실시간 발생하는 범죄를 예방할 수 있게 된 건 좋은 점이라고 생각해요.

패 널 1: 그러나 이렇게 사람과 직접 접촉하지 않고도 ❺ ________ 다 보니 그로 인해 자기 혼자만의 세계에 빠져 원만한 대인관계에 문제가 생기는 사람도 많아요.

문법 2 -기로서니

- 동사나 형용사의 어간 뒤에 써서 앞 문장의 사실은 인정하지만 그것이 뒤 문장의 충분한 이유나 조건이 될 수 없음을 나타낸다. 뜻을 분명하게 하고 강조하기 위해서 앞 문장은 '아무리'와 같이, 뒤 문장은 반어적 의미의 의문문 형태로 많이 쓰인다. '-기로' 또는 '-기로서'의 형태로도 쓰인다.

❶ 아무리 그 가수를 좋아하기로서니 수업까지 빠지고 콘서트에 가서야 되겠니?

❷ 아무리 용돈이 필요하기로서니 엄마 지갑에서 돈을 훔치면 어떻게 해?

❸ 내가 백수이기로서니 그렇게 대놓고 무시하면 안 되지요.

❹ 아무리 술을 많이 마셨기로서니 그렇게까지 사람이 변할 수 있나?

01. 보기 와 같이 대화를 완성하십시오.

보기 가: 정신이 없어서 지하철에다가 가방을 놓고 내렸어요.
나: 아무리 정신이 없기로서니 지하철에다가 가방을 놓고 내리면 어떻게 해요?

❶ 가: 강의가 너무 지루해서 그런지 내 옆에 앉은 학생이 자더라.
나: ______________ 기로서니 ______________

❷ 가: 성적이 떨어진 어느 고등학생이 자살을 했대요.
나: ______________ 기로서니 ______________

❸ 가: 늦게 얻은 귀한 자식이라고 그 부모가 아이가 아무리 잘못을 해도 야단을 안 친대요.
나: ______________ 기로서니 ______________

❹ 가: 선물이 마음에 안 들어서 고맙다는 인사도 안 했어요.
나: ______________ 기로서니 ______________

❺ 가: 내 생일을 잊어버려서 남자친구한테 헤어지자고 했어요.
나: ______________ 기로서니 ______________

02. 다음은 아이의 유학을 위해 따로 사는 가족에 대해 이웃들이 하는 대화입니다. 알맞은 말을 골라 대화를 완성하십시오.

• 혼자 살다	• 미국에서 공부를 하다
• 멀리 떨어져 있다	• 자주 만나지 않았다
• 돈이 많이 들다	• 아이 교육이 중요하다

가: 우리 옆집이 이사 간대. 엄마는 아이 교육 때문에 미국으로 가고 아빠만 한국에 남게 돼서 오피스텔로 옮기는 거래. 기러기 아빠가 되는 거지.

나: 아니, 뭐라고? 아무리 보기 아이 교육이 중요하기로서니 가족이 그렇게 헤어져 산다니 이해가 안 되네.

가: 기러기 아빠 중에는 혼자 살면서 끼니도 안 챙겨 먹다가 병에 걸리는 사람도 있대.

나: 아무리 ❶ ______________________ 기로서니 자기 끼니도 안 챙겨 먹나?

가: 그리고 그렇게 살다 보니 오래간만에 만나면 아이하고 아빠가 서먹서먹해 하기도 한대.

나: 뭐? 아무리 ❷ ______________ 기로서니 부모자식 간에 어떻게 그럴 수 있지?

가: 아이가 한국말을 잊어버려서 영어로 말하는 가족도 있다던데 뭐.

나: 아무리 ❸ ______________ 기로서니 어떻게 자기 모국어를 잊을 수가 있을까?

가: 심지어 돈이 많이 든다고 명절 때 한국에 안 오는 사람들도 있다고 들었어.

나: 아무리 ❹ ______________ 기로서니 명절 때도 안 온단 말이야? 그렇게 사는 사람들을 가족이라고 할 수 있을까? 그런 가족들은 얼마 못 갈 것 같은데.

가: 글쎄. 아무리 ❺ ______________ 기로서니 가족이 어디 가겠어? 가족끼리는 몸은 떨어져 있어도 마음만은 늘 함께 한다고 생각해.

활동 위에서 배운 어휘와 문법을 사용하여 다음 중 하나를 골라 이야기해 보십시오.

- 과거와 다른 형태의 가족
- 미래에 새로이 등장할 가족 형태
- 자신이 꿈꾸는 이상적인 가족 형태

보기 현대에 들어 가족의 형태가 다양해지고 있어요. 특히 도시 생활에는 소규모의 가족이 적합하다 보니 그로 인해 2~3인 가족은 물론이고 1인가구의 비율도 꾸준히 늘어나고 있어요. 이런 가운데 서울 한복판에서 공동체를 이루며 살고 있는 가족들에 대한 뉴스를 봤어요. 이 공동체는 젊은 맞벌이부부들이 모여 공동육아를 하면서 시작됐다고 하는데 여느 가족 못지않게 서로 정을 나누며 살고 있고 어려운 일은 힘을 합쳐 해결한다고 해요. 참 특이한 가족 형태이지만 요즘 같은 각박한 사회에서 따뜻한 인간관계를 이루며 사는 진정한 가족의 형태라고 생각해요.

04 기업의 사회공헌

학습목표 기업의 사회공헌 관련 어휘를 익혀서 활용할 수 있다.
'-느니만 못하다', '-는 바' 표현을 익혀서 활용할 수 있다.

기자 거동이 불편한 이들에게 나들이 차량을 제공하는 서진 그룹의 '행복 동행' 캠페인이 20주년을 맞았는데요, 이렇게 오래 유지된 비결이 뭘까요?

사장 임원들이 꾸준히 관심과 모범을 보이니 자연스럽게 분위기가 조성되었고 자동차 회사라는 특성을 살린 것도 한몫을 한 것 같습니다. 또한 회사에서 직원들의 봉사활동을 적극적으로 지원하여 자발적인 참여를 유도하고 있습니다.

기자 기업의 사회공헌 활동이 전시성, 일회성이라고 비난을 받는 경우도 있는데 이에 대해서는 어떻게 생각하십니까?

사장 회사의 인지도를 높이기 위한 내세우기식 활동은 안 하느니만 못하다고 봅니다. 사실 사회공헌 활동은 눈에 보이는 결과가 바로 나오는 일이 아니기 때문에 일회성에 그치는 경우가 있습니다만 장기적으로 지속되면 지역사회에는 물론 기업의 가치 상승에도 좋은 결과를 가져다 줄 것입니다.

기자 마지막으로 기업의 사회공헌 활동이 나아가야 할 방향에 대해서 한 말씀 부탁드립니다.

사장 기업의 궁극적인 목적은 이윤을 내는 것이지만 사회가 없으면 기업이 존재할 수 없습니다. 따라서 지역사회가 발전하도록 기업이 맡은 바 책임을 다해야겠지요. 그래서 저희 회사는 기부나 직원들의 봉사활동에 그치지 않고 소비자의 참여를 이끌어낼 수 있는 방안을 모색하려고 합니다.

새 어휘

거동	할아버지께서 뇌출혈로 쓰러지신 후 거동이 힘들어지셨어요. 동해시는 거동이 불편한 장애인들을 직접 방문해 재활 치료를 해 주고 있다.
조성되다	부산 도심에 대규모 인공 숲이 조성될 예정이다. 저출산 문제를 해결하기 위해서는 경제적 어려움 없이 아이를 키울 수 있는 사회적 여건이 조성되어야 할 것이다.
한몫을 하다	올해 우리 야구팀에 새로 들어온 막내가 팀 승리에 한몫을 했다. 주로 퇴직한 경찰관으로 구성된 '아동안전지킴이'가 아동 범죄를 줄이는 데 한몫을 하고 있습니다.
유도하다	휴대전화를 새로 바꿀 때, 손님이 비싼 요금제에 가입하도록 유도하는 경우가 종종 있으니 조심해야 합니다. 노인과 주부들에게 전화를 걸어 신용카드 연회비가 연체되었다며 결제를 유도하는 보이스피싱 범죄가 늘고 있다.
공헌	체육훈장은 우리나라의 체육 발전에 공헌한 사람에게 주는 상이다. 전문가들은 이번 정상회담이 두 나라의 관계 개선에 크게 공헌할 것이라고 전망했다
인지도	브랜드 인지도를 조사하기 위한 설문지를 만들었다. 한국의 대표적인 전자회사인 A사가 브라질에서 가장 인지도가 높은 회사로 조사되었다.
내세우다	노사가 서로의 주장만 내세우다 보면 합의점을 찾기가 어려울 것입니다. 이 제품은 같은 종류의 타사 제품과 비교했을 때 내세울 만한 장점이 없습니다.
궁극적	남북 관계를 개선하려는 것은 궁극적으로는 통일의 기반을 마련하기 위한 것이다. 제가 음악을 만드는 궁극적인 이유는 음악을 통해 사람들과 소통하고 싶기 때문입니다.
이윤	모든 기업은 이윤을 추구한다. A그룹은 이윤을 내지 못하는 계열사를 올해 안으로 정리하겠다고 발표했다.
모색하다	한국과 프랑스의 대통령이 만나 양국의 경제 협력 가능성을 모색했습니다. 앞으로 국내 농업이 나아가야 할 방향을 모색하고자 이번 토론회를 열게 되었습니다.

01. 빈칸에 알맞은 말을 쓰십시오.

보기 연애할 때 자존심만 (내세우)다 보면 좋아하는 사람을 놓칠 수도 있어요.

❶ 수술 후 다리에 마비가 왔지만 물리 치료를 꾸준히 받아 지금은 (　　　　)이/가 어느 정도 가능해졌다.

❷ 감시 카메라가 없는 골목에서 일어난 뺑소니 사건의 범인을 잡는 데 차량용 블랙박스가 (　　　　)었습니다/았습니다/였습니다.

❸ 과학에 대한 아이들의 관심을 (　　　　)기 위해 우리 학교에서는 쉽고 재미있는 실험을 많이 하고 있습니다.

❹ 저소득층 아이들이 차별받지 않고 학교생활을 할 수 있는 교육 환경이 (　　　　)어야/아야/여야 한다.

02. 빈칸에 알맞은 말을 쓰십시오.

이제 기업이 단순히 이익만을 추구해서는 지속적인 성장을 할 수 없는 시대가 되었다. 따라서 기업들은 지역사회의 발전에 **보기** (공헌)할 수 있는 여러 가지 활동을 펼치고 있다. 기업은 사회공헌 활동을 통해 회사의 ❶ (　　　　)을/를 높이고 소비자의 호감을 살 수 있다. 호감을 가지게 된 소비자는 그 회사의 제품을 구매하게 되므로, 사회공헌 활동은 ❷ (　　　　)으로는/로는 기업의 ❸ (　　　　) 증대에도 크게 기여한다. 이에 기업들은 따로 부서를 두어 사회공헌 활동 방안을 ❹ (　　　　)고 지원하기도 한다.

주제 어휘

기업의 사회공헌				
	• 사회적 책임	• 사회적 기업	• 사회 환원	• 나눔 경영
	• 동반 성장	• 상생	• 일자리 창출	• 공유 가치 창출
	• 후원	• 사회공헌 기금		

01. 빈칸에 알맞은 말을 쓰십시오.

보기 최근 기업은 봉사활동, 재능기부 등을 통해 (나눔 경영을)~~을/~~를 실천하고 있습니다.

❶ A마트의 물류센터 건립에 대해 지역 주민이 반발하자, A마트는 지역 주민과 (   ) 하기 위해 물류센터 대신 복합쇼핑몰을 건립하기로 했다.

❷ 대기업과 중소기업이 (   )할 수 있도록 중소기업의 사업 영역을 보호해 줘야 한다.

❸ B병원에서는 작년부터 병원 인근 저소득층 아이들의 급식비를 내주는 아동 (   ) 사업을 시작했다.

❹ C카드사의 임직원들이 월급의 1%를 모아 마련한 (   )을/를 한국장애인협회에 전달했다.

02. 빈칸에 알맞은 말을 쓰십시오.

이윤 추구가 최대 목적인 일반 기업과는 달리 **보기** (사회적 책임을)을/를 더 앞선 목표로 하는 기업을 ❶ (   )이라고/라고 한다. 미국에 본사를 두고 있는 신발 업체인 A사는 소비자가 신발 한 켤레를 사면 빈민국 아동에게 신발 한 켤레를 기부하는 일대일 기부방식을 통해 성공한 사회적 기업이다. 소비자가 기부와 ❷ (   )에 참여하고 있음을 직접 느끼게 한 것이 성공 요인이었다. 또한 A사는 개발도상국에 공장을 두어 그 지역의 ❸ (   )에도 기여하고 있다. 이와 같이 소비자의 공감을 이끌어내 이를 기업의 이윤과 연결시킴으로써 ❹ (   )을/를 하는 것이 기업 성공의 중요한 요소가 되고 있다.

문법 1 -느니만 못하다

- 동사의 어간 뒤에 써서 앞에서 말하는 상황이나 행위보다는 차라리 뒤에서 말하는 상황이나 행위가 더 나음을 강조하는 표현이다.

❶ 형식적인 선물을 주는 것은 선물을 안 주느니만 못하다.
❷ 환자를 더 힘들게 하는 수술이라면 안 하느니만 못합니다.
❸ 학원에 다녀 봤는데 학원의 교육 방식이 저하고 안 맞아서 혼자 공부하느니만 못했어요.
❹ 그 식당 만두가 유명하다고 해서 가 봤는데 집에서 만들어 먹느니만 못하더라.

01. 알맞은 말을 골라 보기 와 같이 문장을 완성하십시오.

• 버리다	• 고아로 살다	• 없다
• 혼자 하다	• 안 먹다	• 굶다

보기 배추 값이 폭락해 농민들은 파는 것이 __버리__느니만 못하다며 울상을 지었다.

❶ 모르는 사람과 같이 일하려니 손발이 안 맞아서 ________________느니만 못해요.
❷ 약을 꾸준히 먹지 않으면 ________________느니만 못합니다.
❸ 회사 윗분들을 모시고 불편하게 식사하는 건 ________________느니만 못하지 않아요?
❹ 형제 간에 싸움만 일으키는 재산이라면 ________________느니만 못하다고 생각합니다.
❺ 저렇게 가족끼리 증오하면서 사는 건 ________________느니만 못한 것 같다.

02. **다음은 이산가족 뉴스를 보고 친구와 나누는 대화입니다. 알맞은 말을 넣어 대화를 완성하십시오.**

정희: 민영아, 와서 이 뉴스 좀 봐. 이 할아버지는 4살 때 헤어진 아이를 65년 만에 만났대. 이틀 후면 또 헤어져야 할 텐데 너무 슬프겠다. 또 언제 볼지도 모르고 헤어져야 하는 만남이라면 보기 안 만나 느니만 못한 것 같아.

민영: 이산가족 상봉 뉴스구나. 그래도 저 분들은 그렇게 생각하지 않을 거야. 네 부모님을 찾는다고 생각해 봐. 소식이라도 궁금하지 않겠어?

정희: 잘 모르겠어. 만약에 돌아가셨다는 소식이라면 ❶ ________ 느니만 못하지 않을까?

민영: 이번에 가족을 만나지 못한 할머니가 인터뷰에서 평생 자식의 생사도 모른 채 사는 건 ❷ ________ 느니만 못하다고 하시는 걸 봤어. 얼마나 괴로우면 그렇게 말씀하셨겠어?

정희: 그래. 아무튼 앞으로는 정기적으로 이산가족이 만날 수 있었으면 좋겠다.

민영: 국회에서도 그런 논의가 있나본데, 실행 가능성 없는 약속은 ❸ ________ 느니만 못하다고 봐. 이산가족 문제는 경제적, 정치적으로 접근할 문제가 아닌데 정부가 섣불리 나섰다가 ❹ ________ 느니만 못한 결과가 나오면 어떻게 해?

정희: 맞아. 이산가족 문제가 거래 조건으로 이용되어서는 안 되지. 그나저나 민영아. 너도 희망을 가져. 저 할아버지가 아들을 기적같이 만난 것처럼 너도 언젠가는 인연을 만나게 될 거야.

민영: 그런 위로는 ❺ ________ 느니만 못하다, 친구야.

문법 2 -는/은/ㄴ 바

- 동사의 어간 뒤에 써서 앞에서 말한 내용 그 자체나 일 따위를 나타내는 말이다. 특히 '-은/ㄴ바 있다'는 '어떤 일을 한 경험이 있다'는 의미로 뒷 절의 근거로 이용되는 경우가 많다.
- 동사의 어간 뒤에서 '-는 바'를 쓰나, 과거 동사의 경우 어간이 자음으로 끝나면 '-은 바'를, 모음으로 끝나면 '-ㄴ 바'를 쓴다.

❶ 그 사건에 대해서는 전혀 아는 바가 없습니다.

❷ 이 작가의 소설은 여러 나라 말로 번역되어 외국에도 소개된 바 있다.

❸ 기업의 사회공헌에 대해서 평소에 느낀 바를 그대로 말씀하시면 됩니다.

❹ 이번에 올림픽에서 금메달을 딴 리듬 체조의 손연진은 이미 세계 대회에 여러 차례 출전한 바 있습니다.

01. 알맞은 말을 골라 보기 와 같이 문장을 완성하십시오.

- 구체적으로 결정되었다
- 수차례 경고를 받았다
- 젊은 시절 UN에서 근무했다
- 최우수 교육기관으로 선정되었다
- 우려를 나타냈다
- 제가 조사했다

보기 정리해고에 관해서는 아직 구체적으로 결정된 ~~는/은/ㄴ~~ 바 없습니다.

❶ 우리 대학은 2년 전에도 ________________ 는/은/ㄴ 바 있습니다.

❷ ________ 는/은/ㄴ 바에 따르면 요즘 소비자들은 기업의 사회공헌에도 큰 관심이 있는 것으로 나타났습니다.

❸ 이번에 임명된 외교통상부 장관은 ________________ 는/은/ㄴ 바 있습니다.

❹ 이 업체는 공장 폐수를 인근 하천으로 그대로 내보내 ____________ 는/은/ㄴ 바 있으나 취재 결과 여전히 그대로였습니다.

❺ 평론가들은 아이돌 출신이 인기만 믿고 드라마의 주인공을 맡는 것에 대해 ________ ________ 는/은/ㄴ 바 있다.

02. 다음은 회사의 창립기념식 인사말입니다. 알맞은 말을 골라 이야기를 완성하십시오.

- 대한민국의 경제 성장에 공헌했다
- 맡았다
- 나눔의 중요성을 강조하셨다
- 올해 초에 예측했다
- 최우수 기업상을 수상했다
- 시장의 주목을 받고 있다

안녕하십니까? K그룹 창립 50주년 기념식에 참석해 주신 여러분 감사합니다. 우리 K그룹은 지난 50년 간 **보기** 대한민국의 경제 성장에 공헌한 ~~는/은/ㄴ~~ 바가 큽니다. 그 공을 인정받아 지난해에는 ❶ ______________ 는/은/ㄴ 바 있습니다. 또한 그룹의 대표 제품이 올해 초 새로운 디자인으로 출시되어 ❷ ______________ 는/은/ㄴ 바, 지속적인 기술개발로 선두 자리를 지켜나가도록 해야 할 것입니다. 불황에도 불구하고 우리 그룹은 매출이 증가하여 ❸ ______________ 는/은/ㄴ 바와 같이 10% 이상의 성장을 달성할 수 있을 것으로 보입니다. 이런 성과 뒤에는 임직원 여러분의 노력이 있다는 것을 잘 알고 있습니다. 진심으로 감사드리며 계속 ❹ ______________ 는/은/ㄴ 바 일에 최선을 다해 주시기 바랍니다. 기업이 양적 성장을 이룬 만큼 앞으로는 주변을 돌아보고 나누는 일에 더욱 힘쓰고자 합니다. 창업주이신 전 회장님께서는 일찍부터 ❺ ______________ 는/은/ㄴ 바 있습니다. 이에 전담 부서를 신설하고 관련 예산을 늘릴 계획이니 많은 관심과 참여를 부탁드립니다.

활동 위에서 배운 어휘와 문법을 사용하여 다음 중 하나를 골라 이야기해 보십시오.

- 각국의 회사에서 하고 있는 사회공헌 활동
- 회사(전자회사, 식품회사, 신문사, 여행사 등)에서 할 수 있는 사회공헌 활동

보기 화장품 회사인 C사는 사회공헌 활동의 하나로 암으로 고통받는 여성들에게 화장법과 피부 관리법, 머리 손질법 등을 알려주고 있습니다. 여성 암환자들이 병 때문에 생긴 마음의 상처와 우울증을 극복하고 삶에 대한 긍정적인 태도를 가질 수 있도록 돕기 위해서입니다. 이 활동은 2008년부터 시작되었고 2011년부터는 중국으로 확장되어 상하이의 푸단대 병원에서도 진행된 바 있습니다.

제 7 과

과학

01 상대성 이론

02 인류의 역사를 바꾼 발명품

03 생명과학의 발전

04 과학 발전과 인간의 미래

01 상대성 이론

학습목표 상대성 이론 관련 어휘를 익혀서 활용할 수 있다.
'-은 끝에', '-는다뿐이지' 표현을 익혀서 활용할 수 있다.

가만히 서서 달리는 기차를 바라볼 때와 기차와 비슷한 속도로 달리는 자동차 안에서 기차를 바라볼 때의 기차의 속도는 다르게 느껴집니다. 하지만 빛의 속도는 어떤 상태에서 관찰해도 달라지지 않습니다. 이 사실은 우리가 알고 있는 '이동거리=속도×시간'이라는 공식과 맞지 않습니다.

아인슈타인은 생각을 거듭한 끝에 이 물리 법칙이 성립하고 빛이 일정한 속도를 유지하기 위해서는 정지한 상태의 관측자와 일정한 속도로 움직이는 관측자가 측정한 길이, 무게, 시간 등의 물리량이 달라야 한다는 획기적인 발상을 했습니다. 즉, 시간도 관측자의 상태에 따라 달라지는 상대적인 양이라는 얘기인데, 이것은 당시 사람들이 믿었던 물리법칙을 송두리째 흔들어 놓았습니다. 상대성이론에 따르면 속도가 빨라지면 질량이 늘어나고 중력이 커지며 강한 중력은 시간을 느리게 만듭니다.

한강에서 달리기를 하고 있는 친구와 의자에 앉아 있는 나의 시간은 다르게 갈까요? 그렇습니다. 일상생활에서 경험하는 속도는 빛의 속도에 비해 너무 느려서 시간이 느려지는 것을 우리가 느끼지 못한다뿐이지 우리 생활 속에도 미세한 시간의 차이가 엄연히 존재합니다. 자, 시간은 어디에서나 일정하게 흐른다는 고정관념에서 벗어나 봅시다. 상대성이론은 이미 여러 실험에서 정당성이 입증되었고 원자력 발전, 인공위성, 내비게이션, 휴대전화 등 우리 생활에 널리 활용되고 있습니다.

새 어휘

공식	'넓이=가로×세로'는 생활에 필요한 기본 공식입니다. 수학 공식을 외우기만 할 게 아니라 원리를 이해해야 한다.
거듭하다	드라마 내용이 반전을 거듭하며 시청자의 궁금증을 불러일으키고 있다. 기술이 발전을 거듭하여 이제는 휴대전화가 결제수단으로도 사용되고 있다.
성립하다	국가가 성립하려면 영토, 국민, 주권의 3요소가 갖춰져야 합니다. 말할 때 무례한 표현을 사용한 것만으로는 모욕죄가 성립하지 않습니다.
측정하다	혈압을 자주 측정하는 것이 뇌졸중 예방에 도움이 된다. 측우기는 세종 때 강우량을 측정하기 위해 만든 기구이다.
획기적	직원들은 '사장이 바뀌면 회사에 뭔가 획기적인 변화가 생기지 않을까'라는 기대를 하고 있다. 이번에 A사가 내놓은 화장품은 일반인을 광고 모델로 해서 광고비를 획기적으로 줄였습니다.
송두리째	사업 실패로 재산을 송두리째 날렸다. 큰 화재가 나서 건물 전체가 송두리째 타 버렸다.
중력	물건이 아래로 떨어지는 것은 중력의 영향 때문이다. 우주 비행사들은 중력이 없는 곳에서 생활하는 훈련을 받는다.
미세하다	화산재는 먼지보다도 더 미세합니다. 경찰의 조사에 답하는 증인의 목소리가 미세하게 떨렸다.
엄연히	빈부의 차이는 어느 나라에서나 엄연히 존재한다. 독감과 감기는 원인이 되는 균이 엄연히 다릅니다.
입증되다	남성보다 여성의 생명력이 강하다는 것이 여러 실험을 통해 입증되었습니다. 상대방을 해칠 의도가 있었다는 것이 입증되면 죄가 성립한다.

01. 빈칸에 알맞은 말을 쓰십시오.

보기 처벌을 강화한다고 해서 범죄가 줄지 않는다는 것이 통계로 (입증되었습니다)~~었습니다/았습니다/였습니다~~.

❶ 구두로 계약을 한 경우도 계약이 (   )습니까/ㅂ니까?

❷ 사업을 하면서 실패를 (   )다 보니 다시 사업을 할 용기가 나질 않는다.

❸ 지정된 곳 이외에 걸린 현수막은 (   ) 불법임에도 불구하고 계속 수가 늘고 있다.

❹ 이 지진 탐지기는 아주 (   )은/ㄴ 진동도 감지할 수 있다.

02. 빈칸에 알맞은 말을 쓰십시오.

아인슈타인은 1905년 특수상대성이론을 발표하는데, 이는 어떤 상태에서 보기 (측정하)는지에 따라 시간과 공간이 상대적임을 밝힌 이론이다. 이 이론으로 과학의 역사에서 가장 중요한 ❶ (   )으로/로 꼽히는 'E=mc²'이 탄생한다. 또한 1916년에는 지구가 물체를 잡아당기는 힘, 즉 ❷ (   )의 영향은 가속도의 영향과 같다는 내용의 일반상대성이론을 발표한다. 아인슈타인의 상대성이론은 200년간 가장 완전하다고 여겨진 뉴턴의 물리법칙을 ❸ (   ) 뒤바꾼 ❹ (   )인 것이었다.

주제 어휘

상대성 이론	• 질량	• 에너지	• 속도	• 중력	• 광속
	• 길이 수축	• 시간 지연	• 시공간	• 관성	• 블랙홀

01. 빈칸에 알맞은 말을 쓰십시오.

보기 'kg, mg' 등은 (질량)의 단위이다.

❶ 무게를 가진 모든 물체는 (   )의 영향을 받습니다.
❷ 물체를 움직이게 하기 위해서는 (   )이/가 필요하다.
❸ (   )은/는 빛의 빠르기를 말하는 것으로 1초에 지구를 7바퀴 반 돌 수 있는 속도입니다.
❹ 정지해 있거나 운동하던 상태를 계속 유지하려는 성질을 (   )이라고/라고 한다.

02. 빈칸에 알맞은 말을 쓰십시오.

상대성이론에 따르면 빠른 **보기** (속도로)~~으로/로~~ 운동하면 시간은 느려지고 거리는 짧아진다. 즉, ❶ (   )과/와 ❷ (   ) 현상이 일어난다. 또한 상대성이론에서는 시간과 공간을 따로 분리해서 생각하지 않고 ❸ (   )이라는/라는 하나의 개념으로 보았다. 언뜻 보아서는 잘 이해되지 않지만 상대성이론은 우리 생활과 밀접한 관련이 있다. 이 이론이 없었다면 위성위치확인시스템(GPS)을 운영할 수 없었을 것이고, 그러면 휴대전화의 지도앱을 보면서 맛집을 찾는 것도 불가능했을 것이다. 많은 공상과학 영화의 소재가 되고 있는 ❹ (   )도 이 이론에서 출발한 것이며 초현실주의 미술에도 영향을 끼쳤다고 하니, 아인슈타인도 그가 발표한 이론이 인류에 이렇게 큰 영향을 줄지 몰랐을 것이다.

문법 1 —은/ㄴ 끝에

- 동사의 어간 뒤에 써서 '오랜 시간 동안 어떤 일을 힘들게 한 후에'라는 의미로 뒤 문장에는 그 후에 얻게 되는 결과가 나온다.
- 동사의 어간이 자음으로 끝나면 '-은 끝에'를 쓰고, 모음으로 끝나면 '-ㄴ 끝에'를 쓴다.

❶ 한 달 가까이 잠복근무를 한 끝에 범인을 잡을 수 있었다.

❷ 엄격한 심사를 거친 끝에 이번 사진 공모전의 당선작이 선정되었습니다.

❸ 아인슈타인은 '중력이란 무엇일까'라는 생각에 10년 동안 매달린 끝에 일반상대성이론을 내놓게 된다.

❹ 여러 차례 항의한 끝에 김 모씨가 병을 앓은 것이 산업재해임을 인정받아 회사에서 보상금을 받았습니다.

01. 보기 와 같이 연결하고 문장을 완성하십시오.

보기 회의를 거듭하다 •	• 겨우 건물 안으로 들어갈 수 있었다.
❶ 반복적으로 연습하다 •	• 신약 개발에 성공했습니다.
❷ 여러 번의 시행착오를 겪다 •	• 꼭 만나고 싶었던 초등학교 선생님을 찾았다.
❸ 경비원과 한참 실랑이를 벌이다 •	• 노사 문제를 해결할 방법을 찾을 수 있었다.
❹ 여기저기 수소문하다 •	• 50명의 오케스트라 단원이 하나의 소리를 내게 되었다.
❺ 오늘 경기에서 브라질은 승부차기까지 가다 •	• 독일을 3:2로 이기고 월드컵 결승에 진출했습니다.

보기 회의를 거듭한 끝에 노사 문제를 해결할 방법을 찾을 수 있었다.

❶ ____________________

❷ ____________________

❸ ____________________

❹ ____________________

❺ ____________________

02. 다음은 새로운 일에 도전한 어떤 사람의 성공기입니다. 알맞은 말을 골라 이야기를 완성하십시오.

- 육개월 가까이 설득하다
- 1년 정도 방황하다
- 18시간을 기다리다
- 수없이 반복하다
- 오래 고민하다
- 우여곡절을 겪다

나는 고등학교를 졸업하고 남들이 부러워하는 일류대학의 경영학과에 들어갔지만 1학년을 마치고 부모님 몰래 휴학을 했다. 전공이 적성에 맞지 않았을 뿐만 아니라 목표도 없이 공부를 해야 한다는 것에 회의가 들었다. 나는 **보기** 1년 정도 방황한 ~~은/ㄴ~~ 끝에 요리에 재능이 있음을 알게 되었고, 요리 중에서도 빵을 만드는 것이 제일 좋아서 ❶ ______________ 은/ㄴ 끝에 유학을 결심했다. 착실히 공부해서 졸업하면 좋은 직장에 취직할 수 있을 텐데 빵이 웬 말이냐며 반대하시는 부모님을 ❷ ______________ 은/ㄴ 끝에 허락을 얻어 프랑스로 가는 비행기에 올랐다. 프랑스에 도착하기도 전부터 나의 고생은 시작되었다. 홍콩에서 환승을 하려고 기다리는데 짙은 안개로 비행기 이착륙이 지연되고 있어, ❸ ______________ 은/ㄴ 끝에 겨우 환승을 할 수 있었다. 이런 ❹ ______________ 은/ㄴ 끝에 프랑스에 도착해 제빵학교를 졸업하고 작은 빵집에 취직했다. 낮에는 빵 만드는 일을 돕고 밤에는 남은 재료로 연습하면서 실패하고 다시 만들기를 ❺ ______________ 은/ㄴ 끝에 드디어 나만의 비법을 갖게 되었다.

문법 2 -는다뿐이지/-ㄴ다뿐이지/다뿐이지

- 동사나 형용사의 어간 뒤에 서서 선행절의 내용을 인정하지만 그것은 아주 작은 부분에 해당함을 의미하며 그와 반대가 되는 내용이나 예상 밖의 내용이 후행절에 온다.
- 동사의 어간이 자음으로 끝나면 '-는다뿐이지'를, 모음으로 끝나면 '-ㄴ다뿐이지'를 쓰고, 형용사의 어간 뒤에서는 '-다뿐이지'를 쓴다.

❶ 기계에 의존해서 숨만 쉰다뿐이지 의식도 없는 사람을 살아있다고 할 수 있을까요?

❷ 아버지는 표현이 서투르다뿐이지 자식을 사랑하는 마음은 누구 못지않다.

❸ 그저 아는 사람이다뿐이지 그 사람하고 별로 친하지는 않아요.

❹ 내가 내색을 하지 않았다뿐이지 아무도 생일을 안 챙겨줘서 섭섭했어.

01. 알맞은 말을 골라 보기 와 같이 문장을 완성하십시오.

• 식당에서 일하다	• 이름만 알다
• 분위기가 좋다	• 움직이는 게 불편하다
• 나이만 먹었다	• 기운이 좀 없다

보기 식당에서 일한다뿐이지 ~~는다뿐이지/ㄴ다뿐이지/다뿐이지~~ 요리에 대해서는 아는 게 없어요.

❶ 우리 아들은 ________________ 는다뿐이지/ㄴ다뿐이지/다뿐이지 하는 짓을 보면 아직 어린 아이예요.

❷ 다리를 다쳐서 ________________ 는다뿐이지/ㄴ다뿐이지/다뿐이지 일하는 데는 아무 문제가 없어요.

❸ ________________ 는다뿐이지/ㄴ다뿐이지/다뿐이지 어디가 아픈 것은 아니에요.

❹ 그 식당은 ________________ 는다뿐이지/ㄴ다뿐이지/다뿐이지 음식이 특별히 맛있는 건 아니다.

❺ ________________ 는다뿐이지/ㄴ다뿐이지/다뿐이지 그 사람에 대해서 잘 몰라요.

02. 다음은 룸메이트와의 대화입니다. 알맞은 말을 골라 대화를 완성하십시오.

- 말수가 적다
- 열이 좀 나다
- 말만 잘 하다
- 한국에서 태어났다
- 오래 앉아 있었다
- 모양이 좀 이상하다

지수: 현정아, 나 왔어. 감기기운은 좀 어때? 병원에 가 봐야 하는 거 아니야?

현정: 괜찮아. **보기** 열이 좀 난다뿐이지 ~~는다뿐이지/ㄴ다뿐이지/다뿐이지~~ 병원에 갈 정도는 아니야. 그런데 너는 도서관에 계속 있다가 오는 거야? 공부 많이 했겠네.

지수: ❶ ____________ 는다뿐이지/ㄴ다뿐이지/다뿐이지 공부를 많이 한 건 아니야. 오늘따라 집중이 잘 안 되더라고. 그나저나 내가 소개해 준 사람은 어떤 것 같아?

현정: 나랑 사고방식이 너무 다르더라. ❷ ____________ 는다뿐이지/ㄴ다뿐이지/다뿐이지 어릴 때부터 미국에 살아서 미국 사람이나 다름없더라고. 그리고 나한테 관심이 별로 없는지 말도 별로 없고.

지수: 원래 말이 많은 사람이 아니야. ❸ ____________ 는다뿐이지/ㄴ다뿐이지/다뿐이지 정말 속이 깊고 괜찮은 사람이니까 좀 더 만나 봐. ❹ ____________ 는다뿐이지/ㄴ다뿐이지/다뿐이지 철없고 가벼운 영수보다는 낫지 않아?

현정: 알았어. 저녁이나 먹자. 어제 TV에서 칼국수 만드는 걸 보고 그대로 해봤는데 ❺ ____________ 는다뿐이지/ㄴ다뿐이지/다뿐이지 맛은 괜찮아.

활동 위에서 배운 어휘와 문법을 사용하여 다음 중 하나를 골라 이야기해 보십시오.

- 소개하고 싶은 과학자
- 우리 생활에 영향을 끼치고 있는 과학 이론

보기 장영실은 조선시대 세종 때의 과학자입니다. 강우량을 측정할 수 있는 측우기를 비롯해 물시계, 여러 천문 관측 기구, 금속활자 등 그의 발명품은 셀 수 없이 많습니다. 장영실은 기생인 어머니 밑에서 태어나 관청의 노비로 살았습니다. 그러나 신분이 낮았다뿐이지 과학적 재능이 누구보다 뛰어나 이름이 왕에게까지 전해졌습니다. 그리고 실력을 중시하던 세종의 눈에 띄어 꽤 높은 관직에까지 올랐다고 합니다.

02 인류의 역사를 바꾼 발명품

학습목표 인류의 발명품 관련 어휘를 익혀서 활용할 수 있다.
'-길래', '-은들' 표현을 익혀서 활용할 수 있다.

마리아 얼마 전 발명의 날 기념행사로 발명 전시회를 한다길래 다녀왔어요. 여성 발명가는 적을 줄 알았는데 생각보다 많아서 놀랐어요.

미 선 요즘은 사회 여러 분야에서 여성들의 활동이 두드러지지요. 그런데 여성의 사회 진출이 이렇게 활발해진 것도 불과 50년이 채 안 되었대요.

마리아 50년이요? 아니 어떻게 단기간에 여성들이 사회의 각 분야에서 이렇게 두각을 나타내게 된 걸까요?

미 선 다 피임약 덕분이지요. 마리아 씨도 아시다시피 피임약이 없던 할머니 세대만 해도 아이가 생기면 다 낳았잖아요. 임신을 하게 되면 출산과 육아를 고스란히 떠맡게 되는데 아무리 뛰어난 능력이 있다고 한들 무슨 소용이 있겠어요? 그런데 피임약의 발명으로 인해 여성들이 임신과 출산을 조절하게 된 거죠.

마리아 저는 피임약을 산아 제한을 위해 개발된 약으로만 생각했는데 단순한 신약이 아니라 인류사의 커다란 전환점이 된 거네요.

미 선 네, 여성이 임신과 육아라는 부담에서 벗어나서 주체적으로 자신의 삶을 결정하고 살아갈 수 있게 된 거죠. 그래서 많은 사람들이 피임약을 20세기 최고의 발명품으로 꼽았대요.

새 어휘

두드러지다	이번 결승전에서 김 선수의 활약이 두드러졌다. '귀를 자른 자화상'은 고흐의 예술 정신이 가장 두드러지게 나타난 작품이다.
채	그 사람은 여섯 살이 채 되기 전에 교통사고로 부모를 잃었다. 시간이 없어서 친구의 말이 채 끝나기도 전에 자리에서 일어났다.
두각을 나타내다	그 화가는 한국미술대전에서 대상을 받으면서 두각을 나타내기 시작했다. 근대 교육이 시작된 지 얼마 지나지 않아 여성들은 각 분야에서 서서히 두각을 나타내기 시작하였다.
피임약	피임약의 개발 덕분에 여성의 사회 진출이 활발해졌다. 피임약은 약국에서 바로 살 수 있는 일반 의약품이지만 부작용이 있으니 조심해야 한다.
고스란히	이 지역은 수천 년 전의 유적이 고스란히 남아 있는 곳이다. 김 할머니는 평생 모은 돈을 고스란히 한국 대학교에 기부했다.
산아 제한	중국의 산아 제한 완화에 따른 소비 증가가 예상된다. 한국은 1970년대 이후 강력한 산아 제한 정책으로 인구 증가를 막았다.
신약	그 제약 회사는 당뇨병 치료에 탁월한 효과가 있는 신약을 개발하였다. 폐암을 치료할 수 있는 신약이 시판되었지만 가격이 비싼 탓에 많은 환자들이 이용하지 못하고 있다.
주체적	한국 불교는 외래의 종교를 그대로 받아들인 것이 아니라 주체적으로 수용한 결과이다. 그 화가는 여성이 남성에게 종속되어 살던 시절에 누구에게도 의지하지 않고 주체적인 삶을 살았던 여성이다.
꼽다	'대장금'을 한류를 대표하는 작품으로 꼽는 사람들이 많다. 서울 시민들은 시급하게 해결해야 할 문제로 일자리 부족 문제를 꼽았다.

01. 빈칸에 알맞은 말을 쓰십시오.

보기 자연의 순리에 어긋난다는 이유로 (산아 제한을)~~을/~~를 반대하는 사람들도 있다.

❶ 너무 배가 고파서 라면이 ( ) 익기도 전에 먹어버렸다.

❷ 세계 대도시 중에서 서울을 안전한 도시 중 하나로 ( )는다/ㄴ다.

❸ 불치병의 하나인 혈액암을 치료할 수 있는 ( )이/가 개발되었다.

❹ 임신 초기에 복용한 ( )은/는 태아에 직접적으로 영향을 주지 않는다.

02. 빈칸에 알맞은 말을 쓰십시오.

많은 과학자들이 최고의 여성 과학자로 보기 (꼽)는 마리 퀴리는 어린 시절부터 수학과 과학에 ❶ ( )었다/았다/였다. 대학을 졸업하고 연구소에서 만난 남편 피에르 퀴리와 공동 연구를 했는데 ❷ ( )은/ㄴ 업적을 인정받아 노벨 물리학상을 수상하였다. 사고로 남편을 잃은 후 그녀는 남편과 같이 하던 연구를 완성하는 데에 온 힘을 쏟았고, 그 결과 1911년 순수 라듐을 분리해낸 공로로 노벨 화학상을 받게 되었다.

자신의 삶을 과학 연구에 ❸ ( ) 바친 마리 퀴리는 남편의 업적이 아니라 자신의 능력만으로 프랑스 국립묘지에 묻힌 최초의 여성으로 ❹ ( )인 삶을 산 여성이다.

주제 어휘

인류의 발명품	• 문자 • 피임약	• 종이 • 비행기	• 바퀴 • 전화	• 인쇄술 • 컴퓨터	• 페니실린 • 인터넷

01. 빈칸에 알맞은 말을 쓰십시오.

보기 눈의 피로를 줄이기 위해서는 (컴퓨터)의 화면을 눈높이보다 낮추어야 한다.

❶ 도로에 떨어져 있던 못이 자동차의 (　　　　)에 박혀서 바람이 빠졌다.

❷ 언제 어디서나 들을 수 있는 (　　　　) 강의가 시간이 없는 직장인들에게 인기이다.

❸ (　　　　)이나/나 모바일 앱으로 편의점 상품을 주문하면 집으로 배달해 주는 서비스가 있다.

❹ 35세 이상의 여성 흡연자가 (　　　　)을/를 장기간 복용할 경우 뇌졸중의 위험이 높아진다.

02. 빈칸에 알맞은 말을 쓰십시오.

여러분은 인류 최고의 발명품이 무엇이라고 생각하십니까? 지식이 전달되면서 문명이 발달하게 되었다는 점에서 보기 (문자를)을/를 최고의 발명품으로 꼽는 사람들이 많습니다. 이러한 지식을 가벼운 ❶ (　　　　)에다가 기록할 수 있게 되면서 학문이 급속하게 발달하게 되었고, ❷ (　　　　)의 발명으로 일일이 손으로 기록하던 것을 대량 복사하는 것이 가능해졌습니다.

한편 푸른곰팡이에서 얻은 ❸ (　　　　)은/는 인류가 세균과의 싸움에서 이기게 해 주었습니다. 그리고 라이트 형제의 ❹ (　　　　) 발명은 거리를 이동하는 시간을 단축시켰습니다.

문법 1 -길래

- 동사나 형용사의 어간 뒤에 써서 앞의 내용이 뒤 내용의 원인이나 이유를 나타낸다. 말하는 이가 의도적으로 한 행동에 대하여 이유의 의미를 나타내기도 하는데 이때는 '-는 것을 보고'의 뜻이다. 말하는 사람이 다른 것의 사실 또는 다른 사람의 행동이나 상태를 보고 그것 때문에 뒤의 내용과 같은 행동을 하게 되었다는 의미를 나타낸다.

❶ 약속시간까지 시간이 좀 남길래 은행에 들렀다가 왔어요.

❷ 비가 올 것 같길래 우산을 가지고 나왔어요.

❸ 냉장고에 아무것도 없길래 동생에게 먹을 것 좀 사오라고 했어요.

❹ 엘리베이터가 고장났길래 관리실에 전화했어요.

01. 알맞은 말을 골라 보기 와 같이 대화를 완성하십시오.

• 사람이 많다	• 버스가 안 오다	• 길을 물어보다
• 비가 오다	• 문을 닫았다	• 맛있어 보이다

보기 가: 나간다고 하더니 왜 안 나갔어?
나: 비가 오 길래 안 나갔어.

❶ 가: 밥 먹으러 간다더니 왜 다시 들어왔어?
나: ________________ 길래 그냥 들어왔어.

❷ 가: 저 사람 아는 사람이야? 저 사람하고 무슨 얘기했어?
나: 아니, ________________ 길래 가르쳐줬어.

❸ 가: 왜 오늘은 지하철을 타고 왔어요?
나: ________________ 길래 지하철을 타고 왔어요.

❹ 가: 왜 이렇게 귤을 많이 샀어?
나: ________________ 길래 같이 먹으려고 많이 샀어.

❺ 가: 그거 백화점에서 샀어?
나: 아니, ________________ 길래 시장에서 샀어.

02. 다음은 기자와 백신프로그램 개발자의 인터뷰입니다. 알맞은 말을 골라 대화를 완성하십시오.

- 사람들이 도움을 요청하다
- 불행하게 만드는 것이라는 생각이 들다
- 기업을 만들라는 조언을 하다
- 한국에도 나타났다는 기사가 났다
- 의료 기계를 많이 다루게 될 것 같다
- 바이러스를 치료할 방법을 묻다

기　자: 어떻게 해서 한국형 백신 프로그램을 개발하고 보급하게 되셨어요?

개발자: 의대생으로 공부하면서 **보기** 의료 기계를 많이 다루게 될 것 같 길래 기계어 공부를 했습니다. 그러던 중에 컴퓨터 잡지에서 컴퓨터 바이러스가 ❶ ________ 길래 제 컴퓨터와 디스크를 검사해보니 바이러스가 있더군요. 그래서 치료를 위해 백신을 연구했지요.
얼마 후 후배가 저를 찾아와 ❷ ________ 길래 방법을 알려주었는데 잘 이해를 못 하더군요. 그래서 제가 직접 프로그램을 만들어 치료를 해 주었습니다. 컴퓨터 바이러스가 치료가 된다는 소문을 들은 ❸ ________ 길래 제가 만든 백신을 무료로 배포했습니다. 그 때는 의대 교수로 재직하던 때였는데 지도 교수가 이중 생활을 하는 것은 학생을 ❹ ________ 길래 백신 제작에 모든 것을 걸기로 마음을 먹었습니다.
그래서 교수를 그만두고 비영리 법인을 만들어 무료로 배포하려고 정부 부처를 다니며 관계자들을 설득하였으나 모두 거절당했습니다. 그러던 중 소프트웨어 업체 관계자가 저를 찾아와 ❺ ________ 길래 창업을 하게 되었는데 이것이 안철수 연구소입니다. 그 후 연구원들과의 연구를 통해 계속 발전한 것이 요즘 널리 쓰이고 있는 V3 라이트이고요.

문법 2 -은들/ㄴ들

- 동사나 형용사의 어간 뒤에 써서 양보의 뜻으로 어떤 상황을 가정하여 인정한다고 하여도 그 결과가 예상과 다른 내용임을 나타낸다. 주로 '-은들/ㄴ들 -겠어요?'의 형태로 쓴다.
- 동사, 형용사의 어간이 자음으로 끝나면 '-은들'을 쓰고, 모음으로 끝나면 '-ㄴ들'을 쓴다.

❶ 네가 그렇게 심한 실수를 했는데 사과한들 다시 만나주겠어?

❷ 그렇게 늦은 시간에 방영을 하면 재미있다고 한들 누가 보겠어요?

❸ 너와 함께라면 어디인들 못 가겠어?

❹ 아무리 몸에 좋은들 맛이 없는데 사람들이 먹겠어?

01. 알맞은 말을 골라 보기 와 같이 대화를 완성하십시오.

- 아무리 맛있다
- 밤을 새우다
- 후회하다
- 건강 보조 식품을 챙겨 먹다
- 보상을 받다
- 세일을 하다

보기 가: 밤 새워서 준비하면 내일까지 발표 준비를 다 끝낼 수 있겠지?
나: 아직 하나도 안 했는데 밤을 새운들 ~~은들/ㄴ들~~ 내일까지 다 끝낼 수 있겠어?

❶ 가: 그 집 음식 맛있어 보이더라. 장사가 잘 될 것 같아.
나: ________________ 은들/ㄴ들 그렇게 비싼데 사람들이 많이 가겠어?

❷ 가: 이번 사고로 가족을 잃은 유족들에게 정부가 보상을 하기로 했다면서요?
나: 유족들이 ________________ 은들/ㄴ들 가족을 잃은 슬픔을 잊을 수 있겠어요?

❸ 가: 미리 미리 공부 좀 할걸 그랬어. 생각보다 시험이 너무 어려웠어.
나: 이제 와서 ________________ 은들/ㄴ들 무슨 소용이 있겠어?

❹ 가: 백화점과 대형 마트에서 대대적인 할인 행사를 벌인대.
나: 이렇게 경기가 안 좋은데 ________________ 은들/ㄴ들 사람들이 물건을 사겠어?

❺ 가: 요즘 건강이 좀 안 좋아진 것 같아. 건강 보조 식품 좀 챙겨먹어야겠어.
나: 그렇게 불규칙적인 생활을 하는데 ________________ 은들/ㄴ들 건강이 좋아지겠어?

02. 다음은 창던지기 선수인 '줄리어스 예고'가 어린 시절 그의 어머니와 나눈 대화입니다. 알맞은 말을 골라 대화를 완성하십시오.

• 좋아하는 일을 하다	• 네가 아무리 열심히 따라 하다
• 경제적으로 안정이 되다	• 국제 경기에 출전하다
• 네가 실력이 좋아지다	• 운동을 시작하다

어 머 니: 엄마는 네가 경찰과 같은 안정적인 직업을 가졌으면 좋겠구나.

줄리어스: 어머니, 경찰이 되어서 **보기** 경제적으로 안정이 된들 ~~은들/ㄴ들~~ 제가 행복하겠어요? 저는 제가 하고 싶은 일을 하면서 살고 싶어요.

어 머 니: 너도 알다시피 우리집안의 형편이 안 좋잖니. 네가 안정적인 직업을 가졌으면 좋겠다. ❶ ______________ 은들/ㄴ들 돈을 못 벌면 무슨 소용이 있겠니?

줄리어스: 그래도 전 열심히 해서 세계적인 창던지기 선수가 되고 싶어요.

어 머 니: 케냐에는 훈련 시설도 없고 널 가르쳐 줄 코치도 없는데 ❷ ______________ 은들/ㄴ들 어떻게 세계적인 선수가 될 수 있겠어?

줄리어스: 인터넷 동영상을 보면서 똑같이 따라하면 될 거예요.

어 머 니: 봐주는 코치도 없는데 ❸ ______________ 은들/ㄴ들 실력이 좋아지겠니?

줄리어스: 열심히 하면 언젠가는 좋아지겠죠.

어 머 니: 케냐에는 대표팀도 없는데 ❹ ______________ 은들/ㄴ들 국제 경기에 출전할 자격을 얻을 수 있을까?

줄리어스: 제가 실력만 있다면 국제 대회에 출전할 수 있을 거예요.

어 머 니: ❺ ______________ 은들/ㄴ들 세계적인 선수들을 재치고 우승할 수 있겠어?

줄리어스: 지켜봐 주세요. 엄마, 전 꼭 세계적인 선수가 될 거예요.

그는 이러한 부모님의 반대와 주변 사람들의 우려에도 불구하고 인터넷 동영상을 통해 기술을 배우며 꾸준히 기량을 키웠다. 그리고 13년간 묵묵히 노력한 끝에 2015년 세계육상선수권 대회에서 세계 정상에 오르며 세계를 놀라게 했다.

활동 위에서 배운 어휘와 문법을 사용하여 다음 중 하나를 골라 이야기해 보십시오.

- 인류 최고의 발명품
- 가장 위대한 발명가

보기 앞으로 어떤 발명품이 나온들 바퀴만한 발명품이 있겠어요? 기원전 5000년 경에 등장한 둥근 모양의 바퀴는 인간의 힘만으로 옮길 수 없는 물건들을 옮길 수 있게 해주었을 뿐만 아니라 인간이 빠른 속도로 이동할 수 있게 해 주었어요. 그리고 톱니바퀴로 변형되어 기계 발전에도 크게 기여를 했고요. 그래서 바퀴를 인류 최고의 발명품으로 꼽는 사람들이 많아요.

03 생명과학의 발전

학습목표 생명과학 관련 어휘를 익혀서 활용할 수 있다.
'-으리만치', '-으리라 생각하던' 표현을 익혀서 활용할 수 있다.

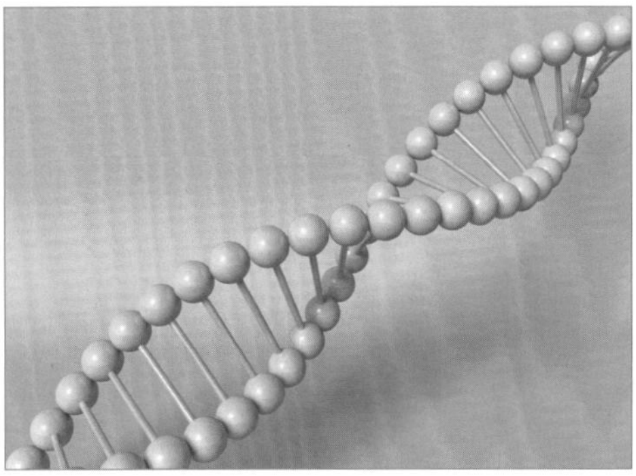

웨이 요즘 생명과학이 상상할 수 없으리만치 나날이 발전하고 있는 것 같아요. 줄기 세포 연구와 배아 실험이 활발히 진행되고 있고 게놈 지도도 완성됐다는 뉴스가 보도 되더군요.

영수 네. 최근에 유전자 연구 부문에서 괄목할 만한 성과가 나타나고 있어요. 인류의 생명과 직결된 연구라서 관심이 많은 것 같아요.

웨이 그럼 먼 미래에나 이루어지리라 생각하던 일들이 현실로 나타나는 날도 멀지 않겠어요. 예를 들어 부모의 우월한 유전자만 가진 맞춤형 아기라든가 불치병의 완전 정복 같은 일 말이에요. 하지만 윤리적으로는 많은 논란이 있을 듯싶은데요.

영수 맞아요. 기술적으로는 가능한 일이지만 윤리 문제를 간과할 수 없지요. 그런데 과학도인 저로서는 가능하면 끝까지 연구를 하고 싶어요. 연구 결과를 잘만 이용하면 인류를 위해 좋은 일이 아닐까요?

웨이 모두 그런 생각이면 다행이지만 혹시라도 그런 기술이 악용된다면 인류의 미래는 걷잡을 수 없이 혼란스러워질 수도 있을 것 같아요.

영수 그래도 과학자의 양심을 믿는 수밖에요. 어쨌든 과학이란 인간과 인간을 둘러싸고 있는 모든 것을 설명하려는 인간의 호기심에서 나온 것이니까 생명과학자들이 인간을 연구하고 싶어 하는 건 당연한 일이지요.

새 어휘

괄목하다	제임스의 한국어 실력은 1년 사이에 괄목할 성장을 했다. 한국은 전쟁의 폐허 속에서 수십 년 만에 괄목할 만한 경제 발전을 이루었다.
직결되다	한반도의 평화는 동북아시아의 평화와 직결되어 있다. 자유무역협정은 농민의 생계와 직결되는 문제이므로 신중하게 결정해야 한다.
우월하다	언어를 사용한다는 점에서 인간은 동물보다 우월하다고 할 수 있다. 그 수영 선수는 우월한 신체 조건과 끊임없는 훈련으로 매 경기 좋은 기록을 내고 있다.
정복	의학 기술의 발달로 인류가 암을 정복할 날이 얼마 남지 않았다고 한다. 칭기즈 칸은 아시아는 물론 동유럽까지 정복하며 유럽과 아시아에 걸친 대제국을 건설했다.
윤리적	기업 경영에는 반드시 윤리적 책임이 따른다. 인간복제가 가능하다고 해도 윤리적인 문제로 실용화에 한계가 있다.
간과하다	사소한 일에 신경 쓰다가 정작 중요한 일을 간과할 수 있다. 자주 속이 쓰린 것도 위암 초기 증상일 수 있으니 간과해서는 안 된다.
걷잡을 수 없이	그 배우의 사생활이 담긴 동영상이 인터넷을 통해 걷잡을 수 없이 퍼져 나갔다. 초등학교 때 선생님이 돌아가셨다는 소식을 듣고 걷잡을 수 없이 눈물이 흘렀다.
혼란스러워지다	정부는 이번 테러 사건으로 사회 질서가 혼란스러워질 것을 우려하고 있다. 가는 병원마다 의사들의 말이 달라 환자는 누구의 말을 들어야 할지 혼란스러워졌다.
양심	이렇게 질이 나쁜 물건을 돈을 받고 팔다니 정말 양심도 없다. 뇌물을 받고 판정을 한 야구 심판이 양심의 가책을 느끼고 자리에서 물러났다.
둘러싸다	경찰이 불법시위를 막으려고 시위대를 둘러싸고 있다. 쓰레기 소각장 건설을 둘러싸고 두 지역 간의 갈등이 심해지고 있다.

01. 빈칸에 알맞은 말을 쓰십시오.

보기 수입 농산물은 국민의 건강과 (직결되)는 품목이므로 철저히 검사해야 한다.

❶ 상대팀이 우리 팀보다 실력 면에서는 (   )다고 해도 우리 팀의 강한 정신력은 따라 올 수 없을 것이다.

❷ 그는 그렇게 거짓말을 하고도 전혀 (   )의 가책을 느끼지 않는 듯 보였다.

❸ 불길이 순식간에 (   ) 번져 나갔다.

❹ 아무리 과학이 발전해도 인간은 완전히 자연을 (   )할 수 없을 것이다.

02. 빈칸에 알맞은 말을 쓰십시오.

생명과학의 **보기** (괄목할)~~을/ㄹ~~ 만한 발전으로 인류는 영원한 삶을 꿈꾸게 되었지만 그에 따른 부작용을 ❶ (   )어서는/아서는/여서는 안 된다. 영화 ‘아일랜드’는 복제인간을 ❷ (   )고 벌어지는 사건을 통해 생명과학 기술의 무분별한 이용에 대해 경고하고 있다. 영화에서 미래의 인간들은 인간이 지켜야 할 ❸ (   )인 규범을 어기고 복제인간을 만들어 자신들을 위한 장기 제공자로 활용한다. 그러나 복제인간들은 자신들이 그러한 목적으로 사용된다는 것을 알게 되고 인간의 감시에서 탈출하려고 시도한다. 그 과정에서 평화롭던 세상은 인간과 복제인간의 전투로 ❹ (   )고 마침내 복제인간들이 인간으로부터 해방이 되면서 인류의 미래는 위험에 빠지게 된다.

주제 어휘

생명과학	• 줄기세포	• 배아	• 유전자	• 염색체	• 게놈
	• 맞춤형 아기	• 인간 복제	• 유전자 조작	• 인공 수정	• 생명 윤리

01. 빈칸에 알맞은 말을 쓰십시오.

보기 어떤 조직으로든지 발달할 수 있는 세포로 특정 조직이 되기 전의 세포를 (줄기세포라고)~~이라고/라고~~ 한다.

❶ 정자와 난자가 수정되어 만들어진 세포를 (　　　　　　)이라고/라고 하는데 이를 생명체로 보느냐 아니냐에 대한 논란은 계속되고 있다.

❷ 세포 속에 있는 유전 물질 중 염색이 잘 되어 세포 분열 과정이 쉽게 보이는 유전 물질을 (　　　　　　)이라고/라고 한다.

❸ 사람의 몸 밖에서 인공적인 방법으로 수정을 시키는 (　　　　　　)은/는 불임으로 고통을 받는 부부들에게 희망을 주고 있다.

❹ 동물을 복제한 사례는 있지만 (　　　　　　)은/는 윤리적인 문제로 금지되고 있다.

02. 빈칸에 알맞은 말을 쓰십시오.

게놈프로젝트란 인체의 유전 정보를 가지고 있는 보기 (게놈을)~~을/를~~ 해독해 부모로부터 자식에게 전해지는 특징인 ❶ (　　　　　　)의 지도를 작성하고 그 배열을 분석하는 것을 말한다. 게놈은 유전물질인 DNA의 집합체를 뜻하며 이것이 생명현상을 결정짓기 때문에 '생명의 설계도' 또는 '생명의 책'이라 불린다. 현재 게놈의 구조는 다 밝혀졌으나 그 기능에 대해서는 일부만 알려진 상태이다. 게놈의 기능까지 모두 밝혀지면 ❷ (　　　　　　)을/를 통해 병에 안 걸리도록 하여 질병 정복과 수명 연장이 가능해진다. 또한 부모가 원하는 유전자를 갖춘 ❸ (　　　　　　)도 가능하게 된다. 그러나 과학자들은 윤리적인 문제가 없도록 ❹ (　　　　　　)을/를 철저히 지켜야 할 것이다.

문법 1 -으리만치/리만치

- 동사나 형용사의 어간 뒤에 써서 앞 문장이 뒤 문장의 상태를 뒷받침해 주는 내용으로 얼마나 그러한지를 나타낸다. '-을 정도로'의 뜻으로 '-으리만큼'과 같은 의미로 쓰인다.
- 동사, 형용사의 어간이 자음으로 끝나면 '-으리만치'를 쓰고, 모음으로 끝나면 '-리만치'를 쓴다.

❶ 그 탑은 하늘 끝까지 닿으리만치 높이 솟아 있다.

❷ 생명 과학 기술은 놀라우리만치 빠르게 발전하고 있다.

❸ 오랜만에 서울에 오니 옛날과는 비교할 수 없으리만치 복잡해졌네요.

❹ 산 정상에서 본 설악산의 경치는 말로 표현할 수 없으리만치 아름다웠어요.

01. 보기 와 같이 연결하고 문장을 완성하십시오.

보기 진열대 위의 그 가방은 눈을 뗄 수 없다	• 행복한 시간이었어요.
❶ 그 가수의 콘서트장은 발 디딜 틈이 없다	• 유명한 사람이에요.
❷ 그 남자는 한국에서는 모르는 사람이 없다	• 목이 많이 아파요.
❸ 당신과 보낸 시간은 지난날의 아픔을 잊다	• 사람들로 꽉 차 있었다.
❹ 셀 수 없다	• 예뻤다.
❺ 물도 못 마시다	• 많은 별들이 밤하늘에 반짝거리고 있다.

보기 진열대 위의 그 가방은 눈을 뗄 수 없으리만치 예뻤다.

❶ ______________________

❷ ______________________

❸ ______________________

❹ ______________________

❺ ______________________

02. 다음은 TV 뉴스를 하는 앵커와 현장에 나가 있는 기자의 대화입니다. 알맞은 말을 골라 대화를 완성하십시오.

• 불가능하다	• 표현할 수 없다	• 하늘에 닿다
• 말을 할 수 없다	• 연상되다	• 믿을 수 없다

앵커: 설악산 3대 폭포 중의 하나인 토왕성폭포가 45년 만에 일반인에게 공개된다고 하는데요. 직접 현장에 나가 있는 기자를 연결해 보겠습니다. 김 기자!

기자: 네, 저는 토왕성폭포가 보이는 전망대에 와 있습니다. 제 앞에 보이는 폭포는 말로 **보기** 표현할 수 없으리만치 ~~으리만치/리만치~~ 아름다운 자태를 뽐내고 있습니다. 3단으로 되어 있는 폭포의 총 길이는 320미터로 ❶ ____________으리만치/리만치 대단히 높습니다. 그리고 폭포의 물줄기는 선녀의 옷이 ❷ ____________으리만치/리만치 하늘거리며 흐르고 있습니다. 현실이라고 ❸ ____________으리만치/리만치 황홀한 풍경입니다.

앵커: 네, 화면을 보고 있는 저도 뭐라고 ❹ ____________으리만치/리만치 아름다운 경치군요. 그런데 김 기자, 어떻게 이번에 공개를 하게 된 겁니까?

기자: 사실 토왕성폭포는 국가자연문화재로 지정된 곳이었지만 사람들의 접근이 ❺ ____________으리만치/리만치 가는 길이 위험해서 통행을 제한했었습니다. 그러나 설악산국립공원 측은 등산로를 연장하고 새로이 전망대를 개설해 일반인들에게도 공개하기로 했다고 합니다. 시청자 여러분도 이 절경을 즐기러 오시기 바랍니다.

문법 2 -으리라/리라 생각하던

- 동사나 형용사의 어간 뒤에 써서 말하는 사람의 미래에 대한 의지나 추측을 나타내는데 주로 시나 노랫말 같은 운문에 자주 쓰인다.
- 동사, 형용사의 어간이 자음으로 끝나면 '-으리라 생각하던'을 쓰고, 모음으로 끝나면 '-리라 생각하던'을 쓴다.

❶ 한국에 있는 동안 꼭 가 보리라 생각하던 부산에 드디어 가기로 했다.

❷ 한 번 찾아뵈리라 생각하던 친척 어른을 사촌 결혼식에서 뵙게 됐다.

❸ 죽기 전에 기필코 이루리라 생각하던 세계여행의 꿈을 드디어 이루게 되었다.

❹ 우주탐사, 우주여행 같이 공상영화에서나 가능하리라 생각하던 것들이 현실화 되고 있다.

01. 보기 와 같이 연결하고 문장을 완성하십시오.

보기 언젠가 배우다	스페인어를 드디어 배우게 됐다.
❶ 가을이 가기 전에 가다	복권당첨의 행운이 나에게도 찾아왔다.
❷ 내 생애 일어나지 않다	한라산 정상에 마침내 올랐다.
❸ 한국에 있는 동안 꼭 먹어 보다	산낙지를 먹었는데 생각보다 맛있었다.
❹ 그 감독이 언젠가 만들다	덕수궁 돌담길에 친구와 가기로 했어요.
❺ 꼭 한번 오르다	공상과학영화가 제작이 완료되어 개봉을 앞두고 있다.

보기 언젠가 배우리라 생각하던 스페인어를 드디어 배우게 됐다.

❶ ______________________

❷ ______________________

❸ ______________________

❹ ______________________

❺ ______________________

02. 다음은 화성에서의 인간 생존 가능성에 대한 신문 사설입니다. 알맞은 말을 골라 이야기를 완성하십시오.

• 가 보다	• 불가능하다	• 며칠 못 버티다
• 물이 없다	• 존재하지 않다	• 살 수 없다

인간이 화성에서 사는 건 과연 가능할까? 과학자들은 화성에 탐사선을 보내 여러 가능성을 알아보고 있다. 최근 지구에 전송된 사진을 보면 **보기** 물이 없으리라 ~~으리라/리라~~ 생각하던 그간의 상식을 깨고 화성에 물이 있었던 흔적이 발견되었으며 ❶ ________ 으리라/리라 생각하던 문자의 흔적도 발견되었다. 또한 화성에서의 인간 생존기를 그린 소설 '마션'의 주인공은 화성에서 ❷ ________ 으리라/리라 생각하던 감자 재배에 성공하고, ❸ ________ 으리라/리라 생각하던 사람들의 예상을 깨고 2년여의 시간을 화성에서 살아낸다. 소설 속의 일이 현실에서도 가능해진다면 인간이 ❹ ________ 으리라/리라 생각하던 화성에도 언젠가는 인간이 살 수 있게 될지도 모른다. 실제로 네덜란드의 한 회사는 화성 이주 계획을 세워 사람들을 모집하고 있다고 한다. 꼭 한번 화성에 ❺ ________ 으리라/리라 생각하던 사람이 있다면 이 계획에 동참해 보는 것은 어떨까?

활동 위에서 배운 어휘와 문법을 사용하여 다음 중 하나를 골라 이야기해 보십시오.

- 맞춤형 아기에게 물려주고 싶은 유전자
- 맞춤형 아기에게 물려주고 싶지 않은 유전자
- 맞춤형 아기에 대한 자신의 의견

보기 저는 어렸을 때부터 눈이 예쁘다는 소리를 자주 들었어요. 쌍꺼풀이 있는 큰 눈이거든요. 그래서 제 아기도 저처럼 예쁜 눈을 가졌으면 좋겠어요. 그런데 부모가 쌍꺼풀이 있어도 아이에게 꼭 유전이 되는 건 아니래요. 그래서 맞춤형 아기가 가능하다면 저의 예쁜 눈 유전자를 물려주고 싶어요. 그런데 저는 키가 작은 게 단점이에요. 그래서 남편은 키가 큰 사람이었으면 해요. 예쁜 눈과 큰 키, 이런 우월한 유전자를 원하는 대로 선택해서 아이를 가질 수 있다면 얼마나 좋을까요? 이렇게 공상과학영화에서나 가능하리라 생각하던 일이 실제로 일어나는 날이 언젠가는 오겠지요?

04 과학 발전과 인간의 미래

학습목표 과학 발전과 인간의 미래 관련 어휘를 익혀서 활용할 수 있다.
'-으랴 -으랴', '같아선' 표현을 익혀서 활용할 수 있다.

미선 영수 씨, 우리 신혼여행 어디로 가면 좋을지 알아봤어?

영수 아, 미안. 우리 부서 워크숍 준비하랴 신제품 개발 기획 보고서 쓰랴 좀 정신이 없었거든. 그런데 우리 서로 바쁘니까 신혼여행은 직접 가지 말고 가상 사이버 우주여행을 해 보는 게 어때?

미선 뭐야? 난 우주선 타고 직접 달에 가보고 싶단 말이야. 화성은 못 가더라도 달에는 한번 가 봐야지. 지구를 벗어나면서 펼쳐지는 멋진 우주의 장관을 볼 수 있을 텐데, 그럼 얼마나 황홀하겠어? 요즘 우주여행 가본 사람들이 얼마나 많은데, 우리는 아직 구경도 못했잖아.

영수 알았어, 그럼 달에 가는 우주선 시간이랑 비용 알아볼게.

미선 난 어제 신형 가사 도우미 로봇 종류에 대해 찾아 봤는데 기능이랑 디자인이 정말 다양하더라. 예전 같아선 비용이 비싸서 엄두도 못 냈던 것들인데, 불과 몇 년 사이에 값이 엄청 떨어졌더라고. 어차피 우리 서로 바쁘니까 집안 살림을 맡길 가사 도우미 로봇은 좀 비싸도 하나 있어야 할 것 같아서. 참, 선배 언니가 맞춤형 아기로 딸을 낳았는데 아주 예쁘더라. 우리도 맞춤형 아기로 딸 낳는 게 어때?

영수 그건 비용도 많이 들고 너무 인위적이야. 아직은 실패 확률도 높고.
우린 그냥 유전자 검사만 해서 건강한 아들 하나만 낳자.

새 어휘

벗어나다	3번 타자가 친 공이 야구장 펜스를 벗어나 관중석으로 날아갔다. 여행은 우리가 일상에서 벗어나 새로운 세계를 만날 수 있게 해준다.
펼쳐지다	이 드라마의 내용이 앞으로 어떻게 펼쳐질 지 궁금하다. 추운 겨울날 달리는 버스 차창 밖으로 넓은 눈밭이 펼쳐졌다.
장관	산 정상에서 내려다보니 가을 단풍이 장관을 이루고 있었다. 석양에 겨울 철새들이 떼를 지어 하늘을 날아가는 모습이 장관이다.
황홀하다	북유럽에 가면 신비롭고 황홀한 오로라를 볼 수 있다. 눈처럼 하얀 웨딩드레스를 입은 신부의 모습이 황홀했다.
엄두를 내다	우리 공장의 기계가 낡아서 바꿔야 하는데 값이 비싸서 엄두를 낼 수가 없다. 산더미 같은 이삿짐을 정리할 엄두를 못 내고 한 쪽에 쌓아 놓았다.
불과	그 섬에 있는 초등학교의 학생 수는 불과 10명뿐이라고 한다. 불과 수십 년 전만 해도 인간의 유전자 정보를 파악하지 못했었다.
살림	요즘 직장일이 너무 바빠서 살림을 제대로 못하고 있다. 집안 살림이든 나라 살림이든 낭비하지 않고 알뜰하게 해야 한다.
인위적	인위적인 빛은 수면을 방해하여 건강에 나쁜 영향을 미친다. 가뭄이나 홍수 같은 자연재해가 발생하면 댐이나 저수지의 물의 양을 인위적으로 조절한다.

01. 빈칸에 알맞은 말을 쓰십시오.

보기 내가 좋아하는 배우하고 데이트하는 (황홀한)~~은/ㄴ~~ 꿈을 꾸었다.

❶ 바다에서 수영을 할 때 안전 구역을 (   )지 않도록 하십시오.

❷ 가정주부들이 (   )의 노하우를 공유하는 인터넷 카페가 있다.

❸ 그 신인 배우는 성형 수술을 하지 않아 (   )이지 않은 자연미가 있다.

❹ 그 부부는 결혼한 지 (   ) 몇 달도 안 돼 성격차이로 이혼을 했다.

02. 빈칸에 알맞은 말을 쓰십시오.

대중교통이 불편한 탓에 매일 출퇴근하기가 힘들어 얼마 전에 큰맘 먹고 자동차를 하나 샀다. 많지 않은 월급으로 집안 **보기** (살림)도 하고 적금도 붓다 보니 그 동안 차를 살 ❶ (   )지 못했었다. 지난 주말에 가족을 태우고 교외로 나갔다. 팬션에 도착하니 아름다운 호수가 ❷ (   )어/아/여 있고 때마침 지는 해가 호수에 비쳐 ❸ (   )을/를 이루었다. 붉게 물든 저녁 하늘과 노을이 비친 맑은 호수를 보니 영화의 한 장면처럼 ❹ (   )었다/았다/였다.

주제 어휘

과학 발전과 인간의 미래	• 우주여행	• 우주탐사	• 가상현실	• 타임머신	• 순간이동
	• 인공지능	• 뇌과학	• 홍채인식	• 생체인식	• 인체냉동보존

01. 빈칸에 알맞은 말을 쓰십시오.

보기 머지않아 우주선을 타고 (우주여행을)을/를 하는 것도 대중화될 것이다.

❶ (   )은/는 뇌의 구조와 복합적인 기능을 연구하는 학문이다.

❷ 사람이 순식간에 다른 곳으로 옮겨가는 (   )이/가 가능해진다면 얼마나 좋을까?

❸ 김 박사는 사람의 말을 알아듣고 스스로 판단하는 (   ) 로봇을 개발하고 있다.

❹ 안면인식, 지문인식 같은 (   ) 기술을 이용해 은행, 공항 등에서 신분을 확인한다.

02. 빈칸에 알맞은 말을 쓰십시오.

공상과학 소설이나 영화는 현실적으로는 불가능한 **보기** (가상현실) 세계를 다룬다. 가령 ❶ (   )을/를 타고 과거나 미래로 간다든지 ❷ (   ) 기술을 이용해 고속으로 얼려 둔 신체를 몇 백 년 후에 다시 깨어나게 한다든지 하는 것이 그 예이다. 그런데 과학의 발전으로 현실에서도 먼 옛날 사람들은 상상도 못했던 일들이 일어나고 있다. 지금 우리는 보안 장치로 눈의 ❸ (   ) 기술을 이용하고 우주선을 보내 ❹ (   )까지 하고 있다.

문법 1 —으랴/랴 —으랴/랴

- 동사의 어간 뒤에 써서 여러 가지 일을 나열하면서 그러한 일들을 두루두루 하느라 애씀을 나타낸다.
- 동사의 어간이 자음으로 끝나면 '-으랴'를 쓰고 모음으로 끝나면 '-랴'를 쓴다.

❶ 요즘은 강의하랴 글쓰랴 하루 24시간도 모자랄 지경이다.

❷ 4학년이 되니 졸업 논문 쓰랴 취업 준비하랴 정신이 없다.

❸ 아내는 아이들 키우랴 공부하랴 10년을 눈코 뜰 새 없이 살았다.

❹ 오늘은 상품 포장하랴 고객 문의에 답글 달랴 화장실에 갈 시간도 없었다.

01. 보기 와 같이 문장을 바꾸십시오.

보기 혼자서 주문 받고 배달하고 하루 종일 동분서주했다.
➡ 혼자서 주문 받으랴 배달하랴 하루 종일 동분서주했다.

❶ 이번 주 내내 발표 준비하고 보고서 쓰느라고 잠시도 쉴 틈이 없다.
➡ ______________________

❷ 공연 준비하고 방송 출연하고 몸이 두 개라도 모자랄 지경이다.
➡ ______________________

❸ 예식장 알아보고 혼수준비 하느라고 요즘 너무 고단하다.
➡ ______________________

❹ 명절에는 차례음식 준비하고 손님 대접하느라고 잠시도 앉아 있을 틈이 없다.
➡ ______________________

❺ 요즘 지역구 관리하고 선거 유세를 하느라고 아침부터 밤까지 뛰어다닌다.
➡ ______________________

02. 다음은 직장인 주부의 글입니다. 알맞은 말을 넣어 이야기를 완성하십시오.

결혼을 하고 맞벌이를 하다 보니 **보기** 집안일 하랴 ~~으랴/랴~~ 직장일 하랴 ~~으랴/랴~~ 늘 시간에 쫓긴다. 아이가 태어난 후로 아침 시간에는 ❶ ________으랴/랴 ________으랴/랴 정신이 하나도 없다. 저녁에 퇴근해 집에 돌아와도 ❷ ________으랴/랴 ________으랴/랴 쉴 틈이 없다. 직장에서도 승진한 후로 일거리가 더 많아졌다. ❸ ________으랴/랴 ________으랴/랴 아침부터 퇴근 시간까지 여유 있게 커피 한 잔 마실 시간이 없다. 그런데 이번 주에 우리 회사에 큰 행사가 있다. 우리 부서 직원들 모두 날마다 ❹ ________으랴/랴 ________으랴/랴 하루 종일 동분서주하고 있다. 게다가 곧 있으면 설날이다. ❺ ________으랴/랴 ________으랴/랴 몸이 두 개라도 모자랄 지경이다. 정말 인간 복제가 가능하다면 또 하나의 나를 만들어서 일을 나누어 했으면 좋겠다.

문법 2 같아선

- '마음', '생각', '기분', '욕심' 등의 명사나 일부 시간을 나타내는 명사 '요즘', '지금', '오늘' 등에 붙어서 쓰이며 '지금의 마음이나 형편에 따르자면'의 뜻으로 쓰인다. 실제로는 그렇게 하지 못함을 나타내는 표현이다.

❶ 요즘 같아선 공부할 맛이 안 난다. 아무리 열심히 해도 점수가 안 오른다.

❷ 오늘 같아선 장사를 못하겠어요. 손님이 한 명도 없어요.

❸ 마음 같아선 내 전 재산을 다 털어서라도 친구를 돕고 싶다.

❹ 성질 같아선 당장 회사를 그만 두고 싶었지만 가족들 때문에 그럴 수가 없었다.

01. 보기 와 같이 대화를 완성하십시오.

보기 가: 비가 올 것 같은데 내일 새벽에 일출을 볼 수 있을까?
나: <u>지금 날씨</u> 같아선 흐려서 어려울 것 같아요.

❶ 가: 직장에서 안 좋은 일이라도 있었어? 표정이 왜 그래?
나: ________________ 같아선 당장 사직서를 던지고 뛰어나오고 싶었어.

❷ 가: 휴가철이라 그런지 오늘은 길이 전혀 안 막히는데.
나: ________________ 같아선 자동차로 출근할 만하네.

❸ 가: 언제쯤 결혼할 계획이에요?
나: 마음 같아선 ________________

❹ 가: 이곳은 정말 공기도 맑고 경치도 좋아서 돌아가고 싶지 않네요.
나: 저도 기분 같아선 ________________

❺ 가: 이번 전시회에 출품된 그림들이 아주 인기가 많았다던데 작품 하나 사셨어요?
나: 네, 욕심 같아선 ________________

02. 다음은 개인의 삶에 대한 글입니다. 알맞은 말을 넣어 이야기를 완성하십시오.

요즘 우울한 일들이 많아졌다. 몸이 예전 같지가 않다. 보기 <u>생각</u> 같아선 산꼭대기까지 단숨에 뛰어 올라갈 것 같은데 이제는 계단만 조금 올라가도 숨이 찬다. 직장일도 생각대로 되지 않는다. ❶ ________________ 같아선 실적만 따지는 사장에게 한번 대들고 싶은데 차마 그럴 수가 없다. 집에 와서는 유학가고 싶어하는 큰아들 녀석을 보면 마음이 아프다. ❷ ________________ 같아선 돈을 빌려서라도 큰아들 유학 자금을 대주고 싶지만 대학에 다니는 둘째도 있으니 어쩔 수가 없다. 게다가 아내까지 아파 병원에 입원을 했다. ❸ 옛날 같아선 치료가 ________________ 는데/은데/ㄴ데, 다행히 새로 나온 치료법이 있어 완치할 수 있다고 한다. 아내의 치료비용이 비싸서 고민하다가 집을 팔기로 했다. ❹ 욕심 같아선 ________________ 고 싶었지만 빨리 팔리지 않을까 봐 시세보다 좀 싼 값으로 부동산 시장에 내 놓았다. ❺ 요즘 같아선 ________________ 고 싶다.

활동 위에서 배운 어휘와 문법을 사용하여 과학이 앞으로 계속 발전하면 우리의 생활이 어떻게 달라질지 다음 중 하나를 골라 이야기해 보십시오.

- 교통 분야
- 가사일
- 의료 분야
- 인간관계

보기 지금 같아선 엄두도 못 낼 다양한 교통수단이 생겨날 거라고 생각합니다. 예를 들어 우리가 공상과학 영화에서 보았던 고속 해저 터널 열차, 우주열차, 비행자동차 등이 개발되면 지금과는 비교도 안 되는 빠른 속도로 불과 서너 시간 만에 지구 반대편까지 갈 수 있을 것이고, 우주여행도 일상화될 것이라고 생각합니다.

제 8 과

철학

01 인간의 본성과 철학
02 철학자의 대화
03 한국 철학
04 생활 속 철학

01 인간의 본성과 철학

학습목표 인간의 본성 관련 어휘를 익혀서 활용할 수 있다.
'-으나', '-노라면' 표현을 익혀서 활용할 수 있다.

인간은 어떤 존재일까요? 이 철학적인 물음에 답하고자 사람의 성품은 본래 정해져 있다고 보는 인성론이 나왔습니다.

인성론에 대한 관점은 크게 3가지로 구분할 수 있는데 첫째는 성선설입니다. 성선설을 주장한 대표적인 학자는 고대 중국의 맹자, 서양의 고대 스토아학파의 학자들, 프랑스 계몽주의 철학자 루소입니다. 루소는 인간의 본성은 본래 선한 것인데, 문명과 사회 제도의 영향을 받아 악하게 되었다고 생각했습니다.

둘째는 성악설인데, 고대 중국의 순자와 이탈리아의 사상가 마키아벨리, 영국의 홉스 등이 이를 주장했습니다. 순자는 인간의 본래 성품은 악하나 후천적인 노력을 통해 선해진다고 보았습니다. 기독교의 원죄설 또한 인간은 죄를 지니고 태어난다는 점에서 인간의 본성을 악하다고 보는 입장입니다.

셋째는 성무선악설로 이를 주장한 사람은 맹자와 같은 시대의 고자, 영국의 철학자 존 로크, 근대 철학의 아버지 칸트가 대표적인데 사람의 본성은 본래 선도 아니고 악도 아니며, 다만 교육하고 수양하기 나름이어서 그 어느 성품으로도 될 수 있다고 봅니다. 존 로크는 이런 상태를 백지와 같다고 하여 그의 관점을 백지설이라고도 하지요.

사람은 사노라면 누구나 한번쯤은 인간이란 존재, 나라는 존재에 대해 의문을 품을 때가 있을 겁니다. 여러분도 이번 학기에는 자아와 인간의 본성에 대해 깊이 생각해 보는 시간을 가져 보기 바랍니다.

새 어휘

성품	김 부장은 성품이 온화해서 주변사람과 갈등 없이 잘 지낸다. 대통령 후보 김영석 씨는 검사 출신으로 조용하면서도 강직한 성품의 소유자다.
학파	스토아학파는 금욕주의를 주장했다. 성리학은 유학의 한 학파로 고려 말에 들어와 조선의 통치 이념이 되었다.
계몽주의	루소와 존 로크는 대표적인 계몽주의 학자이다. 계몽주의는 18세기 후반 유럽에서 이성의 힘으로 인간의 무지함을 깨우치고자 한 사상운동이다.
본성	극한 상황에서는 개개인의 본성이 드러난다. 본성이 나쁜 사람은 아닌데 어쩌다 이런 끔찍한 일을 저질렀을까?
선하다	선한 일을 하면 복을 받게 마련이다. 미선 씨는 인상이 선해서 처음 보는 사람들이 다 호감을 느낀다.
악하다	저 배우는 선한 역보다 악한 역이 더 어울린다. 김영수 씨는 인상이 험해서 그렇지 악한 사람은 아니에요.
원죄설	기독교의 원죄설에 따르면 최초의 인간인 아담과 이브가 금지된 선악과를 따먹었기 때문에 인간은 죄를 짓고 태어난다고 한다. 나는 인간이 태어나면서부터 죄를 지은 존재라고 보는 원죄설을 받아들일 수 없다.
수양	작은 일에도 화부터 내는 영수는 인격 수양이 필요하다. 석가모니는 보리수나무 아래에서 수양을 하고 부처가 되었다.
백지설	백지설을 지지하는 사람은 교육의 중요성을 강조한다. 존 로크의 백지설에 따르면 인간의 본성은 선천적으로 타고나는 게 아니다.
의문을 품다	경찰은 사건이 발생한 지 하루가 지나서야 신고한 것에 의문을 품고 신고자를 조사하고 있다. 주민들은 인근 공장에서 폐수가 계속 흘러나오는데도 수질에 문제가 없다는 정부의 발표에 의문을 품었다.

01. 빈칸에 알맞은 말을 쓰십시오.

보기 인간은 태어날 때부터 죄를 가지고 태어난다는 (원죄설은)~~은/는~~ 기독교의 근본이 되는 주장이다.

❶ 18세기 산업 혁명기에 영국에서 발생한 고전 경제 (   )의 시조는 애덤 스미스이다.

❷ 18세기 말에 합리적이고 이성적인 (   ) 사상에 반발하여 낭만주의가 발생했다.

❸ 휴가 때 일주일간 사찰 체험 프로그램에 참여해 스님들처럼 정신 (   )을/를 하면서 자신을 돌아보는 시간을 가질 수 있었다.

❹ 인간의 본성이 하얀 종이처럼 깨끗하다는 (   )을/를 주장한 학자는 누구인가요?

02. 빈칸에 알맞은 말을 쓰십시오.

지난주에 철학 수업에서 인간의 **보기** (본성)에 대한 강의를 듣고, 성선설을 지지하는 사람과 성악설을 지지하는 사람으로 나누어 토론을 했다. 그런데 생각해 볼수록 과연 인간의 본성을 어느 하나로만 말할 수 있는 것일까 하는 ❶ (   )게 된다. 사람마다 외모가 다르듯이 타고난 본성도 다르고 평소에 드러나는 각자의 ❷ (   )도 다 다르지 않은가 싶다. 그래서 착하고 ❸ (   )게 사는 사람도 있고, 잔인하고 ❹ (   )은/ㄴ 짓을 하는 사람도 있고, 사람마다 각각 살아가는 모습이 다르다는 생각이 든다.

주제 어휘

인간의 본성	• 본성	• 인성론	• 성선설	• 성악설	• 성무선악설
	• 본능	• 욕망	• 절제	• 성찰	• 통찰

01. 빈칸에 알맞은 말을 쓰십시오.

보기 (인성론은)~~은/는~~ 인간의 본성에 대한 논의이며 영국 철학자 흄이 18세기에 쓴 책의 제목이기도 하다.

❶ 동양의 (　　　　)은/는 서양 철학자 로크의 백지설과 일맥상통한다.

❷ '인류의 범죄사'란 책은 인간의 본성이 악하다는 (　　　　)을/를 증명해 주는 것 같다.

❸ 그 사람은 (　　　　)이/가 악하지는 않은데 불량한 친구들과 어울리면서 범죄의 길로 빠졌다.

❹ 끔찍한 살인을 저지르고도 전혀 반성하지 않는 범인을 보니 맹자의 (　　　　)이/가 틀린 것 같다.

02. 빈칸에 알맞은 말을 쓰십시오.

인간과 동물은 모두 종족을 번식하거나 위험에서 자신을 지키려는 **보기** (본능과) ~~과/와~~ 원하는 것을 가지고자 하는 ❶ (　　　　)을/를 가지고 있다. 그러나 인간은 동물과 달리 교육을 통해 자신의 욕망을 ❷ (　　　　)할 줄 안다. 또한 인간은 끊임없는 ❸ (　　　　)을/를 하며 자신을 되돌아볼 줄 아는 존재이다. 그리고 이러한 절제와 성찰을 통해 인간과 세상을 ❹ (　　　　)할 수 있는 능력이 생긴다.

문법 1 -으나/나

- 동사나 형용사의 어간 뒤에 써서 앞 절의 내용과 뒤 절의 내용이 서로 다름을 나타낸다.
- 동사, 형용사의 어간이 자음으로 끝나면 '-으나'를 쓰고, 모음으로 끝나면 '-나'를 쓴다.

❶ 이민수 씨는 맡겨진 일은 잘 해내나 능동적으로 일을 찾아서 하지는 못한다.

❷ 시험성적은 우수하나 수업태도가 불량하여 장학생으로 추천할 수 없습니다.

❸ 그는 출생지는 영국이나 평생을 독일에서 보냈다.

❹ 나는 최선을 다 했으나 국가 대표 선발 경기에서 떨어지고 말았다.

01. 보기 와 같이 연결하고 문장을 완성하십시오.

보기 연구비용을 엄청나게 투자했다 ——— 결과는 미미했다.

❶ 전쟁은 끝났다 •	• 실제로 하는 일은 없다.
❷ 발음과 억양은 부정확하다 •	• 물가는 떨어지지 않고 있다
❸ 유가는 하락하고 있다 •	• 내용이 좋아서 상을 주기로 했다.
❹ 공식 직함은 회장이다 •	• 흥행에는 실패했다.
❺ 그 영화는 작품성은 뛰어나다 •	• 전쟁으로 인한 상처는 고스란히 남았다.

보기 연구비용을 엄청나게 투자했으나 결과는 미미했다.

❶ ____________________

❷ ____________________

❸ ____________________

❹ ____________________

❺ ____________________

02. 다음은 영어와 한국어, 일본어의 비교 내용입니다. 알맞은 말을 골라 이야기를 완성하십시오.

- 혼자서 공부하는 사람도 많다
- 술어가 나오다
- 앞에 위치하다
- 거리감을 느끼다
- 효과가 높지 않다
- 익히기가 어렵다

한국인이 많이 배우는 외국어는 영어와 일본어이다. 그런데 영어는 긴 시간 학습해도 **보기** 효과가 높지 않으나 ~~으나/나~~ 일본어는 대체로 짧은 시간에 쉽게 익힌다. 왜 그럴까? 그 이유 중 하나는 문장 구조가 다르기 때문이다. 영어 문장은 주어 다음에 ❶ ________________ 으나/나 일본어와 한국어는 목적어가 나온다. 명사나 동사를 수식하는 말도 일본어와 한국어는 ❷ ________________ 으나/나 영어는 뒤에 온다.

어휘 면에서도 영어는 철자와 발음이 생소해 ❸ ________________ 으나/나 일본어는 한자를 사용하기 때문에 친근하다. 발음 또한 영어는 조음방식과 위치가 많이 달라 ❹ ________________ 으나/나 일본어는 발음이 유사한 게 많기 때문에 영어에 비해서 쉽다. 그래서 일본어는 ❺ ________________ 으나/나 영어는 혼자서 공부하는 사람이 별로 없다.

문법 2 -노라면

- 동사의 어간 뒤에 써서 어떤 행위를 지속적으로 유지하다 보면 다른 어떤 상황을 맞게 된다는 뜻을 나타낸다. '하다가 보면'이나 '계속해서 한다면'과 의미가 비슷하다.

❶ 내가 선택한 길을 묵묵히 걸어가노라면 언젠가는 꿈이 이루어질 거라 믿어요.

❷ 열심히 사노라면 언젠가 행복해질 날이 오겠지요.

❸ 뛰어노는 아이의 모습을 보고 있노라면 내 어렸을 때의 추억이 떠오른다.

❹ 고궁의 뜰을 한가로이 걷노라면 내 자신이 조선시대의 왕이 된 것 같다.

01. 보기 와 같이 연결하고 문장을 완성하십시오.

보기 살다	어머니가 옆에 계시는 듯한 착각에 빠진다.
❶ 버스를 타고 시골 들판을 달리다	언젠가는 힘들었던 기억도 잊혀지겠지요.
❷ 잘 자란 아들을 보다	마음이 흐뭇하다.
❸ 어머니가 좋아하시던 노래를 듣다	들판에서 뛰어놀던 어린 시절이 생각난다.
❹ 실수를 연발하는 우리팀 신입사원을 보고 있다	옛일이 그리워 나도 모르게 발이 멈춰진다.
❺ 그 집 앞을 지나다	속이 터진다.

보기 사노라면 언젠가는 힘들었던 기억도 잊혀지겠지요.

❶ ______________________

❷ ______________________

❸ ______________________

❹ ______________________

❺ ______________________

02. 다음은 수필의 한 부분입니다. 알맞은 말을 골라 이야기를 완성하십시오.

- 앨범을 보다
- 어린 시절을 생각하다
- 결혼해서 살다
- 그 편지를 읽다
- 음악을 틀어 듣다
- 뛰어 놀던 때를 떠올리다

혼자 있을 때 나는 가끔 옛날 앨범을 꺼내보곤 한다. 보기 앨범을 보 노라면 그리움이 밀려온다. 사진을 보면서 ❶ ____________ 노라면 나도 모르게 미소를 짓게 된다. 친구들과 ❷ ____________ 노라면 그리운 친구들의 얼굴이 생각난다. 앨범을 몇 장 넘기면 결혼사진이 나온다. 엄마와 찍은 결혼사진을 보면 엄마의 말씀이 생각난다. 너도 ❸ ____________ 노라면 부모 마음을 이해할 거라던 어머니 말씀이 귓가에 들리는 듯하다. 앨범 안에는 연애시절에 남편과 주고받았던 편지도 있다. ❹ ____________ 노라면 남편과의 행복했던 연애시절이 떠오른다. 그 당시 듣던 ❺ ____________ 노라면 다시 젊은 시절로 돌아간 듯하다.

활동

위에서 배운 어휘와 문법을 사용하여 인간의 본성에 대해 다음 중 하나를 골라 이야기해 보십시오.

- 순자의 성선설을 지지하는 이유
- 맹자의 성악설을 지지하는 이유
- 존 로크의 백지설을 지지하는 이유

보기 나이 어린 아이들이 또래의 친구를 괴롭히고 왕따 시키면서도 잘못했다고 느끼지 못하거나, 잔인하게 사람을 죽이고도 태연한 사람들에 대한 뉴스를 가끔 보게 됩니다. 그런 비정한 모습들을 보노라면 인간의 타고난 성품이 악하다는 순자의 성악설이 떠오릅니다. 그래서 그런 악한 감정과 행동을 조절할 수 있도록 어려서부터 교육을 통해서 도덕, 절제, 양보라는 미덕을 가르치는 게 아닌가 싶습니다.

02 철학자의 대화

학습목표 고대 서양 철학 관련 어휘를 익혀서 활용할 수 있다.
'-는 이상', '-는 한이 있더라도' 표현을 익혀서 활용할 수 있다.

제　　자　스승님, 진리란 무엇입니까?

소크라테스　돌로 무엇을 만들든지 여전히 그것이 돌이듯이 진리도 마찬가지네. 진리란 어떤 상황에서도 변하지 않는 것이라네. 인간의 느낌에 따라 변하는 이상 그것은 더 이상 진리가 아니라는 뜻이지.

제　　자　그럼 도대체 그 변치 않는 진리는 무엇입니까?

소크라테스　진리를 묻는 자네는 자신에 대해서 무엇을 알고 있는가?

제　　자　저 말입니까? 저는 귀족이고, 남자이며 젊고 영리합니다. 그리고 지금 스승님께 진리에 대해서 묻고 있습니다. 그리고 또... 아, 생각해 보니 사실 저는 제 자신에 대해서 제대로 아는 것이 없는 것 같습니다.

소크라테스　자네는 지금 아주 정확하게 대답을 했네. 우리 인간은 다른 동물들과 달리 진리를 알아 낼 수 있는 힘을 가졌는데 그 힘을 일깨우기 위해서는 자신이 그동안 쌓은 지식을 다 잃는 한이 있더라도 기존의 잘못된 생각들을 버리고 새로운 통찰력을 얻어야 한다네. 그러고 나서야 조금씩 진리에 다가설 수 있네. 그 일의 시작이 바로 자신이 아무것도 모른다는 것을 인정하고 진정한 자신을 알기 위해서 노력을 하는 것이지. 그러면 진리는 자기뿐만 아니라 모든 사람 속에 똑같이 들어 있다는 것을 깨닫게 될 것이고 그 보편적인 진리에 따라 행동하면 된다네. 즉 진리를 알기 위해서는 자기 자신부터 알라는 말이지.

새 어휘

스승	스승의 가르침을 따르는 것은 제자의 도리이다. 이번 스승의 날에 동창들과 고등학교 때 담임선생님을 찾아뵙기로 했다.
진리	이 세상에 영원히 변하지 않는 진리는 없다. 학문의 목적은 진리를 찾는 것이라고 할 수 있다.
영리하다	진돗개는 주인을 잘 따르고 뛰어난 방향감각을 가지고 있는 매우 영리한 개이다. 그 축구 감독은 영리하게 경기를 운영하여 실력이 강한 팀을 상대로 승리를 거두었다.
일깨우다	이번 사진전은 전쟁의 잔인함을 일깨우기 위해 기획되었다. 선배의 따끔한 충고는 아무 목표 없이 살던 나를 일깨워 주었다.
기존	이번 신제품은 기존 제품보다 가격도 싸지고 기능도 개선됐다. 이 논문은 기존의 학설을 반박하는 새로운 이론을 소개하고 있다.
통찰력	오늘날 자본주의의 문제점을 미리 예견한 그 경제학자의 통찰력이 놀랍다. 그는 통찰력이 뛰어나서 처음 본 사람이 어떤 인물인지를 한눈에 알아본다.
다가서다	위험하니까 난로 근처에 너무 가까이 다가서지 마세요. 학생들은 열심히 공부하며 자신의 목표에 한걸음씩 다가서고 있다.
진정하다	진정한 친구라면 친구가 어려울 때 도와줘야 한다. 그 분은 진정한 민주주의를 실현하기 위해 평생 노력하셨다.
깨닫다	그는 나중에야 자신의 잘못을 깨닫고 상대방에게 진심으로 사과를 했다. 그 사람과 헤어지고 나서 비로소 내가 얼마나 그를 사랑했는지 깨달았어요.

01. 빈칸에 알맞은 말을 쓰십시오.

보기 이 다큐멘터리는 환경 문제의 심각성을 (일깨우)기 위해 제작되었다.

❶ 예전에는 (   )의 그림자도 밟지 말라는 말이 있을 정도였으나 요즘은 선생님에 대한 존경심이 별로 없는 것 같다.

❷ 결국은 정의가 승리한다는 것은 불변의 (   )이다.

❸ 올해 새로 나온 신차는 (   )의 모델보다 연비가 좋다는 점에서 좋은 평가를 받고 있다.

❹ 아이들이 잘못했을 때 무조건 야단치지 말고 스스로 자신의 잘못을 (   )을/ㄹ 수 있도록 잘 설명해 줘야 한다.

02. 빈칸에 알맞은 말을 쓰십시오.

조선시대의 정치가 이산해는 아끼던 외동딸의 신랑감을 찾기 위해 보기 (통찰력이) ~~이/가~~ 뛰어난 숙부 이지함에게 딸의 배우자를 찾아 달라고 했다. 이지함은 전국을 돌아다니다가 어느 날 길에서 다른 남자들에게 맞고 쓰러져 있는 초라한 행색의 젊은 남자를 보고 그에게 ❶ (   )어서/아서/여서 왜 대응을 하지 않았냐고 물었다. 그 젊은이는 ❷ (   )은/ㄴ 강자는 다투지 않는 사람이라며 그 이유를 말했다. 이지함은 이 청년이 매우 ❸ (   )고 후에 크게 될 사람이라는 것을 한눈에 알아보았다. 숙부의 추천으로 이산해는 그 젊은이를 사위로 맞았는데 그가 바로 조선시대의 충신 이덕형이었다. 이덕형은 그의 의견에 반대하는 ❹ (   )의 세력에 굴복하지 않고 자신의 소신대로 외교정책을 밀고 나가 임진왜란 때 조선을 구했다.

주제 어휘

고대 서양 철학				
	• 소크라테스	• 플라톤	• 아리스토텔레스	• 학파
	• 자연 철학	• 인간 철학	• 탐구	• 영혼불멸론
	• 이데아론	• 이원론		

01. 빈칸에 알맞은 말을 쓰십시오.

보기 (아리스토텔레스는)~~은/는~~ 이상을 추구한 플라톤과 달리 현실주의적 관점에서 사물을 바라보았다.

❶ 오늘 과학 (   )수업에서 화산폭발 실험을 했다.

❷ 동양 철학에는 이 세상은 음과 양이라는 상반된 원리로 돌아가고 있다는 (   )적 사고가 있다.

❸ (   )은/는 육체는 죽을지언정 영혼은 영원하다는 생각으로 철학이나 종교에서 다루는 주제이다.

❹ 조선시대 후기에 상공업 등 실제 도움이 되는 학문의 중요성을 주장하는 새로운 (   )이/가 형성되었다.

02. 빈칸에 알맞은 말을 쓰십시오.

보기 (소크라테스) 이전의 철학은 자연을 주제로 하는 ❶ (   )이/가 주류였다. 이 철학에서는 "자연은 무엇으로 이루어졌는가?"하는 것이 주된 물음이었다. 이후 소크라테스는 인간의 영역을 주제로 하는 ❷ (   )을/를 발전시켰으며 그의 제자 ❸ (   )에 이르러 형이상학 이론으로 완성된다. 이 형이상학 이론을 ❹ (   )이라고/라고 하는데 이 이론에 따르면 이데아는 현상 세계 밖의 세상을 말하며 이데아야말로 모든 사물의 원인이자 본질이라는 것이다.

문법 1 -는/은/ㄴ 이상

- 동사나 형용사의 어간 뒤에 써서 앞 문장의 내용이 이미 정해진 사실이거나 확실하므로 뒤의 상황이 당연하다는 의미를 나타낼 때 쓴다.
- 동사의 어간 뒤에서는 '-는 이상'을 쓰고, 형용사나 과거 동사의 어간이 자음으로 끝나면 '-은 이상'을, 모음으로 끝나면 '-ㄴ 이상'을 쓴다.

❶ 단체 여행을 하는 이상 개인행동은 하실 수 없습니다.

❷ 이렇게 황사가 심한 이상 마라톤 대회를 예정대로 진행할 수 없습니다.

❸ 제가 이 일의 책임자인 이상 제가 앞으로 일어나는 모든 일에 대해 책임을 지겠습니다.

❹ 어차피 놀러 온 이상 즐겁게 놀다 갑시다.

01. 보기 와 같이 연결하고 문장을 완성하십시오.

보기 마음먹다 ———	다른 생각하지 말고 그 일에 집중하세요.
❶ 눈을 낮추지 않다 ·	· 가족의 생계를 책임져야 합니다.
❷ 한 가정의 가장이다 ·	· 그 회사의 규정을 따라야 한다.
❸ 반대하는 회원들이 많다 ·	· 그 사람을 신입회원으로 받아들일 수 없을 것 같습니다.
❹ 그 회사에 다니다 ·	· 계약금은 돌려받을 수 없습니다.
❺ 이미 계약을 하다 ·	· 결혼 상대자를 찾기 어려울 거야.

보기 마음먹은 이상 다른 생각하지 말고 그 일에 집중하세요.

❶ ______________________________

❷ ______________________________

❸ ______________________________

❹ ______________________________

❺ ______________________________

02. 다음은 초등학생 범죄에 대한 각계각층의 의견을 취재한 인터뷰입니다. 알맞은 말을 골라 인터뷰를 완성하십시오.

• 우리 학교에 소속되다	• 진심으로 반성을 하지 않다
• 죄를 짓다	• 미성년자보호법이 있다
• 아이의 부모이다	• 영향을 주다

기자: 고양이에게 밥을 주던 여성에게 벽돌을 던져 사망하게 한 범인이 초등학생으로 밝혀졌습니다. 이 사건에 대해 학생의 부모를 비롯하여 여러분들의 의견을 들어 보도록 하겠습니다.

부모: 보기 아이의 부모인 ~~는/은/ㄴ~~ 이상 저희의 책임이 큽니다. 저희가 벌을 다 받겠습니다.

교장: 그 학생이 ❶ ____________ 는/은/ㄴ 이상 저에게도 책임이 있습니다. 저도 책임을 지고 사건 처리에 도움이 되도록 노력하겠습니다.

시민: 아무리 초등학생이지만 ❷ ____________ 는/은/ㄴ 이상 벌을 받아야 해요. 그리고 ❸ ____________ 는/은/ㄴ 이상 선처를 해 줘선 안 된다고 생각합니다.

경찰: ❹ ____________ 는/은/ㄴ 이상 형사처벌을 할 수는 없습니다. 그러나 보호자가 민사상 책임을 지고 피해자에게 보상을 해 주어야 한다는 법은 있습니다.

아동심리학자: 이 기억이 이 아이에게 계속 ❺ ____________ 는/은/ㄴ 이상 정상적으로 자랄 수 없습니다. 앞으로 세심한 보호와 관심이 필요합니다.

문법 2 -는 한이 있더라도

- 동사의 어간 뒤에 써서 뒤의 행위를 위하여 앞에 오는 상황이 희생하거나 무릅써야 할 극단적인 상황임을 나타낸다. 극단적인 상황을 전제하여 말하는 사람의 강한 의지를 표명할 때 쓰이는 표현이다.

❶ 지쳐서 쓰러지는 한이 있더라도 반드시 마라톤 완주를 하겠어요.

❷ 밤을 새우는 한이 있더라도 이 일은 꼭 끝내야 합니다.

❸ 회사를 그만두는 한이 있더라도 회사의 비리를 언론에 공개하겠습니다.

❹ 당분간 적자를 보는 한이 있더라도 신제품 개발에 대한 투자는 계속해야 합니다.

01. 보기 와 같이 연결하고 문장을 완성하십시오.

보기 세상이 두 쪽이 나다 •	• 훔쳐 먹지는 않겠다.
❶ 시험에서 0점을 받다 •	• 잘못된 팬문화에 대해서 할 말은 하겠습니다.
❷ 다시는 지구에 돌아오지 못하다 •	• 비밀을 지켜 주세요.
❸ 굶어 죽다 •	• 시험 때 부정행위는 하지 않겠어요.
❹ 집에서 쫓겨나다 •	• 우주여행을 꼭 하고 싶어요.
❺ 팬들이 다 등을 돌리다 •	• 그 사람하고 꼭 결혼하고 말 거예요.

보기 세상이 두 쪽이 나는 한이 있더라도 비밀을 지켜 주세요.

❶ ____________________

❷ ____________________

❸ ____________________

❹ ____________________

❺ ____________________

02. 다음은 에베레스트 정복에 도전하는 등산가와의 라디오 인터뷰입니다. 알맞은 말을 골라 인터뷰를 완성하십시오.

• 걸음을 멈추지 않다	• 가다가 쓰러지다	• 가족을 다시 못 보다
• 꿈을 포기하다	• 죽다	• 실패하다

앵 커: 오늘 초대 손님으로 모실 분은 5번째 에베레스트 정복에 도전하시는 고성훈 씨입니다. 안녕하세요? 벌써 4번의 실패를 경험하셨는데 어떻게 또 도전하시게 되셨어요?

고성훈: 에베레스트 정복은 제 평생의 꿈입니다. 또 다시 **보기** 실패하 는 한이 있더라도 도전을 멈추지 않을 겁니다.

앵 커: 그런데 에베레스트 등반은 10명에 1명이 죽을 정도로 위험하다던데요.

고성훈: 네. 하지만 ❶ ________ 는 한이 있더라도 제 평생의 꿈을 이루겠다는 생각은 변함이 없어요.

앵 커: 대단한 각오네요. 그런데 가족의 반대도 심했을 것 같아요.

고성훈: 가족한테는 미안하지만 ❷ ________ 는 한이 있더라도 에베레스트 정복은 포기할 수 없지요.

앵 커: 지난 번 등반 때는 동료를 구하느라고 정상에 오르지 못하셨다고 들었어요. 후회하지 않으세요?

고성훈: 후회라니요? ❸ ________ 는 한이 있더라도 그때는 동료를 구해야 한다는 생각이 먼저였어요.

앵 커: 그렇군요. 그동안 여러 차례 등반을 하셨는데 어떤 심정으로 에베레스트를 오르시나요?

고성훈: 산을 오를 때 엄청 춥고 힘들어서 다리가 떨어질 것 같지만 ❹ ________ 는 한이 있더라도 포기하지 않겠다, 동상에 걸려 다리를 못 쓰게 되는 한이 있더라도 ❺ ________ 겠다, 뭐 그때는 오직 정상에 오르겠다는 생각밖에 안 들어요.

활동 위에서 배운 어휘와 문법을 사용하여 다음 중 하나를 골라 이야기해 보십시오.

- 자신이 알고 있는 서양 철학자 소개하기
- 자신이 알고 있는 동양 철학자 소개하기
- 자국의 철학자 소개하기

보기 독일 철학자 칸트는 평생 독신으로 살며 고향에서 150km 이상 밖을 나가 본 적이 없었다고 해요. 그는 돈을 못 벌어 굶어 죽는 한이 있더라도 철학 이외의 일에는 눈도 돌리지 않겠다는 생각으로 철학과 관계없는 일자리는 모두 거절하고 어렵게 생활을 이어갔다고 해요. 그는 이성과 경험으로 진리를 탐구하고자 했어요. 그래서 이성과 경험으로 증명할 수 없다는 이유로 "신은 없다"는 논리를 펴기도 했지요. 또 매우 철저한 자기관리를 한 것으로 유명한데 날마다 정해진 시각에 산책을 했기 때문에 시민들이 칸트를 보고 시간을 맞췄다는 일화는 많이들 알고 있을 거예요.

03 한국 철학

학습목표 유교 관련 어휘를 익혀서 활용할 수 있다.
'-는 가운데', '-는답시고' 표현을 익혀서 활용할 수 있다.

따루 철학개론 수업에서 한국 철학에 대해서 발표를 해야 하는데, 검색해 보니까 이황과 이이의 견해 차이에 대한 내용이 많이 나오더라고요.

선배 한국 철학은 외국에서 전래된 불교, 유교 등을 한국적으로 수용하는 과정에서 생겨났다고 할 수 있어. 그러니까 조선시대의 대표적인 유학자인 이황과 이이에 대해서 조사하면 될 것 같은데?

따루 그런데 '이(理)'와 '기(氣)'의 개념을 파악하기가 어려워요. 이는 만물을 이루는 변하지 않는 본질이고 기는 현상적으로 구체화된 것이라니요?

선배 사람으로 치면 이는 가지고 태어난 본성이고 기는 살면서 생기는 감정이라고 할 수 있어. 이황은 이상적인 이에 다가가기 위해서 끊임없는 정신 단련을 통해 감정을 다스려야 한다고 생각했고 현실보다는 이상세계에 관심을 두었지.

따루 아, 이에 반해 이이는 이와 기가 따로 존재하는 것이 아니라고 보았고 선한 본성을 실천하는 것을 중요시했고요. 세상 속에서 이와 기의 균형을 찾으려 했기 때문에 정치 참여와 개혁에 적극적이었다는 얘기네요. 이와 기를 해석하는 입장에 따라 현실에 대처하는 방식도 다르군요.

선배 맞아. 이이는 당시 양반들이 선비랍시고 글공부만 하면서 정신을 단련하는 건 소용없다고 본 거야. 이황이 은둔형 지식인이라면 이이는 현실 참여적인 정치인이라고나 할까?

새 어휘

견해	한미 관계에 대한 전문가의 견해를 들어보도록 하겠습니다. 가족 간에도 정치 문제에 대해 견해 차이가 있을 수 있습니다.
전래되다	고추는 16세기 말에 우리나라에 전래되었다고 한다. 이 동화집은 옛날부터 전래되어 온 이야기를 모아 놓은 책이다.
파악하다	이 책에는 전문 용어가 많아서 내용을 파악하기가 어렵다. 실패의 원인을 제대로 파악하지 못하면 같은 실수를 저지를 수 있습니다.
현상적	한의학에서는 병의 뿌리를 없애는 근원적인 치료를 하고 양의학에서는 현상적으로 드러난 증상을 치료한다. 도표에서 보시다시피 회사의 재정 상태가 현상적으로는 좋아지고 있지만 근본적으로 문제가 해결된 것은 아닙니다.
치다	조선시대 정2품의 관직은 지금으로 치면 장관에 해당한다. 우리 강아지는 13살인데 사람으로 치면 100살이 넘은 나이이다.
단련	축구 대표팀 선수들은 월드컵 대회를 앞두고 체력 단련에 힘쓰고 있습니다. 태권도는 심신을 모두 단련시킬 수 있는 운동이다.
개혁	흥선대원군은 왕권 강화를 위해 여러 가지 개혁 정책을 펼쳤다. 지금의 교육 문제를 해결하기 위해서는 교육제도뿐만 아니라 의식의 개혁이 시급하다.
입장	여당은 선거법 개정에 반대하는 입장을 분명히 했다. 테러범을 끝까지 추적하겠다는 우리 정부의 입장은 변함이 없습니다.
대처하다	우리 학교에서는 불이 났을 때 대처하는 방법에 대한 교육을 학기마다 실시한다. 연예인 김 모씨는 자신에 관한 허위 사실을 퍼뜨린 네티즌에 대해 강하게 대처하겠다는 입장을 발표했다.

01. 빈칸에 알맞은 말을 쓰십시오.

> **보기** 신라의 화랑도는 예절과 전통에 관한 교육을 받았을 뿐만 아니라 군사 훈련을 통해 신체를 (단련)시켰다.

❶ 1970년대의 100원은 요즘으로 (   )으면/면 2500원 정도라고 합니다.

❷ 노동법 개정에 대해 여야는 (   ) 차이를 보이며 대립했다.

❸ 16세기 유럽에서는 부패한 카톨릭 교회의 변화를 요구하는 종교 (   ) 운동이 일어났다.

❹ 택배를 보낸 후 홈페이지에 들어가서 접수 번호를 입력하면 물건의 위치를 (   )을/ㄹ 수 있습니다.

02. 빈칸에 알맞은 말을 쓰십시오.

불교는 부처의 가르침을 따르는 종교이다. 부처는 모든 것을 있는 그대로 보고, 인간이 지금 이 자리에 어떻게 존재하고 있는가를 중요시했다. 따라서 인간이 살면서 생길 수 있는 **보기** (현상적)인 문제에 부딪쳤을 때 어떻게 ❶ (   )을/ㄹ 지를 알 수 있도록 하는 것이 곧 부처의 가르침이다. 또한 부처는 사람마다 자신이 처한 ❷ (   )이/가 다르므로 그에 맞게 가르침의 내용을 달리 해야 한다고 생각하였다. 불교에서는 신을 내세우지 않으며 누구나 심신의 ❸ (   )을/를 통해 부처가 될 수 있다고 본다. 이러한 불교는 4세기경에 한반도로 ❹ (   )어/아/여 지금까지 내려오고 있다.

주제 어휘

유교	• 덕치주의	• 민본주의	• 군위신강	• 부위자강	• 부위부강
	• 부자유친	• 군신유의	• 부부유별	• 장유유서	• 붕우유신

01. 다음 설명과 맞는 단어를 보기 와 같이 연결하십시오.

보기 어른과 아이 사이에는 순서가 있어야 한다. • —— • 장유유서

❶ 부모는 자식을 잘 대하고 자식은 부모를 잘 모셔야 한다. •

❷ 남편과 아내는 각자의 책임을 다해야 한다. •

❸ 친구 사이에는 믿음이 있어야 한다. •

❹ 왕과 신하 사이에는 의리가 있어야 한다. •

• 부자유친

• 군신유의

• 장유유서

• 붕우유신

• 부부유별

02. 빈칸에 알맞은 말을 쓰십시오.

조선시대에는 무력이 아니라 덕으로 나라를 다스려야 백성이 이를 따르고 나라가 평화롭다고 여겼으며, 백성이 나라의 근본이므로 백성들의 생활을 안정시키는 것이 왕의 임무라고 생각했다. 조선은 유교의 이 두 가지 사상, 즉, 보기 (덕치주의와)~~과/와~~ ❶ (　　　　　)을/를 바탕으로 나라를 다스렸다. 이를 실현하기 위해 왕과 신하들은 항상 유교를 공부했고 백성들에게도 유교를 알리려고 애썼다. 세종 때는 '삼강행실도'라는 책을 만들었는데 이는 신하는 임금을 섬기는 것이 근본이라는 ❷ (　　　　　), 아들은 아버지를 섬기는 것이 근본이라는 ❸ (　　　　　), 아내는 남편을 섬기는 것이 근본이라는 ❹ (　　　　　)을/를 그림과 함께 쉽게 풀이한 것이다.

문법 1 −는/은/ㄴ 가운데

- 동사의 어간 뒤에 써서 선행문의 내용이 진행되는 중에 후행문의 내용이 발생했음을 나타낸다.
- 동사의 어간 뒤에서 '−는 가운데'를 쓰나, 과거 동사의 경우 어간이 자음으로 끝나면 '−은 가운데'를, 모음으로 끝나면 '−ㄴ 가운데'를 쓴다.

❶ 대통령 지지도가 조금씩 하락하는 가운데 내년에 있을 총선 결과에 관심이 모아지고 있습니다.

❷ 설탕의 유해성 논란이 끊이지 않는 가운데 설탕 판매량이 조금씩 줄고 있는 것으로 조사됐다.

❸ 김상원 서울 시장 후보의 압도적인 승리가 예상되는 가운데 개표가 시작되었습니다.

❹ 발리에서 화산이 폭발해 화산재가 하늘을 뒤덮은 가운데 현재 구조작업이 진행되고 있습니다.

01. 알맞은 말을 골라 보기 와 같이 문장을 완성하십시오.

- 많은 시민들이 환영하다
- 어제 강남에서 일어난 화재의 원인이 정확하게 밝혀지지 않았다
- 야당 의원 전원이 참석하지 않았다
- 배우 황승연이 열애설에 휩싸였다
- 태국 사람들의 한국 문화에 대한 관심이 커져가고 있다
- 비가 조금씩 내리다

보기 야당 의원 전원이 참석하지 않은 ~~는/은/ㄴ~~ 가운데 국회 본회의가 시작되었다.

❶ ______________ 는/은/ㄴ 가운데 올림픽 선수단이 오늘 오전 입국하였습니다.

❷ ______________ 는/은/ㄴ 가운데 미국과 일본의 축구 경기가 진행되고 있습니다.

❸ ______________ 는/은/ㄴ 가운데 과거에 했던 인터뷰 내용이 화제가 되고 있다.

❹ ______________ 는/은/ㄴ 가운데 가수 정민이 태국에서 대규모 콘서트를 열었습니다.

❺ ______________ 는/은/ㄴ 가운데 인근에서 오늘 또 화재가 발생했습니다.

02. 다음은 라디오 뉴스입니다. 알맞은 말을 골라 뉴스를 완성하십시오.

- 주연 배우의 연기에 대한 극찬이 쏟아지다
- 팬들이 지켜보다
- 100여 명의 시민이 인질로 잡혀 있다
- 국제테러조직과의 전쟁을 선포했다
- 테러에 대한 공포가 확산되다
- 많은 영화인들이 모이다

YBS 9시 라디오 뉴스입니다. 첫 번째 소식입니다. 프랑스 대통령이 **보기** 국제테러조직과의 전쟁을 선포한 ~~는/은/ㄴ~~ 가운데 또 다른 테러 사건이 일어났습니다. 파리 시내의 한 도서관에서 폭발물이 터졌고 현재 ❶ ______________ 는/은/ㄴ 가운데 경찰이 테러범과 대화를 시도 중인 것으로 알려졌습니다. 한편 프랑스를 포함한 유럽에서는 ❷ ______________ 는/은/ㄴ 가운데 각국 정부가 대책 마련에 고심하고 있습니다. 다음 뉴스입니다. 오늘 오후 6시 서울문화회관에서 한국영화제가 열렸습니다. 영화제 참석을 위해 서울문화회관에 도착한 배우들은 ❸ ______________ 는/은/ㄴ 가운데 행사장으로 들어갔고, 배우들을 비롯해 ❹ ______________ 는/은/ㄴ 가운데 행사가 시작되었습니다. 이번 영화제에서는 얼마 전에 개봉한 박서우 감독의 〈나의 서울〉이 감독상, 각본상, 음악상 등 5개 부문의 상을 받았으며, 이 영화는 ❺ ______________ 는/은/ㄴ 가운데 연일 매진을 기록하고 있습니다.

문법 2 -는답시고/ㄴ답시고/답시고

- 동사나 형용사의 어간 뒤에 써서 어떤 일을 제대로 하려고 했는데 혹은 어떤 상태를 자랑스럽게 만들려고 했는데 결과가 만족스럽게 나오지 않았음을 빈정거리며 말할 때 쓴다.
- 동사의 어간이 자음으로 끝나면 '-는답시고'를, 모음으로 끝나면 '-ㄴ답시고'를 쓰고, 형용사의 어간 뒤에서는 '-답시고'를 쓴다.

❶ 멋을 낸답시고 한겨울에 얇은 옷을 입고 나갔다가 감기에 걸렸다.

❷ 영수는 회사에서 봉사활동을 갈 때는 바쁘답시고 참여하지 않으면서 회식에는 안 빠진다.

❸ 아들이 방학 계획이랍시고 세워 놓은 것을 보니 온통 놀러갈 계획뿐이다.

❹ 선배 연기자가 연기 좀 해 봤답시고 어찌나 내 연기에 대해 지적을 하는지 기분 나쁜 것을 참느라 혼났어요.

01. 알맞은 말을 골라 보기와 같이 문장을 완성하십시오.

• 영화를 만들다	• 생이 나를 도와주다
• 돈 좀 벌었다	• 위로이다
• 분위기를 띄우겠다	• 실수한 것을 사과하다

보기 동료가 실수한 것을 사과한답시고 ~~는답시고/ㄴ답시고/답시고~~ 찾아와서 자기 변명만 잔뜩 하더라고요.

❶ 친구가 ______________ 는답시고/ㄴ답시고/답시고 이상한 농담을 해서 분위기를 더 이상하게 만들었다.

❷ ______________ 는답시고/ㄴ답시고/답시고 친구에게 한 말이 오히려 친구에게 상처가 된 것 같다.

❸ ______________ 는답시고/ㄴ답시고/답시고 방을 치우다가 내가 아끼는 화분을 깨뜨렸다.

❹ ______________ 는답시고/ㄴ답시고/답시고 그렇게 없는 사람 무시하고 그러면 안 되지요.

❺ ______________ 는답시고/ㄴ답시고/답시고 집에도 잘 안 들어가고 가정에 소홀했던 것이 후회가 됩니다.

02. 다음은 학교 친구와의 대화입니다. 알맞은 말을 골라 대화를 완성하십시오.

- 공부하겠다
- 동아리 활동을 하다
- 용돈을 벌다
- 선배이다
- 1년 더 배웠다
- 보고서를 고치다

가: 너 표정이 왜 그래? 뭐 화나는 일이라도 있었어?

나: 보기 선배랍시고 ~~는답시고/ㄴ답시고/답시고~~ 큰소리 치고 다니는 형이 있는데, 그 형 때문에 그래. 조별 과제가 있어서 아까 만났는데, ❶ ________ 는답시고/ㄴ답시고/답시고 어찌나 아는 척을 하던지. 어제 만났을 때 ❷ ________ 는답시고/ㄴ답시고/답시고 가져가더니 더 엉망으로 만들어 왔잖아. 이번 학기에는 학점을 잘 받아야 하는데 말이야.

가: 그랬구나. 나도 중간 시험 점수가 엉망이어서 걱정이야. ❸ ________ 는답시고/ㄴ답시고/답시고 부모님을 설득해서 유학을 와 놓고선 ❹ ________ 는답시고/ㄴ답시고/답시고 수업에 빠지고, ❺ ________ 는답시고/ㄴ답시고/답시고 아르바이트 하느라 전공 수업을 소홀히 했잖아. 부모님께 죄송한 마음이 들어서 지금부터라도 공부 좀 해야겠어.

활동 아래 글을 읽고 위에서 배운 어휘와 문법을 사용하여 다음 중 하나를 골라 이야기해 보십시오.

- 이 이야기와 비슷한 깨달음을 얻은 경험
- 자신이 알고 있는 철학적 에피소드나 철학자의 에피소드

신라시대의 승려인 원효와 의상은 불교를 더 공부하기 위해 당나라로 유학을 떠났다. 당나라로 가는 길에 날이 어두워져 어느 동굴에서 하룻밤을 자게 되었는데 자다가 목이 말라 옆에 있는 물을 마셨다. 다음날 아침 자신이 마신 물이 해골에 고여 있던 더러운 물이라는 것을 알고 원효는 구역질을 했다. 그리고는 "해골에 담긴 물은 어젯밤이나 오늘이나 똑같은데, 왜 어제는 달았던 물이 오늘은 구역질을 나게 할까? 그렇다! 진리는 결코 밖에 있는 것이 아니라 내 안에 있다."라는 생각을 하게 된다. 여기서 깨달음을 얻은 원효는 당나라로 가지 않고 집으로 돌아갔다.

보기 위 이야기처럼 모든 것은 마음먹기 나름입니다. 저도 이것을 경험한 적이 있습니다. 고향에서 아르바이트를 했는데 일을 하고 돈을 제대로 받지 못했습니다. 처음에는 돈을 받지 못한 것이 너무 화가 났습니다. '괜히 돈을 벌겠답시고 나서서 고생만 했구나'라고 생각하니 내가 불행하다고까지 느껴졌습니다. 하지만 '언제 또 이런 경험을 해 보겠어? 이것도 큰 공부다'라고 생각하니까 마음이 편해졌습니다.

04 생활 속 철학

학습목표 생활 속 철학 관련 어휘를 익혀서 활용할 수 있다.
'-을 거라고는 생각조차 못했다', '-건대' 표현을 익혀서 활용할 수 있다.

신도 스님, 헤어진 남자친구와의 행복했던 기억들이 하나씩 떠오르면서 자꾸 눈물이 나서 너무 힘들어요. 담담할 줄 알았는데...... 실연의 아픔이 이렇게 클 거라고는 생각조차 못했어요.

스님 그러한 고통은 영주 씨가 남자 친구와의 관계에 집착을 하고 있기 때문입니다.

신도 이제는 남자 친구가 없는데 어떻게 집착이라고 할 수 있나요?

스님 '이제 남자 친구가 없다'라는 생각은 남자 친구가 과거에 있었기 때문에 가질 수 있는 마음입니다. 즉 영주 씨가 아직도 마음 속에 남자친구를 가지고 있다는 말이지요. 마음으로 보내지 않은 것도 집착입니다.

신도 그럼 저는 어떻게 하면 좋을까요?

스님 제가 몇 년 전에 난초를 선물 받고 애지중지 키웠습니다. 싱싱한 잎, 연둣빛 꽃과 은은한 꽃향기가 저를 행복하게 해 주었습니다. 그런데 난초를 키우다 보니 마음 편하게 외출도 못하고 신경 써야 할 일이 한두 가지가 아니었습니다. 결국 저는 난초를 좋아하는 지인에게 선물로 주었고 그 후 아주 홀가분해졌습니다. 생각해 보건대 무엇을 좋아하거나 소유하게 되면 그것에 집착하게 되고 심하면 마음의 병이 생기는 것입니다.

신도 내 것이 아니라고 생각되는 것을 소유하려고 하지 말고 마음에서 다 내려놓으란 말씀이시군요. 좀 어렵긴 하지만 노력해 봐야겠군요.

새 어휘

담담하다	그 배우는 담담한 표정으로 자신의 이혼 사실을 밝혔다. 그 소설에서 작가는 전쟁의 비극 속에서 고통을 겪는 한 인간의 삶을 담담하게 그려냈다.
실연	실연의 상처는 다른 사람을 만나면 극복이 된다. 그 남자는 실연을 당하고 몇 주째 밥도 못 먹고 잠도 못 자고 있다.
집착	자식에 대한 집착을 사랑으로 착각하는 부모들이 있다. 과거에 집착하지 말고 앞으로 해야 할 일을 생각해 봐.
난초	이 숲에는 다양한 종류의 야생 난초가 자라고 있다. 친구가 새로 사업을 시작한다기에 직접 기른 난초를 선물하였다.
애지중지	애지중지 키운 아들이 여자 친구만 챙기는 걸 보니 섭섭했다. 시집 올 때 가져오셨다는 재봉틀은 할머니께서 애지중지하는 보물 1호이다.
연둣빛	봄이 되자 나무들마다 연둣빛 잎들이 나왔다. 노란 옷을 입은 은영이가 연둣빛 우산을 쓰고 계단을 내려왔다.
은은하다	요즘은 강한 향보다는 은은한 향의 향수가 인기이다. 레오나르도 다 빈치의 걸작 '모나리자'는 은은한 미소로 유명하다.
홀가분해지다	수능 시험이 끝나고 홀가분한 기분으로 친구들과 여행을 떠났다. 그 축구 선수는 은퇴 기자회견에서 은퇴를 결정하고 나니 마음이 홀가분해졌다고 말했다.
내려놓다	그 지휘자는 이번 공연을 마지막으로 지휘봉을 내려놓는다고 말했다. 그 스님은 강연에서 집착과 욕심을 내려놓아야 마음의 평화가 온다고 말씀하셨다.

01. 빈칸에 알맞은 말을 쓰십시오.

보기 (난초는)~~은/는~~ 키우기가 어려워서 신경을 많이 써야 한다.

❶ 그 사람은 (   )의 충격으로 자살을 시도하였다.

❷ 물을 안 주었더니 (   ) 잎사귀가 말라서 누렇게 변했다.

❸ 거실 조명을 간접 조명으로 바꾸었더니 따뜻하고 (   )은/ㄴ 분위기가 난다.

❹ 프로젝트가 무사히 끝나서 오래간만에 (   )은/ㄴ 기분으로 동료들과 한잔했다.

02. 빈칸에 알맞은 말을 쓰십시오.

오랜만에 만난 친구에게 안부를 묻자 친구는 **보기** (담담한)~~은/ㄴ~~ 목소리로 운영하던 회사를 정리했다고 했다. 그 회사는 친구가 마치 자식을 ❶ (   )하며 기르듯 정성을 다해 키운 회사였다. 갑자기 왜 그런 결정을 내렸냐고 물어보자 건강이 악화되어 모든 것을 ❷ (   )어야겠다는/아야겠다는/여야겠다는 생각이 들었다고 한다. 결정을 내리기 전까지는 회사에 대한 ❸ (   ) 때문에 힘들었지만 마음을 비운 지금은 ❹ (   )어졌다고/아졌다고/여졌다고 했다.

주제 어휘

생활 속 철학	• 사색하다	• 자성하다	• 내려놓다	• 집착을 버리다
	• 평정심을 유지하다	• 평정심을 잃다	• 초월하다	• 포용하다
	• 깨달음을 얻다	• 얽매이다		

01. 빈칸에 알맞은 말을 쓰십시오.

보기 사랑은 예술에서 시대를 (초월하여)~~아/어/여~~ 다루어지는 주제이다.

❶ 윗사람은 아랫사람을 (   )을/ㄹ 줄 알아야 한다.

❷ 내가 즐겨 찾는 이 산책길은 공기도 맑고 조용해서 (   )기 좋다.

❸ 밤에 시원하게 마신 물이 해골에 고인 물이었다는 것을 안 원효대사는 모든 것이 마음먹기에 달려 있다는 큰 (   )었다/았다/였다.

❹ 업계 1위 자리를 빼앗기자 사내에서는 (   )고 변화를 시도해야 한다는 목소리가 커졌다.

02. 빈칸에 알맞은 말을 쓰십시오.

김연하 선수는 은퇴 전 마지막 국제 경기에서도 **보기** (평정심을 잃)지 않고 우수한 실력을 보여주어 사람들을 놀라게 했다. 이처럼 운동 경기에서는 긴장하지 않고 ❶ (   )는 것이 중요한데, 그러기 위해서는 결과에 대한 ❷ (   )어야/아야/여야 한다. 그녀 역시 이번 올림픽에서 데뷔 시절과 달리 결과에 ❸ (   )지 않고 마음을 ❹ (   )었더니/았더니/였더니 더 편하게 경기를 치를 수 있었다고 했다.

문법 1 -을/ㄹ 거라고는 생각조차 못했다

- 동사나 형용사의 어간 뒤에 써서 어떤 사실이 전혀 예상하지 못한 것임을 강조할 경우에 쓴다. '-을/ㄹ 줄 몰랐다'보다 더 의외임을 강조한 표현이다.
- 동사나 형용사의 어간이 자음으로 끝나면 '-을 거라고는 생각조차 못했다'를 쓰고, 모음으로 끝나면 '-ㄹ 거라고는 생각조차 못했다'를 쓴다.

❶ 외국 사람들이 이렇게 김치를 좋아할 거라고는 생각조차 못했어요.

❷ 한국에 오기 전에는 한국 생활이 이렇게 재미있을 거라고는 생각조차 못했어요.

❸ 이번 살인 사건의 범인이 피해자의 남편일 거라고는 생각조차 못했다.

❹ 중간시험에서 제임스 씨가 1등을 했을 거라고는 생각조차 못했어요.

01. 알맞은 말을 골라 보기 와 같이 대화를 완성하십시오.

• 시험이 그렇게 어렵다	• 그렇게 부자이다
• 살이 그렇게 많이 빠졌다	• 자동차가 하늘을 나는 시대가 오다
• 김치 종류가 그렇게 많다	• 중국과 한국의 문화가 이렇게 다르다

보기 가: 한국에 처음 왔을 때 뭐가 힘들었어요?
나: 저는 중국과 한국의 문화가 이렇게 다를 ~~을/ㄹ~~ 거라고는 생각조차 못했어요.

❶ 가: 어제 김치 박물관에 갔다면서? 어땠어?
나: ______________________ 을/ㄹ 거라고는 생각조차 못했어.

❷ 가: 영희 만났니? 영희가 살 많이 빠졌다면서?
나: 얘기를 듣긴 했는데 ______________________ 을/ㄹ 거라고는 생각조차 못했어. 처음에는 못 알아봤어.

❸ 가: 하늘을 나는 택시가 곧 운행될 거래.
나: 와~ 정말? ______________________ 을/ㄹ 거라고는 생각조차 못 했어.

❹ 가: 웨이 아버지가 진짜 부자래.
나: 정말? 웨이네가 ______________________ 을/ㄹ 거라고는 생각조차 못했어. 하고 다니는 건 그렇게 안 보이던데.

❺ 가: 지난 번 한국어 능력 시험은 잘 봤어?
나: 쉽게 생각하고 갔는데 너무 어려웠어. ______________ 을/ㄹ 거라고는 생각조차 못했어.

02. 다음은 기자와 한국 전통 음악을 가르치는 한 외국인 교수와의 인터뷰입니다. 알맞은 말을 넣어 대화를 완성하십시오.

기자: 지금 한국 대학에서 한국 전통 음악을 가르치신다고 들었습니다. 어릴 때부터 한국에 관심이 있으셨어요?

교수: 아니요, 대학에 들어가기 전까지만 해도 한국에 대해 전혀 몰랐습니다. 룸메이트가 한국 사람이어서 한국 문화에 관심을 가지게 되었지요. 제가 **보기** 한국 문화에 관심을 가지게 될 ~~을/ㄹ~~ 거라고는 생각조차 못했어요.

기자: 그럼 대학 시절에 한국에 오셨습니까?

교수: 한국인 룸메이트가 종종 서울에 한 번 놀러 오라고 했지만 그 때까지는 ❶ ________________ 을/ㄹ 거라고는 생각조차 못했어요. 대학을 졸업하고 우연히 한국 문화원에 들렀다가 국비 유학생 프로그램을 알게 되었어요. 그 전까지는 제가 ❷ ________ 을/ㄹ 거라고는 생각조차 못했어요.

기자: 그러셨군요. 한국에 올 때부터 한국 전통 음악에 관심이 있으셨습니까?

교수: 아니요, 그냥 저는 한국말만 배우려고 한국에 왔습니다. 제가 ❸ ________ 을/ㄹ 거라고는 생각조차 못했는데 문화 체험으로 배운 전통 악기에 관심이 생겨서 취미로 시작한 게 이렇게 전공으로 이어진 거지요. 이렇게 ❹ ________ 을/ㄹ 거라고는 생각조차 못했어요.

기자: 참, 남편 분이 한국 사람이라면서요?

교수: 네, 음악을 공부하면서 만난 친구와 결혼까지 하게 되었습니다. 한국에 올 때까지만 해도 ❺ ________ 을/ㄹ 거라고는 생각조차 못했는데 말이에요.

문법 2 -건대

• 동사나 형용사의 어간 뒤에 써서 뒤 절의 내용이 화자가 보거나 듣거나 바라거나 생각하는 따위의 내용임을 미리 밝히는 연결 어미이다.

❶ 예상하건대 내년도 경제 성장률은 3%를 넘지 못할 것이다.

❷ 고백하건대 30년 전 그 사건의 범인은 바로 저입니다.

❸ 단언하건대 이 가격에 이것보다 더 나은 기능을 가진 제품을 없을 것입니다.

❹ 미리 말하건대 이번 프로젝트는 여러분이 생각하는 것처럼 쉽지 않을 겁니다.

01. 알맞은 말을 골라 보기 와 같이 대화를 완성하십시오.

• 다시 한 번 말하다	• 거듭 강조하다	• 돌이켜보다
• 내수 시장의 규모를 고려하다	• 솔직히 고백하다	• 예상하다

보기 기자: 유진 씨, 그 분의 재력을 보고 만난다는 소문에 대해 어떻게 생각하십니까?
유진: 거듭 강조하건대 저는 그 분의 재력이 아니라 인품에 반해서 만나게 되었습니다.

❶ 기 자: 은영 씨, 언니 분이 능력 있는 사업가로 유명한데 부러워하신 적은 없습니까?
은 영: ________________건대 어릴 때는 똑똑한 언니를 미워한 적도 있었습니다.

❷ 기 자: 그럼 남북 관계가 어떻게 진행되어야할까요?
교 수: ________________건대 남북 관계는 서로간의 신뢰를 바탕으로 진행되어야 한다고 생각합니다.

❸ 기 자: 박 대표님, 작은 회사를 세계적인 기업으로 키우셨는데 그 동안 어려운점은 없으셨나요?
박대표: ________________건대 어려운 점도 많았지만 하고 싶은 일을 할 수 있다는 생각에 행복했었던 것 같습니다.

❹ 기 자: 이 교수님, 창업을 준비하는 사람들에게 한 마디 조언 부탁드립니다.
교 수: ________________건대 내수 시장에만 의존하면 살아남기가 힘드니 해외 시장도 함께 개척해야 합니다.

❺ 기 자: 조만간 통일이 될 것 같습니까?
교 수: ________________건대 통일이 그리 쉽게 이루어지지는 않을 것 같습니다.

02. 다음은 저출산 문제에 대한 기자와 교수의 대화입니다. 알맞은 말을 골라 대화를 완성하십시오.

- 예상하다
- 다시 한번 강조하다
- 국내 상황을 살펴보다
- 이러한 사례를 보다
- 요약하여 말하다
- 바라다

기자: 김 교수님, 출산을 장려하기 위해 독신세 부과를 검토해 보겠다는 정부의 의견에 대해 어떻게 생각하십니까?

교수: 보기 예상하건대 충분한 논의를 거치지 않은 이런 의견에 대해 국민들의 반발이 클 거라고 봅니다.

기자: 정부 입장에서는 저출산 문제를 해결하기 위해 어쩔 수가 없다고 하는데요.

교수: ❶ ____________건대 모든 정책은 충분한 논의와 구성원들의 합의가 이루어진 후에 결정되어야 한다고 봅니다.

기자: 그럼 심각한 저출산 현상을 극복하기 위해 어떤 노력을 해야 할까요?

교수: ❷ ____________건대 과세보다는 근본적인 해결 방법이 제시되어야 합니다. ❸ ____________건대 출산과 육아에 대한 여건이 마련되어 있지 않습니다. 최근 증가하는 사교육비와 취학 전 보육비의 증가, 유치원 입학 경쟁 등을 보면 마음 놓고 아이를 키울 수 없는 상황이지요. ❹ ____________건대 보육 정책이 제대로 이루어지지 않고 있습니다. ❺ ____________건대 부모가 마음 놓고 아이를 낳아 키울 수 있는 보육환경을 만들어 주어야 할 것입니다.

활동 위에서 배운 어휘와 문법을 사용하여 다음 중 하나를 골라 이야기해 보십시오.

- 철학을 공부해야 하는 이유
- 생활 속에서 발견할 수 있는 철학의 예
- 자신의 인생 철학

보기 우리가 살아가는 인생이 항상 쉽고 즐거운 일만 있는 건 아닐 겁니다. 살다 보면 실연이나 실패와 같은 힘든 일을 겪기도 하고 포기하고 싶을 때도 생길 겁니다. 나에게 닥친 부정적인 현실에 얽매여서 평정심을 잃거나, 내가 가야 할 길을 찾지 못한다면 삶이 더 힘들어지겠지요. 저는 그럴 때 우리의 길을 밝혀 주고 바른 길을 안내해 주는 것이 철학이라고 생각합니다. 요약해서 말하건대 인생의 등불과 같은 존재라고 할 수 있지요.

제 9 과

정치

01 국제기구의 역할

02 세계의 정치제도

03 광해군의 외교 정책

04 SNS와 정치 참여

01 국제기구의 역할

학습목표 국제기구의 역할 관련 어휘를 익혀서 활용할 수 있다.
'으로서/로서', '-을뿐더러' 표현을 익혀서 활용할 수 있다.

오늘은 국제기구에 대해 이야기해 봅시다. 대표적인 것으로는 세계 최대 국제기구인 국제연합(UN)을 비롯해 경제협력개발기구(OECD), 유럽연합(EU), 석유수출국(OPEC), 국제올림픽 위원회(IOC) 등이 있지요.

국제연합(UN)은 현재 유일한 범세계적인 정부간 기구로서 회원국 간의 평화와 안전을 유지할뿐더러 경제적, 사회적, 인도적 문제에서 국제적인 협력과 각국의 행위를 조정하는 중심축 역할을 하고 있습니다.

이러한 정부간 국제기구 외에 세계 각국의 민간단체나 시민 개개인이 모여 설립한 국제 비정부기구(INGO)의 종류도 많은데, 국제 사면 위원회(AI), 국경없는 의사회, 그린피스는 대표적인 국제비정부기구들입니다.

국제 사면 위원회(AI)는 국가권력에 의해 처벌당하고 억압받는 각국 정치범들을 구제하기 위해 설치된 국제기구로서 정치범의 석방, 공정한 재판, 옥중 처우 개선 그리고 고문과 사형의 폐지 등을 목적으로 활동하고 있습니다. 국경 없는 의사회는 전쟁, 기아, 질병, 자연재해 등으로 고통 받는 세계 각지의 주민들을 구호하기 위해 설립된 국제 민간 의료 구호단체이고, 그린피스는 국제 환경보호 단체로서 핵실험 반대와 자연 보호 운동 등을 통해 지구의 환경을 보존하고 평화를 증진시키기 위한 활동을 하고 있습니다.

21세기 들어 세계화와 함께 국경을 초월한 지구촌의 공동 문제에 세계 시민의 관심이 높아지면서 국제비정부기구(INGO)의 역할이 더욱 요구되고 있습니다.

새 어휘

범세계적	반테러 시위가 범세계적으로 확산되고 있다. 환경 문제를 논의하기 위한 범세계적인 환경 회의가 서울에서 개최됐다.
인도적	전쟁 포로는 어떤 경우에도 인도적으로 대우해야 한다는 국제 협약이 있다. 남북한 이산가족 상봉은 정치적인 차원이 아닌 인도적인 차원에서 이루어져야 한다.
조정	임금 인상에 대한 노사 간의 이견을 조정하기 위해 회의가 열렸다. 국제투자분쟁해결기구(ICSIC)는 국가 간의 투자와 관련된 분쟁을 조정하는 국제기구이다.
중심축	그 드라마는 이복 형제간의 갈등 구조를 중심축으로 이야기가 전개된다. 김영수 회장은 기자 회견에서 세계 경제의 중심축이 아시아로 이동하고 있다고 말했다.
구제	정부는 불황으로 어려움을 겪는 중소기업을 구제하기 위해 자금을 풀었다. 소비자가 피해를 입었을 때 소비자 상담 센터를 통해 피해 구제를 신청할 수 있다.
석방	경찰은 인질범에게 인질 석방을 요구했다. 그 사건의 용의자로 체포된 김 모 씨는 증거가 불충분하여 석방되었다.
처우	시간강사의 처우를 개선하기 위한 시간강사 법안이 국회를 통과했다. 사업주는 출산휴가나 육아휴직 중인 여성 근로자를 해고하는 등의 부당한 처우를 해서는 안 된다.
폐지	미국은 남북전쟁 이후 1865년 노예제도를 완전히 폐지했다. 우리 대학교 기숙사 학생 80% 이상이 기숙사 통금 폐지를 요구했다.
기아	나는 매달 유니세프에 기아 아동을 돕는 후원금을 내고 있다. 식량 부족으로 기아에 시달리는 인구가 약 8억 명이라고 한다.
구호	홍수로 피해를 입은 이재민에게 각지에서 구호 물품을 보내왔다 지진 발생 지역의 사람들이 오늘도 구호의 손길을 기다리고 있다.

01. 빈칸에 알맞은 말을 쓰십시오.

보기 이산화탄소 배출과 지구온난화에 대한 (범세계적)인 관심이 요구된다.

❶ 정부는 불법 체류자 자녀들도 (　　　　)인 차원에서 교육을 받을 수 있도록 하고 있다.

❷ 수능 문제의 오류로 인해 피해를 입은 학생을 (　　　　)하기 위한 방안을 논의 중이다.

❸ 역사적으로 보면 많은 지역에서 전쟁이나 자연재해가 발생해 식량이 부족해 (　　　　)으로/로 죽은 사람들이 많았다.

❹ 국제 적십자는 태풍 피해 발생 지역에서 (　　　　) 활동을 펼쳤다.

02. 빈칸에 알맞은 말을 쓰십시오.

남아프리카 공화국 최초의 흑인 대통령인 넬슨 만델라는 흑인 인권 운동가이다. 대학 시절 학생 대표로 활동할 때 학생에 대한 보기 (처우) 개선을 요구하며 투쟁한 적도 있고, 흑인 최초로 법률상담소를 운영하기도 했다. 젊은 시절 인종주의 반대 운동을 하던 중 1962년에 붙잡혀 27년이라는 긴 수감 생활 끝에 1990년 ❶ (　　　　)되었다. 이후 그는 남아프리카 백인 정부와 흑인 부족들 간의 갈등을 ❷ (　　　　)하고 협상을 이끌어내는 데 ❸ (　　　　) 역할을 했다. 그 결과 민주적인 선거 방식으로 인종차별 정책이 ❹ (　　　　)됐고, 그 공로로 노벨평화상을 수상했다.

주제 어휘

국제기구의 역할				
	• 정부간 기구	• 비정부 기구	• 평화 유지	• 권익 향상
	• 질병 퇴치	• 인권 존중	• 빈곤 퇴치	• 환경 보호
	• 기술 원조	• 비영리 단체		

01. 빈칸에 알맞은 말을 쓰십시오.

보기 'OTIF'는 서유럽 국가 중심의 국제 철도 수송에 관한 (정부간 기구)이다.

❶ (   )은/는 정부와 관련이 없는 민간단체로 권력이나 이익을 추구하지 않는다.

❷ 수익 사업을 하지 않는 (   )은/는 세금 면제 혜택이 있다.

❸ 여성의 날 기념식에서 여성 (   )에 기여한 사람들에게 공로상을 수여했다.

❹ 범죄자라고 하더라도 (   )을/를 위해 신상 공개를 하지 않는다.

02. 빈칸에 알맞은 말을 쓰십시오.

현대 국제 사회에서는 다양한 국제기구를 만들어 국가 간이나 민간 차원에서 서로 협력하고 있다. 개발도상국의 경제 개발에 필요한 **보기** (기술 원조를) ~~을~~/를 하기도 하고, 전쟁으로 국가 간에 갈등이 큰 지역에 ❶ (   )을/를 위해 평화유지군을 파견하기도 한다. 또한 가난에 시달리는 지역에 ❷ (   )을/를 위해 식량 지원은 물론 농업 기술을 가르치기도 하고, 의료 혜택을 받지 못하는 지역의 ❸ (   )을/를 위해 의약품 지원과 함께 의료진을 파견하기도 한다. 최근에는 지나친 경제 개발로 인해 환경 파괴가 심해져 ❹ (   )을/를 위해 범세계적인 운동과 활동이 활발해지고 있다.

문법 1 으로서/로서

- 명사 뒤에 써서 지위나 신분 또는 자격을 나타내는 격조사이다.
- 명사가 자음으로 끝나면 '으로서'를 쓰고, 모음으로 끝나면 '로서'를 쓴다.

❶ 나이 드신 부모를 모시는 것은 자식으로서 당연한 도리이다.
❷ 이번 공사의 총책임자로서 안전사고 발생에 대해 깊은 사죄의 말씀 드립니다.
❸ 만리장성은 세계 최장의 성곽으로서 수백 년에 걸쳐 지어졌다.
❹ 업데이트는 컴퓨터 용어로서 기존 정보를 최신 정보로 바꾼다는 의미이다.

01. 보기 와 같이 연결하고 문장을 완성하십시오.

보기 한 가정의 가장	가족의 생계를 책임지는 것은 당연하다.
❶ 그는 국가 대표 축구 감독	우수한 인재를 많이 배출했다.
❷ 김찬영 씨는 자수성가한 인물	올림픽 우승이라는 성과를 이뤄냈다.
❸ A대학은 한국 최고의 명문대학	한국인의 한을 잘 표현한다.
❹ 아리랑은 한국 전통 민요	50대에 재벌 총수 자리에 오른 경제인이다.
❺ 저희는 소외 계층을 지원하는 시민단체	나눔과 봉사의 실천에 앞장서 나갈 것입니다.

보기 한 가정의 가장으로서 가족의 생계를 책임지는 것은 당연하다.

❶ ______________________________

❷ ______________________________

❸ ______________________________

❹ ______________________________

❺ ______________________________

02. 다음은 교육감 선거 연설문입니다. 알맞은 말을 넣어 이야기를 완성하십시오.

서울 시민 여러분!

저는 나라의 미래인 젊은이를 가르치는 **보기** 교육자로서 ~~으로서/로서~~, 두 아이의 ❶ ________으로서/로서, 한 여자의 ❷ ________으로서/로서 30년간 성실하게 살아왔습니다.

대학 ❸ ________으로서/로서 30년간 교육계에 있으면서 우리나라 교육의 문제점과 현장 상황을 누구보다도 잘 알게 되었습니다. 이런 제 경험을 살려 문제점을 해결하고 교육을 발전시키고자 이번 서울시 교육감 선거에 출마하게 되었습니다. 제가 당선되면 한 나라의 ❹ ________으로서/로서, 교육 행정을 책임져야 할 ❺ ________으로서/로서 교육 개혁과 국가 발전에 최선을 다하겠습니다.

문법 2 -을뿐더러/ㄹ뿐더러

- 동사나 형용사의 어간 뒤에 써서 어떤 사실, 상황에 더하여 다른 사실, 상황이 있음을 나타낸다. 보통 뒤의 상황이 더 심각하거나 정도가 더한 경우가 많다. '-을/ㄹ 뿐만 아니라'와 의미가 유사하나 '-뿐만 아니라'가 명사 뒤에 쓸 수 있는 것과 달리 '-뿐더러'는 명사 뒤에 쓸 수 없다.
- 동사, 형용사의 어간이 자음으로 끝나면 '-을뿐더러'를 쓰고, 모음으로 끝나면 '-ㄹ뿐더러'를 쓴다.

❶ 음주 운전 사고를 내면 손해배상을 해야 할뿐더러 형사처벌도 피할 수 없다.

❷ 우리 집 앞에 있는 과일 가게는 가격도 비쌀뿐더러 품질도 낮다.

❸ 편지로 사랑을 고백하는 것은 쑥스러운 일일뿐더러 구시대적인 방법인 것 같다.

❹ 나는 그 사람에게 특별히 할 말도 없었을뿐더러 하고 싶지도 않았다.

01. 보기와 같이 연결하고 문장을 완성하십시오.

보기 그 식당은 음식이 맛있다 •	• 자원도 풍부하다.
❶ 내가 직접 김치를 담그면 시간이 많이 걸린다 •	• 값이 싸고 양도 많다.
❷ 캐나다는 땅이 넓다 •	• 교통 시스템이 복잡해 정체가 심하다.
❸ 동대문 주변은 교통량이 많다 •	• 맛도 없다.
❹ 공동 구매는 경제적이다 •	• 질 좋은 제품을 믿고 살 수 있다.
❺ 그는 우리나라의 민주화에 기여했다 •	• 경제 발전을 위해서도 힘을 쏟았다.

보기 그 식당은 음식이 맛있을뿐더러 값이 싸고 양도 많다.

❶ ______________________________

❷ ______________________________

❸ ______________________________

❹ ______________________________

❺ ______________________________

02. 다음은 일상생활과 여성 건강에 대한 글입니다. 알맞은 말을 골라 이야기를 완성하십시오.

• 피부를 상하게 하다	• 통증을 유발할 수 있다
• 각종 질병을 일으키다	• 탈모를 야기하다
• 유해 물질을 접하는 빈도가 높다	• 건강에 나쁘다

최근 환경부가 발표한 건강 생활 가이드북을 보면 일상생활에서 여성들이 남성보다 **보기** 유해 물질을 접하는 빈도가 높을뿐더러 ~~을뿐더러/ㄹ뿐더러~~ 건강에 해로운 생활습관을 가지고 있는 경우가 많다.

여성들이 흔히 사용하는 화장품은 화학 물질 때문에 ❶ ________________ 을뿐더러/ㄹ뿐더러 성호르몬 때문에 성조숙증을 일으키는 경우도 있고, 여성들이 신는 하이힐은 발에 압력을 주어 ❷ ________________ 을뿐더러/ㄹ뿐더러 발 모양의 변형을 가져오기도 한다. 또한 가공식품을 선호하는 젊은 여성들이 많은데, 가공식품은 화학 첨가물이 들어 있어 ❸ ________________ 을뿐더러/ㄹ뿐더러 임산부의 경우 태아에까지 영향을 끼친다. 그리고 무리하게 다이어트를 하면 영양부족으로 ❹ ________________ 을뿐더러/ㄹ뿐더러 뼈의 칼슘이 부족해져 골다공증이 빨리 생길 수 있다. 또 지나치게 몸에 꽉 끼는 옷을 입는 여성들도 있는데 이는 혈액순환을 방해해 ❺ ________________ 을뿐더러/ㄹ뿐더러 다른 사람들이 보기에도 거부감이 든다.

활동 위에서 배운 어휘와 문법을 사용하여 다음 중 하나를 골라 소개해 보십시오.

- 정부간 국제기구
- 국제 비정부 기구

보기 국제통화기금(IMF)은 한국 사람들에게 친숙한 정부간 국제기구 중의 하나입니다. IMF는 1945년 설립된 국제 금융 기구로서, 세계 무역의 안정된 확대를 통하여 회원국들의 고용 증대, 소득 증가, 생산 자원 개발에 기여하는 것을 목적으로 다양한 활동을 합니다. 한국은 1997년 IMF로부터 구제 금융을 받아 국가 부도 위기를 넘겼는데 언론에서는 'IMF 외환위기', 'IMF 시대', 'IMF 사태' 등으로 불러 모든 한국인들에게 알려지는 계기가 됐습니다.

02 세계의 정치제도

학습목표 정치제도 관련 어휘를 익혀서 활용할 수 있다.
'-을 따름이다', '-는 까닭에' 표현을 익혀서 활용할 수 있다.

라스 우리나라에는 왕이 있는데 한국도 예전에는 왕이 있었지요?

미선 네, 예전엔 왕이 있었는데 1948년 대한민국 정부가 수립될 때 대통령제를 채택했어요. 그런데 왕이라고 해도 예전처럼 막강한 권력을 행사할 수 있는 건 아니지요?

라스 네, 우리나라의 왕도 지금은 상징적인 존재일 따름이고 총리를 수장으로 한 의회가 실질적인 권력을 행사하고 있어요. 영국, 일본도 의원내각제를 기반으로 한 대표적인 입헌군주국가지요. 특히 영국은 명예혁명을 거쳐 오늘날의 탄탄한 의원내각제가 구축되었는데 세계에서 가장 의회정치가 발달된 나라라고 해요.

미선 의원내각제는 어떤 특징이 있나요? 대통령제는 안정된 정국 하에서 국가정책을 빠르고 강력하게 추진할 수 있기는 하지만 대통령에게 권력이 집중되어 독재의 수단으로 이용될 수 있다는 문제점도 있어요.

라스 의원내각제도 장단점이 있지요. 내각이 국민의 대표 기관인 의회에 의존하기 때문에 국민의 요청을 만족시킬 수 있다는 장점이 있는 반면 다수당의 횡포 가능성이 있고 위급 상황 시 통수권자의 명령이 아닌 합의를 거쳐 결정해야 하는 까닭에 문제 해결 속도가 느리지요.

미선 나라마다 그 나라의 역사와 상황이 다른 만큼 정치제도도 그 나라의 특성에 맞게 다양하게 발전돼 온 것 같아요.

새 어휘

수립되다	이번 육상대회에서 100미터 달리기 세계 신기록이 수립되었다. 프랑스혁명 후 프랑스에서는 왕정이 폐지되고 공화국이 수립되었다.
채택	태권도는 2000년 시드니 올림픽대회 때 정식 종목으로 채택되었다. 이메일이나 녹음 등의 디지털 기록은 법정에서 증거로 채택되지 않는다.
막강하다	고구려는 수나라, 당나라의 침략을 이겨 낼 만큼 군사력이 막강했다. 중동 국가들의 왕실은 석유 생산으로 막강한 재력과 권력을 가지게 되었다.
행사하다	사전 투표는 선거 당일 투표할 수 없는 사람들이 투표권을 행사할 수 있도록 만든 제도이다. 은퇴한 그 정치가는 직접적으로 정치에 참여하고 있지 않지만 배후에서 많은 영향력을 행사하고 있다.
수장	이번 정상회담에는 아시아 7개국 수장들이 참석하여 환경문제에 대하여 논의할 것이다. 세계축구협회(FIFA)의 새로운 수장 자리를 놓고 여러 명의 후보자들이 치열한 경쟁을 벌이고 있다.
탄탄하다	우리 대학교는 입학과 동시에 탄탄한 미래가 보장됩니다. 지진에 대비하려면 건물을 지을 때 기초를 탄탄하게 쌓아야 한다.
구축되다	요즘은 전국적으로 통신망이 잘 구축되어 있어 어디에서든지 빠르고 쉽게 인터넷을 이용할 수 있다. 정부는 한국과 외교 관계가 구축되어 있지 않은 쿠바와의 문화, 개발 협력을 위해 여러 방면에서 노력하고 있다.
정국	최근 연이어 벌어진 시위로 정국이 불안해졌다. 조선시대 영조는 당파 싸움으로 혼란해진 정국을 안정시키기 위해 탕평책을 실시했다.
횡포	그는 왕자라는 신분을 이용해 함부로 사람을 죽이는 등 온갖 횡포를 부렸다. 업종을 가리지 않고 사업을 벌이는 대기업의 횡포로 중소기업들이 설 자리를 잃고 있다.
통수권자	국군의 날 행사에 국군 통수권자인 대통령이 참석해 축사를 했다. 영국에서 최고 통수권자는 국왕이지만 실질적인 권한은 의회에 있다.

01. 빈칸에 알맞은 말을 쓰십시오.

보기 경찰은 시위 도중 폭력을 (행사한)~~은/ㄴ~~ 사람들을 체포했다.

❶ 어릴 때부터 유능한 코치에게서 훈련을 받은 그 피겨스케이트 선수는 (   )은/ㄴ 기본기를 갖추고 있다.

❷ 2년 사이에 전세금을 2배로 올리는 등 그 건물주의 (   )이/가 날로 심해지고 있다.

❸ 국제연합(UN) 사무총장은 국제연합의 (   )으로서/로서 국제 사회에 큰 영향력을 가지고 있다.

❹ 전국의 도서관들은 서로 간에 정보망이 (   )어/아/여 있어 자료를 공유할 수 있다.

02. 빈칸에 알맞은 말을 쓰십시오.

1948년 한반도에는 남쪽과 북쪽에 각각의 정부가 **보기** (수립되었다)~~었다/았다/였다~~. 그리고 정부 수립 후 ❶ (   )은/ㄴ 군사력을 키워 온 북한은 1950년 한국전쟁을 일으켰다. 불안했던 대한민국 ❷ (   )은/는 갑작스러운 전쟁으로 더욱 더 혼란해졌고 군사력을 제대로 갖추지 못한 한국을 대신해 유엔군 사령관이 한국 군대의 ❸ (   )이/가 되었다. 이렇게 한국전쟁은 남한을 돕는 유엔군과 북한을 돕는 중공군까지 개입해 상황이 더욱 복잡해졌다. 마침내 1953년에 실시된 유엔 총회에서 한국전쟁 휴전에 대한 안건이 ❹ (   )되어 한국전쟁은 멈추게 되었다.

주제 어휘

정치제도	
	• 대통령제 • 의원내각제 • 입헌군주국 • 민주공화국 • 연방제공화국 • 대통령 • 총리 • 수상 • 주석 • 의회

01. 맞는 것끼리 연결하십시오.

보기 대통령제 • ——— • 국가원수인 대통령이 행정부의 수장으로서 국정의 최고 책임을 갖는다.

❶ 의원내각제 •   • 자치권을 가진 지역들이 공통의 정치적 이념 아래에서 하나의 국가를 이룬다.

❷ 입헌군주국 •   • 왕을 인정하나 왕의 권력은 절대적이지 않고 헌법의 제한을 받는다.

❸ 민주공화국 •   • 의회에서 다수를 차지한 정당이 행정부의 권한을 갖고 그 당의 대표가 수상이나 총리를 맡는다.

❹ 연방제 공화국 •   • 주권이 국민에 있고 국민이 선출한 국가원수가 국정을 운영한다.

02. 빈칸에 알맞은 말을 쓰십시오.

한국과 미국 같이 대통령제를 실시하는 나라의 형식적, 실질적 수장은 보기 (대통령) 이지만 영국이나 일본 같이 국왕이 있는 나라에는 행정부의 실질적인 수장이 따로 있다. ❶ (   ) 은/는 의원내각제에서의 행정부 수장으로서 ❷ (   ) 선거에서 승리한 다수당의 대표라고 할 수 있다. 그리고 ❸ (   ) 은/는 보통 국가원수가 임명하는 직책으로 일반 행정을 총괄하는 직책이다. 이 두 직책은 이름은 다르지만 같은 뜻으로 쓰이기도 한다. 한편 중국의 ❹ (   ) 은/는 공산당의 서열 1위로 나라를 대표하는 직책을 말한다.

문법 1 -을/ㄹ 따름이다

- 동사나 형용사의 어간 뒤에 써서 어떤 행위나 상태가 의미하는 것이 전부이며, 그 외에 다른 가능성이나 상황은 없음을 나타낸다. '-을 뿐이다'와 유사한 의미로 쓰인다.
- 동사, 형용사의 어간이 자음으로 끝나면 '-을 따름이다'를 쓰고, 모음으로 끝나면 '-ㄹ 따름이다'를 쓴다.

❶ 수술은 잘 끝났으니 이제는 그냥 경과를 지켜볼 따름입니다.

❷ 저같이 부족한 사람이 이렇게 상을 받게 돼 부끄러울 따름입니다.

❸ 아무리 천하를 지배하던 왕도 죽음 앞에서는 한 인간일 따름이다.

❹ 동료들이 하도 술을 권해서 마셨을 따름이지 마시고 싶어서 마신 건 아니다.

01. 알맞은 말을 골라 보기 와 같이 대화를 완성하십시오.

• 놀랍다	• 해야 할 일을 했다	• 그냥 제3자이다
• 매사가 귀찮다	• 궁금하다	• 그 사람을 믿다

보기 가: 곧 인간의 감정을 읽는 컴퓨터가 나온다더라.
나: 끝없는 과학의 발전이 놀라울 ~~을/ㄹ~~ 따름이야.

❶ 가: 자신의 목숨을 잃을 수도 있는 화재 현장에서 다른 사람을 구하셨다고요?
나: 저는 소방관이니까요. ______________________ 을/ㄹ 따름입니다.

❷ 가: 이 일에 대해서 정말 아는 바가 없습니까?
나: 저는 그 일에 전혀 관련이 없습니다. ______________________ 을/ㄹ 따름입니다.

❸ 가: 뭘 믿고 영수 씨한테 그렇게 큰돈을 빌려 줬어요?
나: 언젠가는 갚겠지요. ______________________ 을/ㄹ 따름이에요.

❹ 가: 너 요즘 왜 이렇게 기운이 없어? 어디 아픈 거야?
나: 모든 일에 의욕이 안 생겨. ______________________ 을/ㄹ 따름이야.

❺ 가: 이번 선거 결과는 예측하기 어렵군요.
나: 네. 선거 결과가 어떨지 ______________________ 을/ㄹ 따름입니다.

02. 다음은 뇌물 수수 사건에 관련된 김 회장의 비서와 검사의 대화입니다. 알맞은 말을 골라 대화를 완성하십시오.

• 답답하다	• 지시를 따랐다	• 시키는 일을 하다
• 전달했다	• 사실을 말하고 있다	• 비서이다

검사: 이번 뇌물 수수 사건에 대해서 아는 바를 솔직하게 말씀해 보십시오.

비서: 저는 이 일에 대해서 아무것도 모릅니다. 저는 김 회장님의 **보기** 비서일 ~~을/ㄹ~~ 따름입니다. 그냥 김 회장님이 ❶ ________ 을/ㄹ 따름입니다.

검사: 9월 20일 저녁에 박 의원 비서를 만나 돈을 전달한 사실이 있지요?

비서: 저는 박 의원님께 추석 선물로 드릴 한과 세트를 그 분 비서에게 ❷ ________ 을/ㄹ 따름입니다.

검사: 이것 봐요. 그 상자 안에 돈이 들어 있었단 말입니다.

비서: 저는 주문해 놓았던 한과 세트를 찾아 바로 박 의원님 비서를 만나러 가라는 김 회장님의 ❸ ________ 을/ㄹ 따름입니다. 그 상자 안에 돈이 있을 거라고는 생각조차 못했습니다.

검사: 거짓말하지 마세요.

비서: 아닙니다. 저는 ❹ ________ 을/ㄹ 따름입니다. 저를 믿지 못하시다니 정말 ❺ ________ 을/ㄹ 따름입니다.

문법 2 -는/은/ㄴ 까닭에

- 동사나 형용사의 어간 뒤에 써서 어떤 일이 있게 된 사정이나 이유를 나타낸다.
- 동사의 어간 뒤에서는 '-는 까닭에'를 쓰고, 형용사나 과거 동사의 어간이 자음으로 끝나면 '-은 까닭에'를, 모음으로 끝나면 '-ㄴ 까닭에'를 쓴다.

❶ 이어폰을 끼고 음악을 크게 듣는 까닭에 많은 청소년들이 난청 증세를 보이고 있습니다.

❷ 좋은 학원이 많은 까닭에 학부모들이 이 지역을 선호해 집값이 떨어지지 않는다.

❸ 워낙 재능이 있던 사람인 까닭에 그의 죽음이 더욱 안타깝습니다.

❹ 그 나라는 과거에 외적의 침입을 많이 받은 까닭에 온전히 남아 있는 문화재가 거의 없다.

01. 보기 와 같이 연결하고 문장을 완성하십시오.

보기 이 산은 바위로 이루어져 있다	약재로 많이 쓰인다.
❶ 오랜 세월 외국에서 살았다	이번 표절 사건에 대해서 더 많은 비난을 받았다.
❷ 은행이 혈액순환에 효과가 좋다	나무가 크게 자라지 못한다.
❸ 작업장 환경이 나쁘다	한국어를 제대로 하지 못한다.
❹ 지구온난화 현상이 심해지고 있다	작업 능률이 오르지 않고 있다.
❺ 그는 유명 작가이다	세계 곳곳에서 홍수가 발생하고 있다.

보기 이 산은 바위로 이루어져 있는 까닭에 나무가 크게 자라지 못한다.

❶ ______________________________

❷ ______________________________

❸ ______________________________

❹ ______________________________

❺ ______________________________

02. 다음은 빈투롱이라는 고양이에 대한 백과사전의 설명입니다. 알맞은 말을 골라 이야기를 완성하십시오.

- 꼬리가 길다
- 잡아가다
- 비슷하다
- 말레이시아이다
- 강한 향을 풍기다
- 성격이 온순하다

고양이과 동물인 빈투롱은 지구상의 멸종 위기 동물 중의 하나이다. 곰과 고양이의 외모와 **보기** 비슷한 ~~는/은/ㄴ~~ 까닭에 곰고양이라는 의미의 말레이어인 빈투롱이라 불린다. 빈투롱이 처음 발견된 곳이 ❶ ________ 는/은/ㄴ 까닭에 그곳 사람들에 의해 말레이말로 이름이 붙여졌다. 빈투롱은 ❷ ________ 는/은/ㄴ 까닭에 나무에 매달려 살고 먹이도 꼬리로 집어 먹는다. 또한 빈투롱은 사향고양이 중의 하나로 꼬리 밑으로 ❸ ________ 는/은/ㄴ 까닭에 커피 생산에 이용된다. 그리고 친화력이 뛰어나고 ❹ ________ 는/은/ㄴ 까닭에 애완동물로도 많이 키워진다고 한다. 그러나 인간들이 이러한 용도로 마구 ❺ ________ 는/은/ㄴ 까닭에 점점 개체 수가 줄어들어 멸종 위기에 처하게 되었다.

활동 위에서 배운 어휘와 문법을 사용하여 다음 중 하나를 골라 이야기해 보십시오.

- 자국의 정치제도
- 자국 정치제도의 장단점
- 자신이 생각하는 이상적인 정치 형태

보기 저는 호주의 정치제도를 소개하겠습니다. 호주는 형식적으로는 입헌군주국이지만 실질적으로는 의원내각제를 채택하고 있습니다. 이전에 영국령이었던 호주의 수장은 아직 영국 여왕이지만 1986년 영국으로부터 법률적, 정치적으로 독립을 한 까닭에 영국 여왕은 형식적인 수장일 따름입니다. 실질적인 행정권은 의회에 있으며 다수당의 대표인 총리가 호주의 실제 수장인 것입니다. 호주의 의원내각제는 영국식을 따른 것이지만 호주에 맞게 성공적으로 발전시켰으며 이 때문에 호주는 세계에서 정치를 잘하는 나라 중의 하나로 꼽히고 있습니다.

03 광해군의 외교 정책

학습목표 외교 관련 어휘를 익혀서 활용할 수 있다.
'-는 날엔', '-으려고 들다' 표현을 익혀서 활용할 수 있다.

영수 따루 씨, 뭘 그렇게 열심히 봐요?

따루 대학생들이 외교 문제에 대해서 모의 토론을 하는 걸 찍은 동영상이에요. 내용 중에 요즘 한반도의 정세가 명과 후금이 패권을 다투던 광해군 시절과 비슷하다는 말이 있었는데, 정말 그랬나요?

영수 명이 약해지고 있을 때 후금이 명을 침략하자 명은 조선에 파병을 요청했어요. 그 때 조선은 임진왜란 직후라서 군사를 보낼 수 있는 형편이 아니었는데 그렇다고 그동안 오랜 관계를 유지해오던 명의 요청을 거절할 수도 없었고요. 게다가 명에 군사를 보냈다가 후금과 적이 되는 날엔 후금의 침략을 받을 것이 뻔했으니 진퇴양난이었죠.

따루 아, 동북아를 둘러싼 강대국들의 경쟁과 그 사이에 낀 한국의 현재 상황과 비슷하네요. 그런 상황에서 광해군은 명분에 치우치지 않고 실리적인 외교를 펼쳐 조선을 전쟁의 위험에서 벗어나게 한 거군요.

영수 네, 광해군이 그랬듯이 한국은 서로 주도권을 잡으려고 드는 강대국 사이에서 신뢰를 잃지 않으면서 실리를 취할 수 있는 유연한 외교 정책을 펼쳐야겠지요.

따루 하지만 유연함을 강조하다 보면 주체성이 없는 것처럼 보일 수도 있으니까 우선 상황에 맞는 외교 노선을 분명히 한 후에 융통성 있게 대처하는 것이 중요할 것 같아요.

새 어휘

모의	강남구에서는 10일 오전 화재를 대비한 모의 훈련을 실시했다. 수능을 한 달 앞둔 오늘 고3 학생들은 마지막 모의고사를 치렀습니다.
정세	테러와 난민 유입 등 유럽 정세가 불안한 탓에 유럽연합(EU)의 경제 회복이 쉽지 않을 것으로 보인다. 전직 외교관과 정치외교학 전공 교수들이 모여 급변하는 동북아 정세 속에서 한국이 나아가야 할 길을 모색하기 위한 자리를 가졌다.
패권	아시아 태평양 지역의 무역 자유화를 둘러싼 강대국들의 패권 경쟁이 치열하다. 전기차 시장의 패권을 잡기 위해 A사는 연구와 공장 건설에 10조 원을 투자하겠다고 발표했다.
침략하다	19세기 중반 제국주의 열강들은 아프리카를 침략해 식민지로 만들었다. 나폴레옹이 독일을 침략한 이후 독일 사람들에게 민족의식이 싹트기 시작했다.
파병	한국전쟁 때 16개국이 파병을 결정하고 참전을 했다. 천 명 이상의 대한민국 군인이 약 15개국에 파병되어 있습니다.
진퇴양난	앞은 막다른 골목이고 뒤에서는 무섭게 생긴 개 한 마리가 쫓아오고, 진퇴양난이었다. 적자가 나서 계속 운영할 수도 없고, 투자금도 못 건질 것 같아 당장 문을 닫을 수도 없어 진퇴양난에 빠졌다.
명분	지난 주말에 있었던 노동자들의 시위는 명분이 없었기에 시민들의 지지를 얻지 못했다. 국민들을 위한다는 명분으로 쿠데타를 일으켰지만 사실 그것은 권력을 잡기 위한 욕심일 뿐이었다.
치우치다	실기 시험 면접관들은 감정에 치우친 평가를 해서는 안 됩니다. 요즘의 학교 교육은 교과서의 지식 습득에만 치우쳐 학생들의 정서가 메말라가고 있습니다.
실리적	요즘 젊은 층은 유명 브랜드를 고집하지 않고 실리적인 소비를 하는 경향이 크다. 양국 대통령은 이번 회담에서 두 나라의 실리적인 경제 협력 방안에 대해 논의할 계획이다.
유연하다	발레를 배우면 몸이 유연해진다고 해서 발레 학원에 등록했다. B사는 내년부터 전 직원이 근무시간을 유연하게 조절할 수 있도록 하였다.

01. 빈칸에 알맞은 말을 쓰십시오.

보기 우리 학교 법학과에서는 매학기 학생들이 겪을 수 있는 갈등 상황을 한 가지씩 정해 (모의) 재판을 실시한다.

❶ 부산의 Y고등학교가 올해 전국 고교 야구 대회의 (   )을/를 차지했습니다.

❷ 직장인 10명 중 7명은 자신의 삶이 일에 (   )어/아/여 있어 일과 가정생활의 균형을 찾기가 힘들다고 말했다.

❸ 국내에서는 시장 개방에 반대하는 시위가 연일 이어지는데 그렇다고 세계적인 흐름을 따르지 않을 수도 없고, 이 (   )의 상황을 어떻게 해결할 수 있을까요?

❹ 김석우 감독은 이번에 외계인이 지구를 (   )는 내용의 공상과학영화를 만들었다.

02. 빈칸에 알맞은 말을 쓰십시오.

광해군이 왕이 되었을 당시 조선의 주변 **보기** (정세는)~~은/는~~ 그리 좋은 편이 아니었다. 명나라는 임진왜란 때 조선에 ❶ (   )을/를 해 군사력이 크게 떨어지는 등 국력이 약해지고 있었고 여진족은 점차 강해지고 있었다. 여진족이 전쟁을 일으켜 조선이 명에 군대를 보낼 수밖에 없는 상황이 되자 광해군은 명을 도와 싸우되 기회를 보아 여진족에게 조선의 상황을 설명하고 항복하라고 했다. 복잡한 대외 관계 속에서 광해군은 철저하게 ❷ (   )인 선택을 한 것이다. 이러한 ❸ (   )은/ㄴ 태도로 광해군은 강대국 사이에서 약한 조선을 지킬 수 있었지만 ❹ (   )을/를 중시하던 당시 양반들은 명을 적극적으로 돕지 않은 광해군을 지지하지 않았다.

주제 어휘

외교	• 안보 · 통일 외교	• 경제 · 통상 외교	• 민간 외교	• 외교사절
	• 외교 정책	• 동맹	• 수교	• 국교 단절
	• 실리	• 명분		

01. 빈칸에 알맞은 말을 쓰십시오.

보기 국제 정세에 맞춰 (외교 정책을)~~을/~~를 유연하게 펼쳐야 한다.

❶ 지난 4월 미국과 쿠바의 두 정상이 (   ) 이후 54년 만에 첫 만남을 가졌다.

❷ 신라는 당나라와 (   )을/를 맺고 백제와 고구려를 공격했다.

❸ 높은 연봉을 받을 것인가, 하고 싶은 일을 할 것인가 고민했지만 나는 (   )을/를 쫓기보다는 꿈을 택하기로 했다.

❹ 전쟁은 어떤 (   )으로도/로도 정당화될 수 없다고 생각합니다.

02. 빈칸에 알맞은 말을 쓰십시오.

우리나라의 외교는 성격에 따라 한반도를 여러 위협으로부터 보호하고 통일을 위한 남북 대화와 협력에 중점을 두는 **보기** (안보 · 통일 외교), 경제 발전에 중점을 두는 ❶ (   ) 등으로 나눌 수 있다. 보통 다른 나라와 ❷ (   )을/를 맺고 그 나라에 대사나 공사 등 나라를 대표하는 ❸ (   )을/를 보내 외교 활동을 펼친다. 그러나 요즘은 국가 차원이 아닌 기업가, 예술가, 학자 등 일반인 차원의 ❹ (   )도 활발히 이루어지고 있다.

문법 1 -는 날엔

• 동사의 어간 뒤에 써서 앞 문장에서는 극단적이거나 바람직하지 못한 상황을 가정하고 뒤 문장에는 그에 따른 경고의 내용이나 우려하는 결과를 쓴다.

❶ 다시 같은 실수를 하는 날엔 회사를 그만두셔야 할 겁니다.

❷ 시험에 또 떨어지는 날엔 바로 군대에 가야할지도 몰라요.

❸ 네 잘못된 행동이 또 한번 내 귀에 들리는 날엔 집에서 쫓겨날 줄 알아라.

❹ 3차 세계대전이 일어나는 날엔 지구가 멸망할지도 모릅니다.

01. 알맞은 말을 골라 **보기** 와 같이 문장을 완성하십시오.

• 뇌물을 받았다는 것이 사실로 밝혀지다
• 또 낙제하다
• 부모님한테 들키다
• 이걸 잃어버리다
• 내가 주식 투자에 실패한 걸 아내가 알다
• 원전 사고가 일어나다

보기 제가 가수 오디션을 보러 다니는 걸 __부모님한테 들키__ 는 날엔 무슨 일이 생길지 몰라요.

❶ ________________________ 는 날엔 그 사람의 정치 인생은 끝이 날 겁니다.

❷ ________________ 는 날엔 학교도 그만두고 부모님께 끌려 고향으로 가야 해요.

❸ 점쟁이가 부적을 주면서 ________________ 는 날엔 아주 불행한 일이 생길 테니 잘 보관하라고 하던데요.

❹ ____________________ 는 날엔 이 지역은 사람이 살지 못하는 곳이 될 것이다.

❺ __________________________________ 는 날엔 이혼을 당할 수도 있어.

02. 다음은 의사와 환자의 대화입니다. 알맞은 말을 골라 대화를 완성하십시오.

- 돈을 갚지 못하다
- 또 쓰러지다
- 회사가 부도라도 나다
- 혈압이 갑자기 오르다
- 수출 계약을 따내지 못하다
- 건강을 잃다

의사: 제가 무리하지 말라고 말씀드렸잖아요. 무리하다가 **보기** 혈압이 갑자기 오르는 날엔 또 쓰러지십니다. 그리고 ❶ ________는 날엔 회복이 어려울 거예요.

환자: 네, 알겠습니다. 요즘 회사 형편이 좀 어려워서 제가 무리를 했어요. 이번에 ❷ ________는 날엔 은행에서 빌린 돈을 갚지 못하게 되고, ❸ ________는 날엔 회사가 문을 닫아야 할지도 몰라요. ❹ ________는 날엔 저와 직원들은 어떡합니까?

의사: 그래도 ❺ ________는 날엔 아무 것도 할 수가 없으니 조심하셔야 합니다.

문법 2 -으려고/려고 들다

- 동사의 어간 뒤에 써서 그러한 행위를 할 의도를 가지고 적극적으로 추진함을 나타낸다. 어떤 행위를 할 의도나 목적이 있음을 나타내는 '-으려고/려고'와 '꾀하거나 이루려고 하다'의 뜻을 가진 '들다'가 보조동사로서 결합한 형태이다. '-으려고/려고 하다'보다는 강한 느낌을 준다.
- 동사의 어간이 자음으로 끝나면 '-으려고 들다'를 쓰고, 모음으로 끝나면 '-려고 들다'를 쓴다.

❶ 내 여자 친구는 항상 나를 이기려고 든다.
❷ 별로 아는 것도 없어 보이는 선배가 자꾸 나를 가르치려고 들어요.
❸ 요즘 젊은 사람들은 힘든 일은 하려고 들지 않아요.
❹ 노사가 서로 자기 이익만 챙기려고 드니 합의점을 찾기가 어렵지.

01. 알맞은 말을 골라 보기 와 같이 문장을 완성하십시오.

- 배우다
- 값을 깎다
- 다 내가 가지다
- 채소를 전혀 안 먹다
- 아랫사람에게 시키다
- 일부러 방해하다

보기 요리는 배우려고 ~~으려고/려고~~ 들면 금방 배울 수 있어요.

❶ 친구는 나를 경쟁자로 생각하는지 내가 공부하는 것을 __________ 으려고/려고 든다.

❷ 우리 부장님은 직접 일할 생각은 안 하고 __________ 으려고만/려고만 들어요.

❸ 이 정도면 싼 건데도 자꾸 __________ 으려고/려고 드는 손님이 있다.

❹ 어렸을 때 양보하지 않고 뭐든 __________ 으려고/려고 들어서 동생과 자주 싸웠었다.

❺ 아이가 __________ 으려고/려고 들어서 걱정이에요.

02. 다음은 사귀는 사이인 남녀의 대화입니다. 알맞은 말을 골라 대화를 완성하십시오.

- 이해하다
- 다 알다
- 너무 따지다
- 숨기다
- 화부터 내다
- 싸우다

여자: 어제 전화도 안 받고 어디에 갔었는지 왜 말을 안 해 줘?

남자: 너는 왜 내 말은 듣지도 않고 보기 화부터 내려고 ~~으려고/려고~~ 들어? 그냥 좀 혼자 있고 싶어서 전화 안 받았어.

여자: 그래서 어디에 갔었냐고?

남자: 집에 있었어. 됐지? 너는 항상 내 일거수일투족을 ❶ __________ 으려고/려고 드는 게 문제야. 가끔은 그냥 좀 지나가 주면 안 되겠니?

여자: 네가 ❷ __________ 으려고/려고 드니까 이상하잖아. 처음부터 집에 있었다고 말하면 될 것을. 일일이 ❸ __________ 으려고/려고 들었던 건 미안한데 이번엔 네가 날 그렇게 만들었어.

남자: 그래 알았어. 나도 조심할게. 우리 이제부터는 좀 이해 안 되는 부분이 있어도 ❹ __________ 으려고/려고 들지 말고 얘기를 잘 들어 주자. ❺ __________ 으려고/려고 들면 못할 게 뭐가 있겠어?

활동 위에서 배운 어휘와 문법을 사용하여 다음 중 하나를 골라 이야기해 보십시오.

- 자신이 할 수 있는 민간 외교 활동
- 민간 외교의 장단점

보기 외국에 살다 보면 각자 음식을 한 가지씩 준비해 가는 모임을 종종 하게 되는데, 그때마다 저는 한국 음식을 준비했습니다. 제가 가져간 잡채를 서로 더 먹으려고 드는 친구들을 보면 왠지 모를 뿌듯함이 느껴지기도 했습니다. 음식을 먹으면서 외국 친구들은 한국에 더 관심을 보이고 이것저것 저에게 물어보기도 했습니다. 꼭 거창한 일을 해야만 외교인가요? 누구든 외교사절이 되어 한국에 대한 좋은 이미지를 심어줄 수 있다고 생각합니다.

04 SNS와 정치 참여

학습목표 선거와 정치 참여 관련 어휘를 익혀서 활용할 수 있다.
'-고 하니', '-게끔' 표현을 익혀서 활용할 수 있다.

미선 요즘 소셜 네트워킹 서비스(SNS)를 이용하는 정치인이 많아졌어요.

루시 젊은 세대의 정치적 무관심이 심해지고 투표율도 저하되고 하니 젊은 유권자들이 정치에 참여하게끔 이들이 익숙하게 사용하는 소셜 네트워킹 서비스(SNS)를 이용하는 거죠.

미선 그런데 소통의 방법도 중요하지만 왜 이들이 정치적인 방관자가 되었는지를 먼저 생각해 봐야 할 것 같아요. 젊은 세대의 경우 장기적인 경기 침체로 인해 사회나 정치 문제보다는 취업이나 진학 등과 같은 개인이 당면한 과제에 더 많은 관심을 보일 수밖에 없죠. 그리고 그동안 공약이 제대로 실현되거나 정치를 통해 삶의 질이 달라지지도 않았고요.

루시 그렇긴 해요. 선거철만 다가오면 선심성 공약이 난무하고 권력 다툼이 허다했으니까요. 그래도 정치인들이 젊은 유권자들에게 다가가려고 노력하는 것은 긍정적으로 봐야 하지 않을까요?

미선 소셜 네트워킹 서비스(SNS)가 사회적 파급력이 크다 보니 정치가들이 이용하고 있지만, 대부분 자신들의 선전에만 이용하고 있는 게 문제지요.

루시 맞아요. 유권자들에게 일방적으로 정보를 제공하는 데 그칠 게 아니라, 유권자들의 의견을 적극적으로 수용하는 창구로 이용하는 게 소셜 네트워킹 서비스(SNS)의 바람직한 활용이지요.

새 어휘

저하되다	회의 시간이 길어지자 사람들의 집중력이 저하되기 시작했다. 환율의 변동으로 수출 업체들의 실적이 저하될 것으로 예상된다.
유권자	재외 국민이 투표를 하기 위해서는 유권자 등록을 해야 한다. 선거와 투표 참여의 중요성을 알리기 위해 5월 10일을 유권자의 날로 지정하였다.
방관자	학교 폭력에는 피해자와 가해자만 있는 것이 아니라 방관자도 존재한다. 국제 난민 문제에 대해 방관자적인 태도를 보이던 정부가 난민 수용에 대해 적극적으로 검토해 보겠다고 발표했다.
침체	부동산 거래의 침체로 집값이 떨어졌다. 경기 침체 속에서도 일부 기업은 기부 활동을 꾸준히 하는 것으로 나타났습니다.
당면하다	환경문제를 해결하지 않으면 인류는 커다란 위기에 당면하게 될 것이다. 경제 전문가들은 한국 사회가 당면한 문제로 고령화와 저출산 현상을 꼽았다.
공약	투표를 하러 가기 전에 후보자들이 내건 공약을 꼼꼼히 살펴보았다. 메니페스토 운동이란 정치가들이 내건 공약의 실현 가능성을 시민 단체들이 조사해 보는 것이다.
선심성	선거를 의식한 선심성 공약은 선거가 끝나면 지켜지지 않는 경우가 많다. 자치단체에서 예산안을 짤 때 주민을 참여시키는 제도는 선심성으로 전락할 가능성이 있다.
난무하다	인터넷 댓글에 욕설이 난무했다. 선거 운동 기간이 얼마 남지 않자 각종 흑색선전이 난무했다.
허다하다	만우절만 되면 공공 기관에 장난 전화가 걸려오는 일이 허다하다. 우리 회사는 연말에는 업무량이 많아져서 야근하는 일이 허다하다.
파급력	소셜 네트워킹 서비스(SNS)는 파급력이 크기 때문에 기업들이 제품 광고에 이용한다. 거대한 시장인 중국과의 자유무역협정(FTA) 체결은 한국 경제에 미치는 파급력이 클 것이다.

01. 빈칸에 알맞은 말을 쓰십시오.

보기 국내 최대의 포털 사이트와 A통신사의 합병은 IT업계에 끼칠 (파급력이)~~이/가~~ 클 것으로 보인다.

❶ 선거철만 되면 (　　　　　　)의 표를 얻기 위해 후보자들이 동분서주한다.

❷ 김 의원은 자신이 내걸었던 (　　　　　　)을/를 실천하기 위해 임기 내내 노력했다.

❸ 선거철을 앞두고 정부 여당이 (　　　　　　) 정책을 발표하자 야당이 비난했다.

❹ 심판이 잘못된 판정을 내리자 관중석에서 욕설과 고성이 (　　　　　　)었다/았다/였다.

02. 빈칸에 알맞은 말을 쓰십시오.

최근들어 취업을 하지 못한 젊은이들이 부모에게 의지해서 사는 경우가 **보기** (허다하)다. 경제력이 없는 이들은 결혼과 출산을 포기하기도 한다. 이러한 현상이 장기화될 경우 노동 인구가 줄어들면서 생산성이 ❶ (　　　　　　)을/ㄹ 뿐만 아니라 소비가 ❷ (　　　　　　)될 수 있다. 우리 사회가 ❸ (　　　　　　)은/ㄴ 이러한 과제를 해결하기 위해 우리 모두는 ❹ (　　　　　　)적인 자세가 아니라 적극적인 자세로 힘써야 할 것이다.

주제 어휘

선거와 정치 참여	• 선거	• 투표	• 유권자	• 후보자	• 공약
	• 당선	• 지지	• 후원	• 서명운동	• 옴브즈맨

01. 빈칸에 알맞은 말을 쓰십시오.

보기 (옴브즈맨) 제도는 국회를 통해 임명된 조사관이 공무원을 조사 · 감시하는 제도를 말한다.

❶ 그 후보자는 대학생들의 표를 얻기 위해 반값 등록금을 (　　　)으로/로 내걸었다.
❷ K기업은 공장 주변의 소년, 소녀 가장들이 성인이 될 때까지 교육비를 (　　　)하기로 했다.
❸ 국회의원 후보자 등록을 마친 김영우 씨는 지역 주민들에게 자신에 대한 (　　　)을/를 호소했다.
❹ 그 지역 주민들은 학생 수에 비해 중학교가 부족하다며 중학교 신설을 요구하는 (　　　)을/를 벌였다.

02. 빈칸에 알맞은 말을 쓰십시오.

지방 **보기** (선거를)~~을/를~~ 앞두고 시민들의 참여율을 높이기 위해 다양한 방법들이 사용되고 있다. 중앙선거관리위원회에서는 ❶ (　　　)들이 보다 쉽게 선거에 참여할 수 있도록 선거 관리 앱을 제작 · 보급하였다. 이 앱을 이용하면 자신의 지역에 출마한 ❷ (　　　)의 정보와 자신이 ❸ (　　　)해야 할 투표소 위치 등 다양한 정보를 쉽게 알 수 있다. 뿐만 아니라 개표 후 누가 ❹ (　　　)되었는지도 알 수 있다.

문법 1 -고 하니

• 동사나 형용사의 어간 뒤에 써서 앞 문장의 내용이 뒤 문장의 내용을 행하는 이유 중에 하나가 됨을 나타낸다.

❶ 오늘은 비도 오고 하니 나가지 말고 집에 있자.

❷ 그 회사는 월급도 적고 하니 다른 회사에 지원하는 게 어때?

❸ 오늘은 휴일이고 하니 교외로 바람이나 쐬러 나갈까?

❹ 시험도 끝났고 하니 오랜만에 친구랑 영화나 봐야겠다.

01. 알맞은 말을 골라 보기 와 같이 대화를 완성하십시오.

• 시간이 없다	• 시간이 늦었다	• 서비스가 안 좋다
• 할 일이 많다	• 중국어를 잘 하다	• 개인적인 질문이다

보기 가: 배고픈데 먹고 일합시다. 뭐 먹을까요?
나: 시간도 없고 하니 자장면이나 시켜 먹읍시다.

❶ 가: 드라마 제작 발표회 때 그 배우에게 이혼 사유에 대해 물어봐도 될까요?
나: 그런 건 ______________________ 고 하니 나중에 사석에서 물어보세요.

❷ 가: 다음 달 중국에서 하는 신제품 설명회 때 누가 발표하면 좋겠어요?
나: 이현정 씨가 ______________________ 고 하니 이현정 씨에게 맡깁시다.

❸ 가: 같이 쇼핑하러 안 갈래?
나: 오늘은 해야 ______________________ 고 하니 다음에 가자.

❹ 가: 선생님께 지금 전화해서 모임 시간을 알려드릴까?
나: ______________________ 고 하니 내일 말씀 드리자.

❺ 가: 저 식당은 왜 손님이 없을까?
나: ______________________ 고 하니 잘 될 리가 없지.

02. 다음은 부부의 대화입니다. 알맞은 말을 넣어 대화를 완성하십시오.

부인: 이번 연휴에는 뭐 할까?
남편: 보기 오랜만에 쉬는 날이 고 하니 어디 놀러 나가는 거 어때?

부인: 좋아. 그런데 어디로 가지?
남편: ❶ ______________________ 고 하니 서울 근교로 가는 게 좋을 것 같은데.

부인: 그럼 춘천에나 갔다 오지 뭐. 몇 시쯤 출발할까?
남편: ❷ ______________________ 고 하니 아침 일찍 출발하자.

부인: 아침 식사는 어떻게 할래? 도시락을 준비해 갈까?
남편: ❸ ______________________ 고 하니 가다가 휴게소에서 간단하게 먹지 뭐.

부인: 돌아오는 길에 뭐 할까?
남편: ❹ ______________________ 고 하니 한 번 들러 보자.

부인: 알았어. 그런데 우리 오늘 저녁에 뭐 해 먹지?
남편: ❺ ______________________ 고 하니 라면이나 끓여 먹자.

문법 2 -게끔

- 동사나 형용사의 어간 뒤에 써서 앞의 내용이 뒤에서 가리키는 사태의 목적이나 결과, 방식, 정도 따위가 됨을 나타내는 연결 어미이다. '-게'보다 강조된 의미를 나타낸다.

❶ 앞에서 오는 차가 지나갈 수 있게끔 길옆으로 비켜 주었다.

❷ 학생들이 올바른 역사관을 갖게끔 학교에서 제대로 된 역사 교육이 이루어져야 한다.

❸ 화재가 났을 때 빨리 대피하게끔 비상 통로를 만들어 놓아야 한다.

❹ 이 가구는 아이들이 부딪혔을 때 다치지 않게끔 날카로운 부분을 없앴다.

01. 보기 와 같이 연결하고 문장을 완성하십시오.

보기 아이들이 안전하게 길을 건너다	• 다양한 홍보 전략을 폈다.
❶ 그 병뚜껑은 아이들이 쉽게 열지 못하다	• 관련법을 개정해야 한다.
❷ 필요할 때 쉽게 찾을 수 있다	• 정리를 잘 해 둬.
❸ 국립도서관은 직장인들도 이용할 수 있다	• 눌러서 열게 만들었다.
❹ 외국계 기업의 투자를 유치하다	• 밤 10시까지 개방을 한다.
❺ 그 영화사는 많은 관객들이 이번에 개봉한 영화를 보다	• 아이들이 다 지나갈 때까지 차를 멈추었다.

보기 아이들이 안전하게 길을 건너게끔 아이들이 다 지나갈 때까지 차를 멈추었다.

❶ ______________________________

❷ ______________________________

❸ ______________________________

❹ ______________________________

❺ ______________________________

02. 다음은 아파트 광고입니다. 알맞은 말을 골라 이야기를 완성하십시오.

- 편리하게 지하철을 이용하다
- 언제든지 손님이 묵다
- 모든 동에서 한강을 볼 수 있다
- 아이들이 안전하게 다니다
- 마음 놓고 아이를 맡기다
- 운동을 즐기다

저희 아파트는 쾌적한 주거 환경과 생활 편의 시설을 갖추고 있습니다.
먼저 **보기** 모든 동에서 한강을 볼 수 있 게끔 설계되어 있습니다. ❶ ______________________ 게끔 모든 동이 지하철역과 연결되어 있습니다. 주민들이 아파트 밖으로 나가지 않고 ❷ ______________ 게끔 아파트 안에 수영장과 헬스장 시설을 갖추어 놓았습니다.

그리고 ❸ ______________________ 게끔 모든 차들은 지하로만 다니게 했고, 맞벌이 부부들이 ❹ ______________________ 게끔 단지 안에 어린이집 시설을 마련했습니다. 뿐만 아니라 ❺ ______________________ 게끔 게스트하우스도 지어 놓았습니다.

활동 위에서 배운 어휘와 문법을 사용하여 다음 중 하나를 골라 이야기해 보십시오.

- 젊은 층의 투표율을 높이는 방법
- SNS를 활용하는 또 다른 방법

보기 젊은 유권자들은 정치에 관심이 없는 경우가 많은데 이들이 투표를 하게끔 다양한 선거 전략을 세워야 합니다. 이들 유권자들의 다수가 대학생이라는 점에서 대학교 축제장이나 젊은 층이 많이 다니는 대학가, 시내 중심가에서 지속적인 캠페인을 벌이는 것도 도움이 된다고 생각합니다. 그리고 이들이 즐겨보는 프로그램을 통해 투표의 필요성을 알리는 것도 좋다고 생각합니다.

제10과 문학

01 문학의 기능

02 문학 감상

03 문학의 새로운 시도

04 문학에 나타난 여성상

01 문학의 기능

학습목표 문학의 기능 관련 어휘를 익혀서 활용할 수 있다.
'으로/로 미루어', '에 비추어' 표현을 익혀서 활용할 수 있다.

문학의 기능 또는 역할에 대한 견해는 일반적으로 쾌락설과 교훈설 두 가지로 나뉩니다. 쾌락설은 문학이 예술적인 아름다움을 추구함으로써 독자들에게 정신적인 즐거움을 주고 감동을 불러일으킨다고 보는 것이지요. 아리스토텔레스는 문학을 통한 정서적인 감동을 '카타르시스'라고 표현했는데 이는 그리스어로 '정신적인 정화 작용'을 의미합니다.

교훈설은 문학의 가치가 독자에게 도덕적 교훈을 주거나 인생의 진실을 제시함으로써 삶의 진정한 의미를 일깨우고 나아가 바람직한 삶의 방향을 찾게 하는 데에 있다는 견해입니다. 하지만 문학의 이러한 기능을 지나치게 강조하다 보면 공리주의적인 문학이나 계몽문학 등의 목적 문학만을 지향하여 문학의 예술성을 잃게 될 수도 있습니다.

이런 두 가지 기능은 대립적이거나 별개의 것이 아닙니다. 독자는 작품을 읽으면서 즐거움과 감동을 느끼고, 동시에 작품 속의 배경과 등장인물의 행동으로 미루어 시대상과 풍속 등을 이해할 수 있습니다. 또한 등장인물의 상황을 자신의 삶에 비추어 해석하고, 자신의 삶의 모습과 방식을 구체화하기도 합니다.

문학이 독자에게 읽는 즐거움과 감동을 주고 나아가 '인생이 무엇인가? 어떻게 살아야 하는가?'라는 물음에 답을 찾을 수 있는 길잡이 역할을 할 때 비로소 진정한 효용성과 가치를 지니는 것입니다.

새 어휘

쾌락	남을 학대하면서 쾌락을 느끼는 심리를 심리학의 용어로 사디즘이라고 한다. 아리스토텔레스는 쾌락을 명예와 학문을 좋아하는 정신적 쾌락과 성욕, 식욕 같은 육체적 쾌락으로 나누었다.
불러일으키다	가수 이소리의 신곡은 마음 깊은 곳에 잔잔한 감동을 불러일으킨다. 석가탑 복원 공사 중 불교 경전이 발견돼 학계에 커다란 관심을 불러일으켰다.
정화	고요한 숲 속에서 산책을 하니 마음이 정화되는 것 같았다. 가정에서 사용하는 수돗물은 정수 처리장을 거쳐 정화된 깨끗한 물이다.
나아가	우리 사회가 당면한 문제점을 진단해보고 나아가 발전 방향을 모색해 보고자 이 자리를 마련했습니다. 우리 지역을 서울에서 제일 살기 좋은 곳으로, 나아가 한국에서 가장 살기 좋은 곳으로 만들겠습니다.
공리주의	공리주의는 최대 다수의 최대 행복이라는 가치를 추구한다. 공리주의는 19세기 중반 영국에서 나타난 사회 사상으로, 인간의 이익과 행복에 최대의 가치를 둔다.
별개	연기자로서의 평가와 사생활은 별개의 문제이다. 우리 부모님 세대는 연애와 결혼을 별개라고 생각하지 않았다.
구체화	이 지역에 국제 학교를 세우고자 하는 계획은 투자자가 나타남으로써 구체화되었다. 학생 대상 공모전에서 뽑힌 아이디어를 A대학 연구팀이 구체화시켜 요리하는 로봇을 만들었다.
비로소	자식을 낳아서 키워 보니 비로소 부모님의 마음을 알 것 같다. 검사 결과 이상이 없다는 의사의 말을 듣고 비로소 마음이 놓였다.

01. 빈칸에 알맞은 말을 쓰십시오.

보기 나는 고등학교 2년 내내 놀다가 3학년이 되어서야 (비로소) 공부를 시작했다.

❶ 고래 사냥에 대한 반대 운동을 펼쳐 환경문제에 대한 관심을 (　　　　　)었다/았다/였다.

❷ 최대 다수의 최대 행복을 추구하는 (　　　　　)에서 민주주의의 다수결 원칙이 출발했다.

❸ 나는 영화감독이 되고 싶어서 전공과는 (　　　　　)으로/로 영화 관련 수업을 많이 들었다.

❹ 연예 기획사의 연습생이 되면서 가수가 되겠다는 내 꿈이 (　　　　　)되기 시작했다.

02. 빈칸에 알맞은 말을 쓰십시오.

소설을 바탕으로 만든 영화 '도가니'는 장애 아동 성폭력에 관한 이야기이다. 이 영화를 통해서 **보기** (비로소) 장애학교의 성폭력 사건이 세상에 알려지게 되었다. 이는 사회적으로 적지 않은 파장을 ❶ (　　　　　)었고/았고/였고, ❷ (　　　　　) '도가니법'이라는 성폭력 처벌법까지 제정하게 했다. 이 영화는 비뚤어진 방법으로 ❸ (　　　　　)을/를 추구하려는 비도덕적인 어른들을 처벌하고 사회를 ❹ (　　　　　) 하는 데 기여했다.

주제 어휘

문학의 기능	
	• 쾌락설 • 교훈설 • 공리주의 • 카타르시스 • 미적 쾌감을 주다 • 시대 상황을 반영하다 • 사회문제를 고발하다 • 계몽시키다 • 현실을 비판하다 • 삶의 방향을 제시하다

01. 빈칸에 알맞은 말을 쓰십시오.

보기 실리주의와 (공리주의가)~~이/가~~ 유행하면서 문학에서 낭만이 사라지고 사실성을 추구하게 되었다.

❶ (   )에서는 쾌락을 가장 가치 있는 인생의 목적이라고 생각한다.
❷ 영화 '국제시장'은 한국전쟁 이후 어려웠던 한국의 (   )은/ㄴ 작품이다.
❸ (   )에 따르면 독자를 가르치는 것이 문학의 중요한 기능이다.
❹ 아름다운 예술작품은 보는 사람에게 (   )는다/ㄴ다.

02. 빈칸에 알맞은 말을 쓰십시오.

19세기 초 한국의 계몽소설은 그 시대의 **보기** (사회문제를 고발하)고 ❶ (   )으며/며 독자를 ❷ (   )으려는/려는 목적으로 쓴 것이다. 독자는 작품 속에서 주인공이 고난을 극복하고 마침내 사회 변화를 이끌어내는 걸 보면서 ❸ (   )을/를 느끼게 된다. 계몽소설 작가는 독자에게 새로운 ❹ (   )어/아/여 독자도 주인공처럼 변화하기를 기대했다.

문법 1 으로/로 미루어

- 명사 뒤에 써서 이미 알려진 것으로써 다른 것을 비추어 헤아려 봄을 나타낸다. 보통 '보다'가 뒤에 붙어 나오는 경우가 많으며, '추정되다, 짐작하다, 틀림없다'와 같은 서술어가 주로 뒤에 나온다.
- 명사가 자음으로 끝나면 '으로 미루어'를 쓰고, 모음으로 끝나면 '로 미루어'를 쓴다.

❶ 어머니의 어두운 표정으로 미루어 보아 우리집에 뭔가 문제가 생긴 것이 분명하다.

❷ 돌에 새겨진 문양으로 미루어 백제 시대의 석탑으로 추정된다.

❸ 사람의 됨됨이를 외모와 옷차림으로 미루어 짐작하면 안 된다.

❹ 그 사람의 말투로 미루어 볼 때 초등학교 교사임에 틀림없어요.

01. 알맞은 말을 골라 보기 와 같이 문장을 완성하십시오.

• 그 동안의 경험	• 그 옷의 디자인	• 목격자들의 증언
• 그 분의 성품	• 회사 사정	• 술병과 가스통이 나온 것

보기 그 분의 성품으로 ~~으로/로~~ 미루어 보아 그런 비리를 저질렀을 리가 없습니다.

❶ ______________ 으로/로 미루어 오늘 보는 맞선도 그저 그럴 거라는 생각이 들었다.

❷ ______________ 으로/로 미루어 볼 때 금년에는 연말 보너스가 나올 것 같지 않다.

❸ ______________ 으로/로 미루어 볼 때 산지 10년은 넘은 것 같았다.

❹ 차 안에서 ______________ 으로/로 미루어 김 모 씨는 자살한 것으로 보입니다.

❺ 이번 살인 사건은 ______________ 으로/로 미루어 폭력배의 소행으로 추정된다.

02. 다음은 사건 뉴스입니다. 알맞은 말을 골라 이야기를 완성하십시오.

- 외부인의 출입 흔적이 없는 것
- 시신 상태
- 이 씨의 유서가 발견된 점
- 이런 여러 정황
- 이웃 주민의 말
- 수면제 약통이 발견된 점

서울 시내 주택가에서 7일 오후 일가족 시신 3구가 발견돼 경찰이 수사에 나섰습니다. 경찰은 **보기** 시신 상태로 ~~으로/로~~ 미루어 숨진 지 7시간이 채 안 된 것으로 보고 있습니다. ❶ ____________ 으로/로 미루어 집안 내부에서 일어난 일로 판단했고, ❷ ____________ 으로/로 미루어 약물에 의해 숨진 것으로 보고 있습니다. 그리고 '빚이 많아 생활이 어렵다. 미안하다'라고 쓴 ❸ ____________ 으로/로 미루어 일가족이 스스로 목숨을 끊은 것으로 추정했습니다. 또한 경찰은 부인이 폐암 말기였다는 ❹ ____________ 으로/로 미루어 병원비 때문에 경제적으로 어려움을 겪었을 것으로 추정하고, ❺ ____________ 으로/로 미루어 생활이 어려운 것을 비관해 이들 가족이 자살을 선택한 것으로 보인다고 말했습니다.

문법 2 에 비추어

• 명사 뒤에 써서 어떤 것과 관련하여 견주어 봄을 나타낸다. 보통 '보다'가 뒤에 붙어 나오는 경우가 많다.

❶ 그의 평소 주량에 비추어 소주 10잔 정도로는 취하지 않을 것이다.

❷ OECD국가의 평균 근로시간에 비추어 볼 때 우리나라 근로자의 업무 시간은 너무 길다.

❸ 유학생활을 해 본 제 경험에 비추어 볼 때 지금 여러분에게 제일 필요한 것은 잘 할 수 있다는 자신감이라고 생각합니다.

❹ 상사에게 공개적으로 불만을 토로한 그의 행동은 상식에 비추어 볼 때 지나친 감이 있다.

01. 알맞은 말을 골라 보기 와 같이 문장을 완성하십시오.

• 채용 기준	• 재정 상태	• 마이너스였던 사실
• 사회적인 통념	• 다른 판결	• 2천~3천 장 정도인 현실

보기 우리 회사의 __채용 기준__ 에 비추어 볼 때 그 사람이 채용된 것은 의외이다.

❶ 우리 회사의 ________________ 에 비추어 볼 때 사업을 확장하는 것은 무리입니다.

❷ 비슷한 사건의 ________________ 에 비추어 볼 때 10년형은 너무 과한 판결이다.

❸ 우리나라의 ________________ 에 비추어 혼전 동거는 아직 받아들여지기가 어렵다.

❹ 지난 3년간 경제 성장이 ________________ 에 비추어 올해 2% 성장세는 긍정적으로 평가됩니다.

❺ 클래식 음반 판매가 ________________ 에 비추어 5만장이 팔렸다는 것은 놀라운 일이다.

02. 다음은 패션에 대한 칼럼입니다. 알맞은 말을 골라 이야기를 완성하십시오.

• 전통 관념 • 그 기준 • 여러 나라의 사례
• 그 시대의 눈 • 패션의 역사 • 지금의 상황

1960년 대 우리나라에서는 한 유명 가수에 의해 미니스커트가 유행하기 시작했다. 유교적인 보기 전통 관념 에 비추어 볼 때 여성이 신체를 드러내는 것은 당시에 받아들이기 어려운 일이었다. 결국 경찰은 단속 기준을 정했고, ❶ ________ 에 비추어 치마 길이가 너무 짧으면 경범죄로 처벌을 받았다. 그래서 여기저기서 경찰이 자를 들고 여성들의 치마 길이를 재는 일이 벌어졌다. 패션의 자유를 허용하는 ❷ ________ 에 비추어 보면 코미디 같은 일이다.

성범죄를 막기 위해 미니스커트를 금지한 적이 있는 인도의 한 대학, 차량 속도를 낮추기 위해 교차로에 미니스커트를 입은 실물 크기의 여성 경찰 인형을 이용했다는 체코 등 ❸ ________ 에 비추어 볼 때 짧은 치마 아래로 드러나는 여성의 다리가 성적인 상징인 것은 세계 공통의 인식인 것 같다.

그런데 역사적으로 보면 짧은 치마는 남성의 의상이었다. 그리스, 로마 시대의 군인이나 검투사들이 짧은 치마를 입었는데 ❹ ________ 에 비추어 볼 때 군인이나 검투사가 노출한 다리는 용맹함의 상징이었다.

미니스커트가 여성의 옷으로 등장한 것은 1960년대인데, ❺ ________ 에 비추어 볼 때 짧은 치마의 등장은 가히 혁명적인 일이라 할 만한 것이었다.

활동 위에서 배운 어휘와 문법을 사용하여 다음 중 하나를 골라 이야기해 보십시오.

• 재미와 즐거움을 준 문학 작품
• 교훈을 주고 삶의 의미를 일깨워 준 문학 작품
• 사회 문제를 고발하고 현실을 비판한 문학 작품

보기 저는 한국의 유명한 계몽소설 '상록수'를 소개하겠습니다. 이 작품은 농촌 계몽 운동을 소재로 1930년대 일본 강점기라는 당시의 시대 상황을 반영하고 농촌 운동에 직접 나서지 못하는 지식인을 비판한 장편소설입니다. 젊은 지식인 남녀가 가난한 농촌에 들어가 아이들을 가르치고 무지한 농민들을 계몽시키기 위해 헌신한다는 내용에 비추어 볼 때 이 소설은 그 당시 사회에 꼭 필요했던 교훈적인 작품이라고 생각합니다.

02 문학 감상

학습목표 문학 감상과 비평 관련 어휘를 익혀서 활용할 수 있다.
'-기나 하다', '을/를 무릅쓰고' 표현을 익혀서 활용할 수 있다.

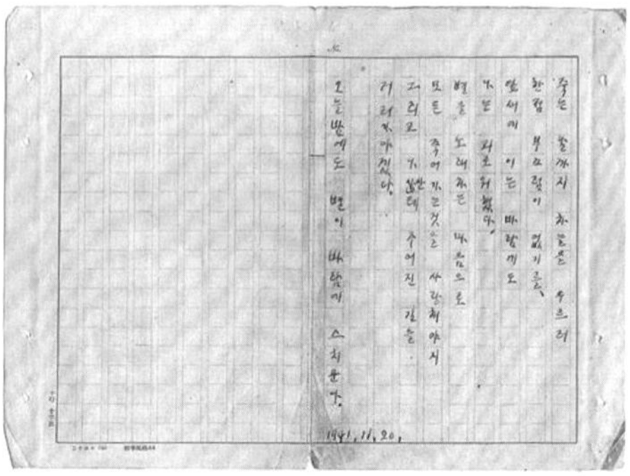

밍밍 윤동주 시 암송 대회에 참가하려고 윤동주의 시를 좀 살펴봤어요. 시는 왠지 난해할 거라고 생각했는데 간결한 산문체의 문장이 쉽게 와 닿더라고요. 그 뿐만 아니라 어휘 선택이나 표현도 정말 아름다웠어요.

영주 네, 그래서 한국 사람들이 윤동주의 시를 좋아해요. 그런데 문학 작품을 해석할 때 시대상을 빼 놓을 수는 없어요.

밍밍 그럼 윤동주 시를 읽을 때 윤동주가 살았던 1940년대의 한국을 함께 살펴봐야 한다는 말이군요.

영주 맞아요. '쉽게 씌어진 시' 같은 경우 시인의 삶과 고뇌를 표현한 시로 볼 수 있지만 당시의 상황을 고려하면 다른 의미로도 읽힐 수 있지요.

밍밍 그럼 '밤비'나 '육첩방'이라는 표현은 시인의 삶을 구속하는 것이면서 한국이 처한 어두운 시대 상황을 상징하는 것으로도 볼 수 있겠군요. 그리고 그런 상황에서 시 쓰기나 하는 자신을 부끄럽다고 표현하는 거고요.

영주 네, 식민지 조선의 젊은 지식인으로서 아무것도 하지 못하고 있는 자신에 대한 반성이라고 볼 수 있지요. 하지만 '등불을 밝혀 어둠을 조금 내몰고 시대처럼 올 아침을 기다리는 최후의 나'라는 표현에서 볼 수 있듯이 절망과 반성만 하고 있는 것이 아니라 미래에 대한 확신도 보여주고 있어요. 그리고 실제로 위험을 무릅쓰고 한글로 시를 쓰면서 항일운동에도 참여했고요.

새 어휘

암송	이 시는 너무 길어서 암송하기가 어렵다. 그는 자신이 좋아하는 시를 한 문장도 틀리지 않고 친구들 앞에서 암송했다.
난해하다	추상화는 무엇을 표현하고자 하는지 정확히 드러나지 않아서 난해하다. 시는 비유와 함축적인 표현을 사용하기 때문에 난해하다고 느끼는 사람들이 많다.
간결하다	그 소설가의 문체는 간결해서 쉽게 읽을 수 있다. 복잡한 내용을 간결하게 설명해 줘서 쉽게 이해할 수 있었다.
산문체	이 시는 일반적인 시와 달리 산문체로 되어 있어서 이해하기가 쉽다. 운문체와 달리 산문체는 외형적인 리듬이나 형식적인 제약에 얽매이지 않는 문체이다.
구속하다	구속하면 달아나려고 하는 것이 인간의 심리이다. 부모라고 해서 자식의 모든 행동들을 구속할 수는 없다.
처하다	어려움에 처한 친구를 모른 척할 수가 없었다. 그 단체는 멸종 위기에 처한 야생동물을 보호하기 위한 활동을 한다.
내몰다	목동이 양떼들을 우리에서 풀밭으로 내몰았다. 결과 중심의 과도한 경쟁이 그 사람을 죽음으로 내몰았다.
항일운동	그는 자신의 모든 재산을 항일운동을 하는 데 사용하였다. 일제 강점기에 항일운동은 국내에서뿐만 아니라 해외에서도 이루어졌다.

01. 빈칸에 알맞은 말을 쓰십시오.

보기 지금 바로 (암송)할 수 있는 시가 있어요?

❶ 그는 자신을 (   )는 현실에서 탈출하기 위해 회사를 그만두고 긴 여행을 떠났다.

❷ 비정규직을 보호하기 위해 만든 법이 오히려 그들을 더 나쁜 상황으로 (   )는다는/ㄴ다는 비판을 받고 있다.

❸ 그 사람의 글은 (   )어서/아서/여서 아무리 읽어도 이해할 수가 없다.

❹ 전염병으로 인해 바나나가 멸종 위기에 (   )었다/았다/였다.

02. 빈칸에 알맞은 말을 쓰십시오.

이상의 '오감도'는 의식의 흐름을 **보기** (산문체로)~~으로/로~~ 쓴 시이다. ❶ (   )은/ㄴ 문장으로 이루어져 있으나 띄어쓰기와 단락을 무시해서 매우 ❷ (   )다. 이육사나 한용운과 같은 시인이 ❸ (   )에 뛰어들어 독립을 노래한 것과 달리 그는 현대인이 ❹ (   )은/ㄴ 심리적인 불안감을 시로 나타내었다.

주제 어휘

문학 감상과 비평				
	• 문학 비평	• 악평	• 호평	• 비유
	• 상징	• 해석하다	• 의도를 드러내다	
	• 함축적	• 의도하다	• 음미하다	

01. 빈칸에 알맞은 말을 쓰십시오.

보기 천천히 맛을 (음미하면서)으~~면서/면서~~ 먹어야 과식하는 것을 줄일 수 있다.

❶ 이번 학기에 한국 현대 ( ) 수업을 수강했다.

❷ 그 신인 배우는 신인답지 않은 뛰어난 연기를 해서 ( )을/를 받았다.

❸ 이 시에서 '그네'는 현실을 벗어나고자 하는 작가의 ( )는 표현이다.

❹ 그 영화에 대해 평론가들은 내용이나 기법 등 모든 면에서 수준이 너무 떨어진다고 ( ) 을/를 했다.

02. 빈칸에 알맞은 말을 쓰십시오.

문학 작품은 다양하게 보기 (해석할)~~을/ㄹ~~ 수 있다. 특히 시는 ❶ ( )과/와 ❷ ( )을/를 사용하기 때문에 작가가 작품을 통해 나타내고자 ❸ ( )는 것을 이해하는 것이 쉽지 않다. 비유와 상징을 통해 나타내고자 하는 ❹ ( )인 의미를 파악하기 위해서는 작가와 시대 상황 등에 대한 배경 지식이 필요하다.

문법 1 －기나 하다

• 동사의 어간 뒤에 써서 최소한의 것도 기대하기 어려워 유감스럽게 생각하지만 그래도 하기를 바라는 마음을 나타낼 때 쓰는 표현이다.

❶ 시험이 코앞인데 놀기나 하는 아들이 한심하다.
❷ 배고프니까 얘기는 나중에 하고 먼저 시키기나 하자.
❸ 내가 선물로 사 줄 거니까 가격은 신경 쓰지 말고 고르기나 해.
❹ 흥분하지 말고 우선 여기에 앉기나 해. 내가 무슨 일이 있었는지 설명해 줄게.

01. 알맞은 말을 골라 보기 와 같이 대화를 완성하십시오.

• 들어오다	• 쓰다	• 입어보다
• 먹다	• 알려주다	• 싸우다

보기 가: 여기 비싼 곳 아니야?
나: 오늘은 밥값 신경 쓰지 말고 먹 기나 해.

❶ 가: 이 옷 나한테 안 어울릴 것 같은데?
나: 어울리는지 안 어울리는지 ______________________ 기나 해 봐.

❷ 가: 언니, 아직 친구들이랑 있는데 왜 자꾸 빨리 집에 오라고 해?
나: 오늘 집안 분위기 안 좋으니까 빨리 ______________________ 기나 해.

❸ 가: 갑자기 왜 주소를 알려 달라고 해.
나: 급하니까 우선 ______________________ 기나 해. 나중에 얘기해 줄게.

❹ 가: 이 보고서를 왜 우리가 써야 하지?
나: 시간이 없으니까 따지지 말고 빨리 ______________________ 기나 하자.

❺ 가: 처리해야 할 안건이 많은데 ______________ 기나 하는 국회의원들을 보면 화가 나요.
나: 그러게 말이에요. 한심해 죽겠어요.

02. 다음은 엄마와 딸의 대화입니다. 알맞은 말을 골라 대화를 완성하십시오.

• 오다	• 가다	• 밤에 자다
• 밖에 나오다	• 집에 들어오다	• 한 군데서 먹다

딸 : 엄마, 다들 잘 지내죠? 은수는 여전히 속 썩여요?

엄마: 말도 마. 네 동생 은수 때문에 걱정이야. 운동할 거라길래 헬스장 등록을 해 줬어. 30분만 해도 좋으니까 **보기** 가 기나 하라고 해도 며칠 가고 통 안 가.

딸 : 에고, 또 작심삼일이군요. 집안일은 잘 도와줘요?

엄마: ❶ ________기나 하면 치우는 거라도 쉬울 텐데 돌아다니면서 먹어서 내가 힘들어 죽겠어.

딸 : 걔가 어릴 때부터 좀 그랬죠.

엄마: 그러게 말이야. 누나인 너랑 어쩜 그렇게 다르니? 요즘은 자기 방에서 뭘 하는지 불러도 대답도 없어. ❷ ________기나 하면 걱정이 없겠어.

딸 : 아직도 게임 좋아해요?

엄마: 에휴, 요즘은 밤 새워 게임하는 것 같아. 게임은 하더라도 ❸ ________기나 했으면 좋겠어.

딸 : 참 아빠는 요즘 일찍 들어오세요?

엄마: ❹ ________기나 하면 좋지. 날마다 야근이라 요즘 얼굴 보기도 힘들단다.

딸 : 엄마가 스트레스 많이 받겠네요. 참, 저 이번 주말에 집에 갈 건데 뭐 사가지고 갈까요?

엄마: 뭘 사오기는? 됐으니까 ❺ ________기나 해.

문법 2 을/를 무릅쓰고

- 명사 뒤에 써서 힘들고 어려운 일을 참고 견딤을 나타낸다.
- 명사가 자음으로 끝나면 '을 무릅쓰고'를 쓰고, 모음으로 끝나면 '를 무릅쓰고' 를 쓴다.

❶ 그는 위험을 무릅쓰고 아프리카 오지로 의료 봉사를 떠났다.

❷ 실례를 무릅쓰고 한 가지만 더 여쭙겠습니다.

❸ 두 사람은 부모님의 반대를 무릅쓰고 결국 결혼을 했다.

❹ 그 나라는 국제적인 비난을 무릅쓰고 핵 연구를 계속했다.

01. 알맞은 말을 골라 보기 와 같이 문장을 완성하십시오.

• 적자	• 죽음	• 악조건
• 반발	• 위험	• 어려움

보기 부작용의 <u>위험을</u> ~~을/를~~ 무릅쓰고 임상 실험에 참가하는 사람들이 있다.

❶ 그 기자는 ________________ 을/를 무릅쓰고 내전 지역을 돌아다니며 취재했다.

❷ 김 회장은 ________________ 을/를 무릅쓰고 새로운 사업에 손을 댔다.

❸ 그 팀은 주전 선수의 부상이라는 ________________ 을/를 무릅쓰고 좋은 경기를 펼쳤다.

❹ 선교사들은 온갖 ________________ 을/를 무릅쓰고 조선에 기독교를 알리기 위해 힘썼다.

❹ 대통령은 기업들의 ________________ 을/를 무릅쓰고 재벌 위주의 경제 정책을 개혁하고자 했다.

02. 다음은 한 인류학자의 글입니다. 알맞은 말을 넣어 이야기를 완성하십시오.

제가 처음 연구를 시작할 때 젊은 백인 여성이 아프리카 오지에 들어간다고 다들 반대했지만, 저는 이러한 보기 반대를 ~~을/를~~ 무릅쓰고 연구를 위해 밀림으로 떠났습니다. 함께 온 어머니가 영국으로 돌아간 후 ❶ ________ 을/를 무릅쓰고 혼자 지내야 했습니다. 저보다 먼저 왔던 학자들이 위험하다고 몇 개월 만에 고국으로 돌아간 것과 달리 저는 ❷ ________ 을/를 무릅쓰고 밀림 속에서 침팬지를 관찰했습니다. 말라리아에 걸렸을 때도 ❸ ________ 을/를 무릅쓰고 연구를 계속했습니다.

제 연구가 유명해진 후 연구원이 납치를 당하는 일이 생겼습니다. 사건을 축소하려고 한다는 ❹ ________ 을/를 무릅쓰고 저는 침팬지 연구를 계속했고 그 결과 침팬지가 인간과 같이 잔인한 본성을 가지고 있다는 것을 밝혀냈습니다.

이 모든 ❺ ________ 을/를 무릅쓰고 연구를 계속한 저는 몇 년 후 야생 동물의 연구와 보호를 위한 연구소를 설립하였습니다.

활동 위에서 배운 어휘와 문법을 사용하여 다음 중 하나를 골라 소개해 보십시오.

- 기억에 남는 주인공
- 좋아하는 작가
- 인상적인 작품

보기 저는 백석의 시 '나와 나타샤와 흰 당나귀'를 좋아합니다. 이 시는 시인이 부모의 반대를 무릅쓰고 자신이 사랑한 연인에 대한 사랑의 시입니다. 난해한 표현이 아니라 간결한 산문체와 '눈, 나타샤, 흰 당나귀' 등과 같은 아름답고 환상적인 이미지를 통해 사랑하는 연인에 대한 그리움을 나타내고 있습니다. 사랑하는 여인에 대한 시인의 절절한 마음과 고독이 쉽게 와 닿는 시입니다.

03 문학의 새로운 시도

학습목표 문학의 새로운 시도 관련 어휘를 익혀서 활용할 수 있다.
'-느니', '-는 셈치고' 표현을 익혀서 활용할 수 있다.

영수 미선 씨, 최근에 재미있게 읽은 소설책 있어요? 제가 학교에서 좀 먼 곳으로 이사를 했거든요. 지하철 안에서 가볍게 읽을 수 있는 소설 좀 추천해 주세요.

미선 '신입 사원'이라고 들어봤어요? 요즘 연재되고 있는 웹소설인데, 스토리도 탄탄하고 시사하는 바도 있고 해서 재미있게 읽고 있어요.

영수 웹소설이요? 저는 왠지 웹소설이라고 하면 문학작품보다 감수성이나 감동의 깊이가 덜할 것 같다는 생각이 드는데, 제 선입견일까요? 내용도 무협이나 로맨스 쪽에 치우쳐 있고요.

미선 뭐, 눈 아프게 웹소설을 읽느니 그냥 잠을 자겠다는 사람도 있지만 저는 소위 문학이라고 하는 것과 크게 다르지 않다고 봐요. 시대에 따라 추세가 바뀌어 매체가 달라졌을 뿐이지요. 그리고 웹소설의 성장은 침체되어 있는 문학 시장에 새로운 돌파구가 될 수도 있다고 생각해요.

영수 그렇긴 한데 검증되지 않은 작품들이 쏟아지면서 수준이 하향평준화되었고 작가들이 인기를 얻기 위해 가벼운 주제만을 다루고 있다는 생각이 들어요.

미선 그 말도 맞아요. 그래도 조회수가 100만이 넘고 드라마나 영화로 각색되는 웹소설이 는다는 것은 그 안에 분명히 독자를 끌어들이는 무언가가 있기 때문일 테니까 영수 씨도 속는 셈치고 한번 읽어 보세요.

새 어휘

연재되다	요즘은 웹사이트에 연재된 만화를 드라마로 만드는 경우가 많다. '장길산'이라는 소설은 조선시대 유명한 도적의 이야기로 1974년부터 1984년까지 신문에 연재되었다.
시사하다	지구온난화로 인한 세계 곳곳의 기후 이상 현상은 우리에게 시사하는 바가 큽니다. 이 만화에서 작가는 고등학생들의 학교생활과 고민을 그리면서 우리 교육의 문제점을 시사하고 있다.
선입견	선입견을 가지고 있으면 사람을 있는 그대로 보기가 어렵다. 신인 배우 민소라는 이번 인터뷰에서 아이돌 출신의 연기자는 연기를 못한다는 선입견을 깨고 싶었다고 말했다.
소위	소위 현모양처가 되겠다는 사람이 그렇게 이기적이어서야 되겠니? 소위 지성인이라는 사람들이 서로 의견이 다르다고 치고박고 싸우다니 정말 한심하다.
추세	올해 초부터 수출이 조금씩 증가 추세를 보이고 있습니다. 지구온난화 현상이 지금의 추세로 계속된다면 21세기 말에는 히말라야 일대의 빙하가 대부분 사라질 거라는 연구 결과가 나왔습니다.
돌파구	우유의 소비가 줄면서 업체들이 돌파구를 찾기 위해 노력하고 있습니다. 이번 대통령의 방북이 남북한의 관계 개선에 돌파구를 마련할 수 있을 것으로 보입니다.
검증되다	효과가 검증되지 않은 건강 보조 식품은 함부로 먹지 않는 것이 좋습니다. 탈모 방지 샴푸를 고를 때는 안전성이 검증된 제품인지 꼭 확인하는 것이 좋다.
조회	카드 회사 홈페이지에 들어가서 내 신용카드 포인트를 조회했다. 그 가수의 뮤직비디오 동영상 조회수가 일주일 만에 1000만을 넘었다.
끌어들이다	이 집의 가장 큰 장점은 큰 창을 두어 자연을 집 안으로 끌어들였다는 점입니다. 이번에 체포된 김 씨는 이웃을 도박에 끌어들여 수천 만 원을 챙긴 것으로 조사됐습니다.

01. 빈칸에 알맞은 말을 쓰십시오.

보기 공부를 잘 하는 사람은 잘 놀지 못할 거라는 (선입견을)~~을/~~를 버리세요.

❶ 한 카드사에서 오늘 오전 해킹 시도가 있었다고 발표해 고객 개인 정보의 유출 가능성을 (　　　　　)었다/았다/였다.

❷ 노사 간에 임금 협상에 대한 대화가 장시간 이어졌지만 (　　　　　)을/를 찾지 못했다.

❸ 영화 '왕과 신하'는 매일 10만 관객을 (　　　　　)으며/며 2주째 예매율 1위 자리를 지키고 있습니다.

❹ 이 사이트에서는 품질이 (　　　　　)은/ㄴ 우리 농산물만을 판매하고 있습니다.

02. 빈칸에 알맞은 말을 쓰십시오.

웹소설은 작가가 웹에 공개하고 독자가 웹으로 소비하는 소설이다. 시간과 장소에 상관없이 가볍게 즐길 수 있다는 점에서 웹소설의 인기가 점점 높아지고 있는 **보기** (추세)이다. 이런 변화에 맞춰 기성 작가들도 인터넷 활동을 시작해 포털사이트에 작품을 ❶ (　　　　　)기 시작했다. 하지만 이에 대한 비판도 크다. 빠른 전개와 자극적인 내용이 많아 웹소설은 질이 떨어진다는 ❷ (　　　　　)을/를 가진 사람도 많고 웹소설 작가가 ❸ (　　　　　) 문학을 하는 사람이라고 할 수 있냐는 사람도 있다. 또한 ❹ (　　　　　)수가 곧 돈으로 연결되는 것이 문학 본래의 의미를 해친다는 우려의 목소리도 있다.

주제 어휘

문학의 새로운 시도	• 순수 문학	• 장르 문학	• 팬픽	• 웹툰	• 웹소설
	• 스낵 컬처	• 무협	• 로맨스	• 판타지	• 추리

01. 빈칸에 알맞은 말을 쓰십시오.

보기 좋아하는 유명인을 주인공으로 하여 팬들이 만들어내는 이야기를 (팬픽이라고)~~이라고/라고~~ 한다.

❶ 나는 무술 능력이 뛰어난 주인공이 활약하는 (   ) 만화를 즐겨 본다.

❷ 이것은 한 탐정이 수수께끼 같은 사건을 해결해 가는 과정을 그린 (   ) 소설이다.

❸ 나는 눈이 오면 왠지 감성을 자극하는 (   ) 영화가 보고 싶어진다.

❹ 가끔 현실을 잊고 싶을 때는 비현실적인 주인공이 나오는 (   ) 소설을 읽는다.

02. 빈칸에 알맞은 말을 쓰십시오.

보기 (스낵컬처란)~~이란/란~~ 간식처럼 짧은 시간에 손쉽게 즐길 수 있는 문화를 말하는 것이다. 대표적인 것으로는 웹상에 연재되는 만화와 소설인 ❶ (   )과/와 ❷ (   )을/를 꼽을 수 있다. 책을 읽을 물리적인 시간과 생각할 여유가 필요한 기존의 ❸ (   )과/와 다르게 웹툰과 웹소설은 짧은 문장으로 되어 있어 잘 읽히고, 가벼운 소재로 즐거움을 주는 이야기가 많다. 요즘 젊은 세대들의 성향을 따른 것이다. 그래서 웹소설은 로맨스, 판타지 등의 ❹ (   )이/가 주를 이룬다.

문법 1 -느니

• 동사의 어간 뒤에 써서 앞 상황이나 행위보다는 뒤 상황이나 행위가 차라리 나음을 의미하는데 뒤의 상황, 행위도 썩 만족스럽지는 않은 경우이며, 뒤 문장에 '차라리'나 '아예' 등을 쓰는 경우가 많다.

❶ 마음에 들지 않는 남자와 결혼하느니 평생 혼자 살겠어요.

❷ 대출을 받아서 독립하느니 좀 눈치가 보여도 부모님과 지내는 게 낫지 않아요?

❸ 이런 맛없는 음식을 먹느니 차라리 굶고 말겠어요.

❹ 병원에서 힘들게 치료를 받느니 남은 시간이 짧더라도 가족과 행복하게 보내고 싶습니다.

01. 알맞은 말을 연결하고 보기 와 같이 문장을 완성하십시오.

보기 잘못된 내용을 가르치다 •	• 솔직하게 말하고 벌을 받겠다.
❶ 비싼 수리비를 내고 고치다 •	• 아르바이트를 하더라도 좋아하는 일을 하고 싶어요.
❷ 남자친구와 그렇게 싸우면서 만나다 •	• 차라리 교사 일을 그만두겠습니다.
❸ 너처럼 말이 안 통하는 사람과 얘기하다 •	• 새로 사는 게 나을 것 같은데요.
❹ 거짓말을 하고 불안에 떨다 •	• 헤어지는 게 낫겠어요.
❺ 적성에 안 맞는 일을 하면서 회사에 다니다 •	• 벽을 보고 얘기하는 게 낫겠다.

보기 잘못된 내용을 가르치느니 차라리 교사 일을 그만두겠습니다.

❶ ______________________________

❷ ______________________________

❸ ______________________________

❹ ______________________________

❺ ______________________________

02. 다음은 룸메이트와의 대화입니다. 알맞은 말을 넣어 대화를 완성하십시오.

가: 내일 동아리 사진 전시회 있는 날이지? 종일 일하려면 힘들 테니까 좀 일찍 일어나서 아침 먹고 나가.

나: 아니야. **보기** 일찍 일어나서 밥을 먹 느니 굶어도 더 자는 게 좋아. 혼자 일해야 해서 자리를 비울 수가 없으니까 간식이나 좀 챙겨 갈게.

가: 그런데 왜 혼자야?

나: 친구 한 명이 같이 하자고 했는데 ❶ ____________느니 혼자 하는 게 더 편할 것 같아서 혼자 하겠다고 했어. 나랑 성격이 정말 안 맞아.

가: ❷ ____________느니 좀 안 맞아도 둘인 게 낫지 않아?

나: 괜찮아. 너는 내일 뭐해? 지난주에 소개팅한 남자랑 데이트 안 해?

가: 그렇게 ❸ ____________느니 혼자 집에서 드라마나 보는 게 나아.

나: 요즘 날씨도 좋은데 ❹ ____________느니 나랑 같이 나가자. 우리 동아리 전시회도 보고.

가: 그래. ❺ ____________느니 나가서 뭐라도 하는 게 좋겠지? 그럼, 내가 너 도와줄게. 네가 점심 사.

문법 2 -는/은/ㄴ 셈치고

- 동사의 어간 뒤에 써서 앞의 동작이나 사실 등을 한다고 가정을 하고 뒤의 행동을 함을 나타낸다.
- 동사의 어간 뒤에서 '-는 셈치고'를 쓰나, 과거 동사의 경우 어간이 자음으로 끝나면 '-은 셈치고'를, 모음으로 끝나면 '-ㄴ 셈치고'를 쓴다.

❶ 월급의 10%는 없는 셈치고 저축을 하고 있습니다.
❷ 사람 하나 살리는 셈치고 저 좀 도와 주세요.
❸ 속는 셈치고 이 화장품 한번 써 보세요. 정말 효과가 있다니까요.
❹ 사기당한 돈은 기부한 셈치고 잊어버리기로 했어요.

01. 알맞은 말을 골라 보기 와 같이 대화를 완성하십시오.

- 경험을 쌓다
- 잃어버렸다
- 남자친구가 군대에 갔다
- 다이어트하다
- 인생 공부했다
- 부모님 소원 하나 들어드리다

보기 가: 한국어능력시험이 다음 주인데 공부를 많이 못해서 떨어질까 봐 걱정이에요.
나: 경험을 쌓는 ~~는/은/ㄴ~~ 셈치고 편하게 보세요.

❶ 가: 남자친구가 시험 준비를 해야 해서 만날 시간도 없겠어요.
나: 네, 그래서 ________________ 는/은/ㄴ 셈치고 한 달에 한번만 만나기로 했어요.

❷ 가: 죄송해요. 제가 빌린 우산을 못 쓰게 만들어 버렸어요.
나: 괜찮아요. ________________ 는/은/ㄴ 셈치고 새로 하나 사면 돼요.

❸ 가: 점심 먹을 시간도 없이 바빠서 어떻게 해요?
나: 어쩌겠어요. ________________ 는/은/ㄴ 셈치고 굶는 거죠 뭐.

❹ 가: 아는 사람한테 돈을 빌려줬는데 그 사람이 돈을 떼먹고 도망갔어요.
나: 그래요? ________________ 는/은/ㄴ 셈치고 학원비 냈다고 생각하세요.

❺ 가: 부모님이 자꾸 선을 보라고 해서 죽겠어요.
나: ________________ 는/은/ㄴ 셈치고 나갔다 와요.

02. 다음은 언니와 동생의 대화입니다. 알맞은 말을 골라 대화를 완성하십시오.

• 속다	• 딸 하나 키우다	• 생일 선물 미리 주다
• 못 봤다	• 운동하다	• 불쌍한 사람 도와주다

언니: 지민아, 너한테 택배 왔던데, 뭐야?

동생: 저녁 대신 먹는 다이어트 식품이야. 광고에서 한달만 먹으면 3킬로가 빠진다길래 **보기** 속는 ~~는/은/ㄴ~~ 셈치고 한번 사 봤어.

언니: 너 지난번에도 그런 거 샀다가 엄마한테 혼났으면서 또 그러니?

동생: 언니, ❶ ______ 는/은/ㄴ 셈치고 엄마한테는 비밀로 해 줘. 알았지? 그런데 언니가 산 가방 말이야. ❷ ______ 는/은/ㄴ 셈치고 나 주면 안 돼? 딱 내 마음에 드는데.

언니: 나중에 딴 소리 하기 없기다. 분명히 생일 선물이야.

동생: 고마워. 그리고 언니, 주는 김에 ❸ ______ 는/은/ㄴ 셈치고 나 용돈 좀 줘.

언니: 아이고, 내가 동생이 아니라 ❹ ______ 는/은/ㄴ 셈치고 참는다. 알았으니까 ❺ ______ 는/은/ㄴ 셈치고 이 재활용 쓰레기나 좀 버리고 와.

활동 위에서 배운 어휘와 문법을 사용하여 다음 중 하나를 골라 이야기해 보십시오.

• 재미있게 읽은 웹툰이나 웹소설 • 웹소설도 문학이라고 할 수 있는가?

보기 저는 지금 한창 연재되고 있는 '똥두'라는 웹툰을 읽고 있습니다. '똥두'는 자기혐오에 빠진 사춘기 소녀의 별명입니다. 청소년기에는 '이런 못생긴 얼굴로 사느니 차라리 죽는 게 낫겠다'라는 극단적인 생각을 하는 경우도 있지요? 자기혐오는 누구에게나 일어날 수 있는 일이기 때문에 이 웹툰의 조회수가 높은 것 같습니다. 조금씩 자신을 받아들이고 긍정적으로 바뀌어 가는 주인공을 보는 것이 즐거워서 계속 이 웹툰을 보고 있습니다.

04 문학에 나타난 여성상

학습목표 문학 속의 여성상 관련 어휘를 익혀서 활용할 수 있다.
'-을 법하다', '은/는 고사하고' 표현을 익혀서 활용할 수 있다.

밍밍 교수님, 1990년대 이후의 작품 속에 나오는 여성들은 기존의 여성상과 확연히 다르던데요. 당당히 자신의 의사를 표현하고 성에 대해서도 개방적이고요. 그런 변화는 그 당시 한국의 사회 변화와 밀접한 관련이 있는 것이겠지요?

교수 그렇지. 아무래도 문학 작품에는 그 시대의 가치관과 사회 양상이 고스란히 담겨 있기 마련이니까. 일례로 1910년대에 나왔던 한국 최초의 근대 소설인 이광수의 '무정'에 나오는 여주인공은 정숙함을 최고의 가치관으로 여기던 그 시대에 적응하지 못하고 희생되는 대표적인 여인이지.

밍밍 그 이후에도 소설 속의 여성들은 수동적인 모습이던데요.

교수 맞아. 그러나 90년대 들어 한국 사회가 개방적이고 자유로운 사회로 변화되면서 문학계에서도 새로운 작가군인 여류 작가들이 떠오르게 됐어. 그들은 자신들의 이야기들을 쏟아내기 시작했는데 당당히 이혼을 요구하거나, 성에 대해 일탈을 시도하는 여성들을 작품 속에 표현했지.

밍밍 그러면 보수적인 작가나 독자들이 반발했을 법한데 괜찮았나요?

교수 웬걸. 처음에는 기득권을 가진 기성 작가들의 반발이 심했지. 당시 영향력을 지닌 한 작가는 여자의 참다운 미덕은 전통적인 여성상에 있다며 새로운 여성상에 대해 공개적으로 비판을 했었어. 그러나 그 작가는 비평가들의 동조는 고사하고 비난만 받으면서 자신의 주장을 철회했어.

새 어휘

확연히	이번 월드컵 경기에서 유럽 팀과 아시아 팀의 실력 차이가 확연히 드러났다. 명품 가방을 똑같이 복제해도 바느질 상태를 보면 진품과 모조품은 확연히 구별된다.
밀접하다	폐암은 흡연과 밀접한 관계가 있다. 지구 환경 보호를 위해서는 국가 간의 밀접한 협력이 필요하다.
정숙하다	신사임당은 정숙하고 현명한 여성이었다. 내가 짧은 치마를 입고 나가자 할머니는 옷차림이 정숙하지 못하다고 야단을 치셨다.
당당히	사장님께 최저 임금을 보장해 달라고 당당히 요구하세요. 그는 국제음악콩쿠르에서 세계의 실력자들을 물리치고 당당히 1등을 차지했다.
일탈	빡빡한 일상에 지쳐 일탈을 꿈꾸는 현대인들이 많다. 많은 청소년들이 기존의 사회 규범으로부터 일탈해 자유로운 삶을 살고 싶어한다.
반발	학생들은 우열반을 운영하겠다는 학교의 방침에 심하게 반발했다. 그 지역에 쓰레기 소각장을 세우겠다는 정부의 결정에 주민들의 반발이 거세다.
기득권	여당은 기득권을 잃지 않기 위해 내년 총선을 철저히 준비하고 있다. 정부의 이번 부동산법 개혁안은 기득권 세력에게 상당한 타격을 줄 것이다.
미덕	사회 속에서 타인과 조화롭게 살기 위해서는 양보의 미덕이 필요하다. 전통사회에서는 남편을 내조하는 것을 결혼한 여성이 갖추어야 할 최고의 미덕으로 여겼다.
동조	그 정치가는 반대파를 설득해 자신의 의견에 동조하도록 했다. 폭력적으로 이루어지는 시위는 국민들의 동조를 얻기 어려울 것이다.
철회하다	노동자들은 자신들의 주장이 받아들여지자 파업을 철회했다. 대학생들은 강의 시작 후 일주일 안에 수강 신청을 철회할 수 있다.

01. 빈칸에 알맞은 말을 쓰십시오.

보기 인터넷과 스마트폰은 현대인의 생활과 (밀접하)게 연관되어 있다.

❶ 김 의원은 야당의 반대에 부딪치자 자신의 주장을 ( )었다/았다/였다.

❷ 새 교통 정책은 현실성이 없어 시민들의 ( )을/를 얻지 못하고 있다.

❸ 최근 술을 마시고 담배를 피우는 등 청소년들의 ( ) 행위가 늘고 있다.

❹ 외국으로부터 쌀을 수입하겠다는 정부의 방침에 농민들이 거세게 ( )하고 있다.

02. 빈칸에 알맞은 말을 쓰십시오.

소설 '바람과 함께 사라지다'에 나오는 여주인공 스칼렛은 순종을 여성의 **보기** (미덕으로) ~~으로/로~~ 여기던 시대에 자신의 운명을 스스로 개척하며 ❶ ( ) 살아간 여성이다. 스칼렛은 자기가 사랑하던 남자가 자기와는 달리 얌전하고 ❷ ( )은/ㄴ 여자와 결혼함으로써 사랑을 얻지 못하게 된다. 그리고 남북전쟁에서의 패배로 미국 남부의 부호로서 누렸던 ❸ ( )도 모두 잃게 된다. 그러나 그녀는 좌절하지 않고 자신에게 닥친 운명에 맞서기로 결심한다. 이러한 독립적인 여성상은 19세기 당시의 여성과는 ❹ ( ) 다른 면모를 보이고 있다.

주제 어휘

문학 속의 여성상	
	• 신여성 • 현모양처 • 억압 • 일탈 • 순종적 • 반항적 • 독립적 • 페미니즘 • 자기 목소리를 내다 • 사회적 반향을 일으키다

01. 빈칸에 알맞은 말을 쓰십시오.

보기 지나친 스트레스 때문에 일상으로부터 (일탈)해 마약이나 도박에 빠지는 사람들이 있다.

❶ 한국의 ( )은/는 20세기 초 서양의 신식교육을 받고 새로운 가치와 태도를 추구하게 된 여성들을 말한다.

❷ 요즘 우리 아이가 사춘기여서 그런지 매사에 부정적이고( )인 태도를 보인다.

❸ 입사한 지 꽤 됐으니 이제 다른 사람이 결정한 것에 따르기만 할 것이 아니라 ( ) 기도 해라.

❹ 우리 어머니는 평생 가족만을 위해 사신 ( )이시다.

02. 빈칸에 알맞은 말을 쓰십시오.

보기 (페미니즘은)~~은/는~~ 여성이 사회적으로 불평등과 ❶ ( )을/를 당하고 있다고 여기고 여성의 사회적 지위와 역할을 높이겠다고 주장하는 생각이다. 서양에서는 19세기 후반부터 정치적으로 여성에게도 남성과 평등하게 참정권을 허용하라는 사회 운동으로 시작했다. 한국에서는 1990년대 초기에 대학교에서 '여성학'이라는 과목의 강좌를 개설하면서 시작되어 점점 ❷ ( )게 되었다. 페미니즘은 한국의 정치, 사회뿐만 아니라 문학계에도 영향을 끼쳐 많은 여류작가들을 탄생시켰다. 이들은 기존의 한국 문학에 등장하는 ❸ ( )인 여성과는 달리 자기의 삶을 스스로 개척해 나가는 ❹ ( )인 여성을 작품 속에 그려 냈다.

문법 1 -을/ㄹ 법하다

- 동사나 형용사의 어간 뒤에 써서 어떤 상황이 일어날 만한 가능성이 많음, 혹은 그렇게 되는 것이 마땅함을 나타낸다.
- 동사, 형용사의 어간이 자음으로 끝나면 '-을 법하다'를 쓰고, 모음으로 끝나면 '-ㄹ 법하다'를 쓴다.

❶ 지난 달 실적이 좋아서 상여금이 나올 법한데 아무 소식이 없다.

❷ 영화에서나 있을 법한 일이 현실에서 일어나다니 놀라울 따름이다.

❸ 얼굴 색 하나 안 변하고 거짓말을 하니 사람들이 속을 법 하다.

❹ 그렇게 많은 사람들 앞에서 떨렸을 법도 한데 침착하게 발표를 잘 했다.

01. 알맞은 말을 골라 보기 와 같이 대화를 완성하십시오.

• 포기하다	• 흥행에 성공하다	• 쉬다
• 지겹다	• 많다	• 도착했다

보기 가: 이렇게 더운 날씨에도 선수들이 열심히 훈련을 하고 있던데요.
나: 네. 이런 날에는 훈련을 __쉴__ ~~을/ㄹ~~ 법한데 의지가 대단하군요.

❶ 가: 가전제품 세일을 50%나 하는데도 손님이 별로 없네요.
나: 그렇게 큰 세일을 하면 손님이 ____________ 을/ㄹ 법한데 경기가 정말 안 좋은가 봐요.

❷ 가: 저 후보자는 선거에 5번이나 떨어졌던 사람이래.
나: 5번이나 떨어졌으면 ____________ 을/ㄹ 법한데 말이에요.

❸ 가: 그 영화에 유명한 배우들이 총 출연했는데 흥행은 별로 안 되네요.
나: 네. 유명한 배우들이 많이 나와서 ____________ 을/ㄹ 법한데 이상하군요.

❹ 가: 저 커플은 예전에는 그렇게 서로 좋아하더니 요즘에는 만나기만 하면 싸우네요.
나: 사귄 지 오래 됐으니 ____________ 을/ㄹ 법도 하지요.

❺ 가: 참, 미선이한테서 연락왔어?
나: 아니, 비행기가 벌써 ____________ 을/ㄹ 법한데 왜 아직 연락이 없을까?

02. 다음은 영수와 미선이의 상반된 마음을 나타낸 각각의 일기입니다. 알맞은 말을 골라 이야기를 완성하십시오.

• 커피라도 사다	• 마음이 움직이다	• 내 마음을 알아채다
• 마음을 포기하다	• 눈치를 채다	• 섭섭해 하다

영수의 일기

나는 수업 첫날부터 미선이가 마음에 들어 강의 시간마다 미선이 옆에 앉았다. 그렇게 날마다 옆에 앉으면 **보기** 내 마음을 알아차릴 ~~을/ㄹ~~ 법한데 그녀는 아무 반응이 없다. 한번은 미선이가 발표날 일이 생겼다며 걱정을 하길래 발표 순서를 바꿔 주었다. 그런 도움을 받았으면 ❶ ________ 을/ㄹ 법한데 미선이는 말로만 고맙다고 할 뿐이었다. 몇 달째 이렇게 노력하면 ❷ ____________ 을/ㄹ 법한데 미선이 마음은 아무 변화가 없는 것 같다.

미선이의 일기

영수가 날마다 내 옆에 앉는데 직접 싫다고 하면 기분이 상할 것 같아 아무 말도 안 했다. 이렇게 아무 반응을 안 보이면 ❸ ___________ 을/ㄹ 법한데 영수는 아무것도 모르는 것 같다. 한번은 영수가 나하고 발표 순서를 바꿔 주었는데 고맙다는 인사를 따로 만나서 하면 오해할 것 같아 말로만 인사를 했다. 영수는 나한테 ❹ ___________ 을/ㄹ 법도 한데 전혀 그런 내색을 안 한다. 이렇게 몇 달째 내가 관심을 안 보였으니 나에 대한 ❺ __________ 을/ㄹ 법한데 영수는 아직도 나한테 관심이 있는 것 같다.

문법 2 은/는 고사하고

- 명사 뒤에 써서 선행문의 내용은 말할 것도 없을 만큼 불가능하거나 어려우며 그것보다 정도가 약한 후행절의 경우라도 쉽지 않다는 의미를 나타낸다.
- 명사가 자음으로 끝나면 '은 고사하고'를 쓰고, 모음으로 끝나면 '는 고사하고'를 쓴다.

❶ 장학금은 고사하고 진급도 못했어요.

❷ 아르바이트로는 월세는 고사하고 용돈도 못 벌어요.

❸ 이렇게 싸게 팔면 이윤은 고사하고 본전도 못 건져요.

❹ 그 사람이 어찌나 바쁜지 만나는 건 고사하고 전화 통화도 어려워요.

01. 보기 와 같이 문장을 완성하십시오.

보기 가: 생일 선물 많이 받았어요?
나: 선물은 ~~은/는~~ 고사하고 카드도 못 받았어요.

❶ 가: 세탁소에서 피해 보상을 해 주었어요?
나: ____________ 은/는 고사하고 미안하다는 말도 안 하던데요.

❷ 가: 이번 프로젝트를 성공적으로 완수했으니 보너스가 나오겠네요.
나: 요즘 회사 사정이 안 좋아서요. ____________ 은/는 고사하고 월급도 제대로 안 나왔어요.

❸ 가: 결혼하신다는 소문이 있던데, 약혼자가 있으셨어요?
나: 네? ____________ 은/는 고사하고 남자친구도 없어요.

❹ 가: 취직 자리 알아보더니 어떻게 됐어? 어디에 취직됐어?
나: ____________ 은/는 고사하고 아르바이트 자리도 못 구했어.

❺ 가: 어제 열심히 시험 공부한다더니 밤이라도 새웠어?
나: 밤을 새우는 건 고사하고 ________________________.

02. 다음은 신문 기사의 제목입니다. 알맞은 말을 골라 제목을 완성하십시오.

• 결승 • 치료 • 범인 검거 • 타협 • 수출 • 이미지 회복

• 축구대표팀, 국민들의 기대에 부응하지 못해, 보기 결승은 ~~은/는~~ 고사하고 예선도 통과 못해
• 한국 경제 회복 아직도 갈 길 멀어, ❶ ________ 은/는 고사하고 내수도 얼어붙어
• 노사 협의, ❷ ________ 은/는 고사하고 갈등만 커져
• 살인 사건 해결 장기화 될 듯, ❸ ________ 은/는 고사하고 증거도 못 찾아
• 새로 개발된 암 치료제 약인가? 독인가? ❹ ________ 은/는 고사하고 부작용으로 증세 더 악화
• 배우 이병호, 이번 영화로 재기 노렸으나 ❺ ________ 은/는 고사하고 실망감만 가중

활동 위에서 배운 어휘와 문법을 사용하여 다음 중 하나를 골라 이야기해 보십시오.

• 자국의 여류작가
• 소설 속의 인상적인 여주인공
• 닮고 싶은 소설 속의 여주인공

보기 저는 한국의 대표적인 여류작가 박경리를 소개하겠어요. 그녀의 소설에는 시대적 현실 때문에 비극적인 삶을 사는 여주인공이 나와요. 그 여주인공들은 그녀들이 속한 현실 때문에 비극적인 삶을 살지만 그렇다고 무조건 자신의 현실에 대해 순종적인 태도를 보이지만은 않아요. 소설 '토지'에 나오는 여주인공 서희만 해도 일제강점기라는 어려운 시대를 살면서 자신의 불행한 운명에 무릎을 꿇을 법한데 포기하지 않고 당당히 자신의 의지를 실현시키는 모습을 보여요. 1960년 대 한국소설에 이러한 여주인공이 나왔다는 건 참 대단한 것 같아요.

부록

01 모범 답안
02 어휘 색인
03 문법 색인

제1과 역사

01 역사 교육의 필요성

새 어휘

01 1) 반추하 2) 얽혀서
3) 안목이 4) 선행되어야

02 1) 초래했다고 2) 편향되
3) 상호작용을 4) 가변성은

주제 어휘

01 1) 정체성을 확인할 2) 과거를 답습하
3) 시각이 편향되어서는 4) 역사를 왜곡하

02 1) 역사관을 심어줄 2) 길잡이가 되어야
3) 과오를 인정하 4) 과거를 청산해

문법1

01 1) 가스불을 켜 놓은
2) 학생 한 명은 운동화 끈이 풀린
3) 야당 대표는 외부와 연락을 끊은
4) 대성 기업 회장이 행방불명된 지 일주일 만에 별장 근처 호숫가에서 숨진
5) 그 실종 사건은 경찰의 재수사에도 해결되지 못한

02 1) 숨진 2) 빚을 갚지 못한
3) 가린 4) 술에 취한
5) 쓰러진

문법2

01 1) 면세점 사업을 통해 매출이 4-5배 증가할 것으로 기대하고 있다.
2) 봉사 활동을 통해 나눔의 기쁨을 알게 되었다.
3) 신체적인 접촉을 통해 전염되기 때문에 접촉을 피하면 전염 가능성은 없다.
4) 자신의 트위터를 통해 사귀고 있는 여자 친구가 누구인지 공개했다.
5) 무료 법률상담코너를 통해 시민들에게 일반 법률 상식을 보급할 계획이다.

02 1) 중동 지역을 방문했다가 감염되어 온 사람을 통해 퍼지게 됐습니다.
2) 신체 접촉을 통해 코와 입 등의 호흡기 부위로 전염이 됩니다.
3) 격리 치료를 통해 다른 사람에게 감염되지 않도록 관리하고 있습니다.
4) 손 씻기, 마스크 쓰기, 기침 예절 등 철저한 개인위생 관리를 통해 예방할 수 있습니다.
5) 국가차원의 체계적인 관리를 통해 전염병이 발생하지 않도록 해야 합니다.

02 역사의 기록

새 어휘

01 1) 사안이므로 2) 편찬한
3) 조선왕조실록은 4) 사관이라고

02 1) 일거수일투족이 2) 훑어보
3) 등재되어 4) 행적을

주제 어휘

01 1) 기록 유산을 2) 기술하라고
3) 보유하 4) 역사관

02 1) 실록과 2) 소실되
3) 보유하 4) 기록 유산을

문법1

01 1) 조금 전 방송에서 들으셨다시피 엘리베이터가 고장나서 계단을 이용해야 합니다.
2) 모두들 알다시피 스트레스는 만병의 근원이니 조심하세요.
3) 지금 그래프에서 보시다시피 지난 1년간의 실적이 부진해서 임금을 동결할 수밖에 없습니다.
4) 서론에서 밝혔다시피 이 논문의 목적은 역사 교육의 현황과 과제를 알아보는 것이다.
5) 며칠 전에 말씀드렸다시피 다음 주부터는 출장을 가야 해서 회의에 참석할 수 없습니다.

02 1) 살 2) 외우
3) 굶 4) 새우
5) 기

문법2

01 1) 방학임에도 불구하고 도서관에 공부하는 사람이 많아요.
2) 매일 운동을 함에도 불구하고 살이 안 빠져요.
3) 담뱃값이 올랐음에도 불구하고 피우는 사람들이 여전히 많아요.
4) 한국에서 오래 살았음에도 불구하고 한국말을 전혀 못해요.
5) 비가 많이 옴에도 불구하고 야유회에 전 직원이 참석했다.

02 1) 위험하다는 것을 앎에도
2) 의사로서의 삶이 보장됨에도
3) 감시가 심함에도
4) 만류함에도
5) 어려운 형편임에도

03 역사를 바꾼 사건

새 어휘

01 1) 해체됐다 2) 독려해
3) 전환점이 4) 아이로니컬한

02 1) 접어들 2) 해체되었고
3) 기반 4) 몰락

주제 어휘

01 1) 붕괴 2) 부흥했다
3) 교류함으로써 4) 문명 충돌이

02 1) 유입되었고 2) 전파되었다
3) 신흥 세력 4) 몰락

문법1

01 1) 요즘 시험공부로 바쁜 듯싶어요.
2) 여자 친구와 헤어진 듯싶어요.
3) 이사를 간 듯싶어요.
4) 어디가 아픈 듯싶어요.
5) 두 사람이 사귀는 듯싶어요.

02 1) 따뜻한 2) 가는
3) 좋아하는 4) 없는
5) 볼 수 있을

문법2

01 1) 이번 회담은 남북이산가족 상봉을 논의한다는 점에서 국민적 관심을 모으고 있다.
2) 이 행사는 세계 모든 나라가 참가한다는 점에서 세계 평화에 기여를 할 것으로 보인다.
3) 이 로봇은 초등학생이 만들었다는 점에서 더 놀랍다고 할 수 있다.
4) 그 전시회는 작가의 청년 시절 작품을 전시한다는 점에서 작가의 초기 작품 세계를 엿볼 수 있다.
5) 이번 앨범은 한정판으로 발매된다는 점에서 소장 가치가 있다.

02 1) 시판한다는
2) 태양에너지를 이용한다는
3) 안전하게 사용할 수 있다는
4) 디자인을 했다는
5) 부가세 면제 제품이라는

04 신화와 역사

새 어휘

01 1) 지배 2) 도모하
3) 정당성은 4) 통치를

02 1) 토착 2) 유추할
3) 다스리 4) 부여하

주제 어휘

01 1) 토테미즘이란 2) 샤머니즘이라고
3) 절대적 4) 초월적

02 1) 건국신화 2) 난생설화
3) 천손강림 4) 구비전승

문법1

01 1) 환경이 되살아남으로써 이 지역을 찾는 사람이 많아지고 있다.
2) 경찰이 범인을 밝혀냄으로써 2년만에 사건이 종결되었다.
3) 젊은이들의 지지를 얻음으로써 대통령에 당선될 수 있었다.
4) 시청각 자료를 활용함으로써 학생들의 집중력

을 높일 수 있다.

5) 구립 복지관에 이웃돕기 성금을 전달함으로써 직원들의 마음을 전했다.

02 1) 대중교통을 이용함으로써

2) 음식을 남기지 않음으로써

3) 쓰레기를 재활용함으로써

4) 개인컵을 사용함으로써

5) 어렸을 때부터 교육을 함으로써

문법2

01 1) 아무리 건강하다손 치더라도 그렇게 무리를 하면 병이 나지요.

2) 설사 그 말이 거짓말이라손 치더라도 나는 그렇게 믿고 싶어요.

3) 아무리 정신이 없다손 치더라도 어떻게 아내 생일을 잊을 수가 있어요?

4) 전문가들이 모인다손 치더라도 해결책을 찾을 수 없을 거예요.

5) 아르바이트를 구한다손 치더라도 당장 학비를 마련하기 어려울 것 같아요.

02 1) 잘못을 저질렀다손 치더라도 인권을 보장해주어야 한다고 생각합니다.

2) 생활이 힘들다손 치더라도 남의 물건을 훔치면 어떻게 해?

3) 비현실적이라손 치더라도 나름대로의 의미가 있다고 생각해.

4) 금리가 오른다손 치더라도 투자 심리가 회복될지 모르겠습니다.

5) 아무리 사장님이 능력이 뛰어나다손 치더라도 어려울 것 같아.

제2과 경제

01 생산과 소비

새 어휘

01 1) 어우러지다 2) 소유하다

3) 전제조건 4) 분배

02 1) 맞물리 2) 수요가

3) 공급이 4) 지불하

주제 어휘

01 1) 분배 2) 재화

3) 용역 4) 유통

02 1) 용역 2) 국민총생산은

3) 국내총생산은 4) 소득이

문법1

01 1) 미래의 희망이자 나라의 기둥이다.

2) 나의 연인이자 친구 같은 존재입니다.

3) 내 인생의 자서전이자 우리 시대의 자화상이다.

4) 나의 마지막 소원이자 모든 이산가족들의 희망이다.

5) 내 인생의 위기이자 기회였다.

02 1) 사무실이자 집 2) 생계수단이자 꿈

3) 동업자이자 경쟁자 4) 동반자이자 조언자

5) 독신생활의 끝이자 행복한 구속

문법2

01 1) 그 아이는 하는 짓이 귀여워서 말썽을 부려도 미워하려야 미워할 수가 없어요.

2) 이 접착제가 얼마나 강력한지 벽에 붙인 그림을 떼려야 뗄 수가 없어요.

3) 그 배우는 너무 잘 생겨서 연기를 못해도 싫어하려야 싫어할 수가 없어요.

4) 게임이 너무 재미있어서 멈추려야 멈출 수가 없어요.

5) 수업이 재미있어서 집중을 안 하려야 안 할 수가 없어요.

02 1) 역사책이 너무 어려워서 읽으려야 읽을 수가 없었어요.

2) 카메라가 너무 비싸서 사려야 살 수가 없었어요.

3) 여자 친구 부모님이 너무 엄해서 자주 만나려야 만날 수가 없었어요.

4) 영어 단어가 너무 많아서 다 외우려야 외울 수가 없었어요.

5) 고등학교 때 선생님이 너무 고마워서 잊으려야 잊을 수가 없어요.

02 자유무역과 보호무역

새 어휘

01 1) 측면 2) 불가피합니다
3) 장려하 4) 논란이

02 1) 기여할 2) 통제하
3) 유치산업이 4) 타격을

주제 어휘

01 1) 관세를 철폐하 2) 규제를 완화하
3) 협정을 체결해 4) 협정이 발효되면

02 1) 수출 보조금 2) 수입 할당제
3) 관세를 부과하 4) 마찰을 빚

문법1

01 1) 불황이 장기화되고 있으니만큼 시급한 대책이 요구된다.
2) 실력파 선수 2명이 합류했으니만큼 팀의 경기력이 향상될 것으로 보인다.
3) 독감이 유행하니만큼 노약자는 야외활동을 자제해 주시기 바랍니다.
4) 가뭄이 계속되니만큼 물을 아껴 쓰도록 합시다.
5) 스펙보다 현장 업무 능력이 중요하니만큼 경험을 쌓기 위한 인턴직 지원자가 증가하고 있다.

02 1) 부담이 커지니만큼
2) 신규 채용이 줄어드니만큼
3) 비용을 줄일 수 있으니만큼
4) 내년부터는 정년이 60세로 연장되니만큼
5) 임금피크제 도입의 필요성을 공감하니만큼

문법2

01 1) 제가 사장 자리에 있는 한 함부로 직원을 자르는 일은 없을 것입니다.
2) 입시경쟁이 존재하는 한 사교육은 사라지지 않을 것이다.
3) 제사 문화가 사라지지 않는 한 남아선호사상도 사라지지 않을 거예요.
4) 처벌을 강화하지 않는 한 음주운전으로 인한 피해를 줄일 수 없을 겁니다.
5) 식습관을 바꾸지 않는 한 체중 감량은 어려워요.

02 1) 아버지의 그늘에 있
2) 여행에 대한 사람들의 인식이 바뀌지 않
3) 공정여행의 취지를 이해해 주시는 분이 한 명이라도 있
4) 건강이 허락하
5) 직원들의 기획안이 완벽하게 마음에 들지 않

03 광고와 개인의 소비

새 어휘

01 1) 강요해서 2) 부추기
3) 본질 4) 자극하

02 1) 충동구매를 2) 합리적
3) 자극하 4) 기회비용을

주제 어휘

01 1) 한정 판매를 2) 소비 심리를
3) 협찬을 4) 미끼 상품이라고

02 1) 과장 광고 2) 허위 광고
3) 소비 심리를 4) 판매 전략을

문법1

01 1) 자꾸 전화가 오는 통에 일을 제대로 못했다.
2) 집 근처에서 밤새도록 공사를 하는 통에 한숨도 못 잤다.
3) 친구가 화를 내는 통에 아무 말도 못했다.
4) 손님들이 계속 몰려드는 통에 화장실에 갈 시간조차 없었다.
5) 수업 시간에 옆자리 친구가 자꾸 말을 시키는 통에 선생님 설명을 못 들었다.

02 1) 사진을 찍어대 2) 구경하라고 하
3) 권하 4) 부추기
5) 밀리

문법2

01 1) 심장병을 예방하
2) 실력을 향상시키
3) 충동구매를 줄이
4) 아이의 성격을 결정하
5) 매출을 향상시키

02 1) 다리 살을 빼 2) 체력을 향상시키
3) 스트레스를 푸 4) 좋은 피부를 유지하
5) 노폐물을 배출하

04 투자와 투기

새 어휘

01 1) 경기를 타 2) 시들해졌다
3) 개념 4) 연일

02 1) 연일 2) 금리
3) 시들해지면서 4) 한탕하려는

주제 어휘

01 1) 대공황 2) 폭락
3) 투기를 4) 분산투자

02 1) 폭등 2) 투자
3) 수익을 4) 손실을

문법1

01 1) 친구 결혼식에 참석했는데 신부가 참 예쁘더라고요.
2) 오래간만에 운동을 했는데 너무 힘들더라고요.
3) 장기자랑 시간에 보니까 수영 씨가 노래를 참 잘하더라고요.
4) 동창회에 갔는데 친구들이 벌써 식사를 끝냈더라고요.
5) 같이 얘기해 보니까 영진 씨가 재미있는 사람이더라고요

02 1) 나들이를 나온 사람들이 많더라고요.
2) 아기를 유모차에 태우고 나왔더라고요.
3) 잔디에 돗자리를 깔고 샌드위치를 먹더라고요.
4) 여유로운 모습이더라고요.
5) 더 맛있더라고요.

문법2

01 1) 부족하나마 제가 선생님께 도움이 됐으면 합니다.
2) 잠시나마 얼굴이라도 볼 수 있어서 좋았어요.
3) 약소하나마 작은 선물을 준비했습니다.
4) 완벽하게 하지는 못하나마 제 나름대로 최선을 다하겠습니다.
5) 발 벗고 나서지는 못하나마 뒤에서 묵묵히 도와주기로 했습니다.

02 1) 서투르나마 2) 짧으나마
3) 조금이나마 4) 가끔씩이나마
5) 작으나마

제3과 문화

01 인간의 삶의 양식, 문화

새 어휘

01 1) 학살 2) 착용
3) 집합 4) 하위문화

02 1) 착용 2) 문화충돌로
3) 원활하 4) 이질적

주제 어휘

01 1) 이방인 2) 현지인
3) 문화충격을 4) 문화교류가

02 1) 배타적 2) 문화충돌이
3) 수용적 4) 문화 상대주의

문법1

01 1) 생산업체가 많아질지라도 값은 떨어지지 않을 겁니다.
2) 비록 가난하게 살지라도 마음만은 부자다.
3) 아무리 정당한 행동일지라도 관점에 따라 평가는 달라질 수 있다.
4) 자주 사용하지는 않을지라도 필요할 때가 있으니 버리면 안 된다.

5) 열렬히 사랑해서 결혼했을지라도 시간이 지나면 그 감정은 식기 마련이다.

02 1) 결혼할지라도 2) 되지 못할지라도
3) 고생을 할지라도 4) 어려운 일일지라도
5) 나이가 많을지라도

문법2

01 1) 한국 사람이니까 매운 음식을 좋아하겠거니 하고 음식 안에 고추를 많이 넣었어요.
2) 다음 주가 시험이라서 아이가 공부하고 있겠거니 하고 생각했어요.
3) 오후 7시라서 퇴근했겠거니 하고 한잔하자고 전화를 했어요.
4) 평소에 약속을 잘 지키고 신용도 있어서 돈을 제때 갚겠거니 하고 빌려줬어요.
5) 유명상표라서 비싸겠거니 하고 아예 매장에 들어가지도 않았어요.

02 1) 그렇 2) 부담스럽
3) 알아주 4) 일이 많
5) 한가하

02 대중문화

새 어휘

01 1) 개입했는지 2) 체계적
3) 어루만져줄 4) 비판이 일

02 1) 진출하 2) 체계적
3) 통용되 4) 감수성을

주제 어휘

01 1) 상품화 2) 오디션
3) 스타 발굴을 4) 다양성을

02 1) 연예 기획사 2) 연습생으로
3) 데뷔하 4) 획일화

문법1

01 1) 동맥경화로 2) 선수들의 부상으로
3) 폭설로 4) 마약 복용으로
5) 화재로

02 1) 자제력 부족으로
2) 잘못된 가정교육으로
3) 다수 학생들의 행동으로
4) 선정적이고 폭력적인 콘텐츠로
5) 스마트폰의 활성화로

문법2

01 1) 어제 과음을 한 탓에 오늘 하루 종일 숙취에 시달렸다.
2) 거래처에서 제 시간에 물건을 가져오지 않은 탓에 큰 손해를 입었다.
3) 부모를 잘못 만난 탓에 너희들이 고생이 많구나.
4) 보증을 잘못 선 탓에 전 재산을 날렸다.
5) 조상의 묘를 잘못 쓴 탓에 집안에 나쁜 일이 계속 생기는 거라고 무당이 말했다.

02 1) 오랜 세월 방치된 2) 불경기인
3) 내수 시장이 좁은 4) 눈이 많이 오는
5) 관광객이 많이 몰리는

03 정원에 나타난 문화

새 어휘

01 1) 마땅한 2) 일맥상통
3) 축소하 4) 심산유곡

02 1) 기암괴석 2) 정자가
3) 관상수를 4) 전지하면서

주제 어휘

01 1) 풍수지리설은 2) 조경
3) 자연 친화적 4) 관상을

02 1) 조화를 2) 인공적
3) 경관을 4) 순응

문법1

01 1) 음식도 맛있고 분위기도 좋데요.
2) 아까 퇴근하시데요.
3) 전화를 안 받데요.
4) 나하고 같은 학교를 졸업했데요.
5) 알고 보니 농구 선수데요.

02 1) 단순하 2) 쓰지 않았
3) 전지해 놓았 4) 작은 산도 있
5) 모습이

문법2

01 1) 맛이 없다고 하면서도 계속 먹는다.
2) 그 남자를 좋아하면서도 관심이 없는 것처럼 행동했다.
3) 시험을 잘 봤으면서도 못 봤다고 걱정을 한다.
4) 형편이 어려우면서도 다른 사람을 돕는 일에 앞장선다.
5) 피아노를 잘 치면서도 사람들 앞에서 연주하는 걸 싫어한다.

02 1) 기분이 나쁘면서도 2) 이해를 못하면서도
3) 다른 생각을 했으면서도
4) 방에 있으면서도 5) 알면서도

04 전통 문화의 현대화

새 어휘

01 1) 들썩거리며 2) 막연한
3) 저해합니다 4) 야기할

02 1) 고리타분한 2) 기피한다면
3) 원형이 4) 추구해야

주제 어휘

01 1) 인습은 2) 계승
3) 특수성을 4) 보편성을

02 1) 대중화 2) 퓨전
3) 현대화를 4) 단절을

문법1

01 1) 해석하 2) 교육하
3) 노력하 4) 접근하
5) 사용하

02 1) 생각하 2) 사용하
3) 부모가 가르치
4) 전자제품의 수명은 관리하
5) 아이가 어떤 사람으로 크는지는 부모 하

문법2

01 1) 음악을 듣 2) 사용하
3) 네가 하고 싶은 일을 하
4) 사진을 찍 5) 마음껏 드시

02 1) 자유롭게 토론하
2) 상대방의 주장에 반박하
3) 자료를 활용하
4) 토론자의 활발한 참여를 유도하
5) 복장은 편하게 하

제4과 예술

01 예술이란?

새 어휘

01 1) 표출 2) 자리매김했다
3) 영감을 4) 치유를

02 1) 조형예술 2) 독창적이라서
3) 순화 4) 치유

주제 어휘

01 1) 미를 추구한다는 2) 참여예술이라고
3) 공간예술이라고도 4) 순수예술은

02 1) 모방 2) 응용예술
3) 창조를 4) 행위예술을

문법1

01 1) 똑같은 일을 하 2) 기술개발이 가능하
3) 오염수치가 극소량이 4) 좀 더 일찍 만났
5) 교육을 받지 않

02 1) 통화중이
2) 시간이 많이 걸리
3) 손님이 한꺼번에 많이 몰리
4) 손님이 물건을 다 살 때까지 기다린 후에 식사하러 가십시오.
5) 밝은 표정으로 끝까지 듣고 잘 대처하십시오.

문법2

01 1) 성대가 진동하느냐 안 하느냐
2) 근무 조건이 어떠냐 맡은 일에 얼마나 만족하냐
3) 카카오 함유량이 얼마냐 무슨 재료가 들어가냐
4) 이번 일이 성공하느냐 실패하느냐
5) 어떤 환경에서 자랐느냐 어떤 교육을 받았느냐

02 1) 주말이냐 평일이냐
2) 참가 인원이 몇 명이냐 준비물이 뭐냐
3) 무슨 메뉴로 하느냐 어느 업체로 하느냐
4) 경품이 뭐냐 경품이 얼마나 되느냐
5) 직원들 모두가 참여할 수 있느냐 없느냐

02 명화 감상

새 어휘

01 1) 승화　2) 무더기로
3) 두루　4) 품

02 1) 이삭을　2) 노적가리를
3) 저물　4) 품

주제 어휘

01 1) 추상적으로　2) 창작한
3) 사실적으로　4) 묘사했다

02 1) 빛을 본　2) 걸작으로
3) 감탄했고　4) 영감을

문법1

01 1) 밤을 새우면 몰라도 오늘 안에 끝내기는 어려울 거예요.
2) 회사를 그만두면 몰라도 어떻게 몇 달 동안 배낭여행을 할 수 있겠어요?
3) 치명적인 실수를 했으면 몰라도 함부로 직원을 해고할 수는 없어요.
4) 뛰어난 천재이면 몰라도 그렇게 어려운 문제를 풀 수 있겠어요?
5) 복권이 당첨되면 몰라도 그렇게 큰 집을 어떻게 사겠어요?

02 1) 학원에 다녔으면　2) 성형수술을 하면
3) 복권이 당첨되면　4) 밀어주면

5) 없어지면

문법2

01 1) 집집마다 맛의 차이는 있을지언정 김치의 기본 재료는 다 같아요.
2) 비록 평범한 인간일지언정 개개인의 삶은 소중한 것입니다.
3) 사업에 실패했을지언정 그 경험을 통해서 배운 것이 많아요.
4) 외롭고 힘들지언정 삶을 포기하지는 마세요.
5) 비록 지금은 포기할지언정 언젠가는 꼭 다시 도전할 거예요.

02 1) 밥은 굶을지언정
2) 쓰러질지언정
3) 성공과는 멀어질지언정
4) 일거리를 놓칠지언정
5) 실패를 할지언정

03 예술과 외설

새 어휘

01 1) 몰입하　2) 휩싸였다
3) 수치심을　4) 말초적

02 1) 낯 뜨겁　2) 적나라하
3) 맥락　4) 심오한

주제 어휘

01 1) 심의를　2) 대중성과
3) 비난이　4) 논란이 일

02 1) 금지한　2) 예술성을
3) 허용　4) 의견이 분분하

문법1

01 1) 크게 다치
2) 급히 먹으면 체하
3) 경험자의 말을 안 들으면 실수하
4) 상처를 방치하면 덧나
5) 서비스가 좋아도 맛이 없으면 망하

02 1) 따돌림을 당하

2) 흥미를 잃
3) 뒤떨어지
4) 의존적인 아이가 되
5) 다른 사람들의 말에 휘둘리

문법2

01 1) 거리가 머니 어쩌니 해도 정말 보고 싶으면 그 사람을 보러 가게 된다.
2) 천재니 뭐니 해도 아직 어린아이일 뿐이다.
3) 짜니 어쩌니 해도 내 입에는 잘 맞아서 맛있게 먹었다.
4) 일을 잘하니 어쩌니 해도 인간관계가 원만하지 않으면 직장 생활이 힘들다.
5) 불경기니 뭐니 해도 돈을 쓸 사람들은 다 돈을 쓴다.

02 1) 불친절하니
2) 음식 종류가 적으니
3) 시간이 오래 걸리니
4) 찾기 어려우니
5) 주차가 불편하니

04 전통 예술의 보존

새 어휘

01 1) 숙연해졌다 2) 급급해
3) 불어넣었다 4) 사로잡았다

02 1) 밀반출을 2) 탁월한
3) 상속 4) 헌신

주제 어휘

01 1) 보수 2) 감정을
3) 반환 4) 약탈을

02 1) 도굴 2) 훼손을
3) 복원 4) 소장

문법1

01 1) 차가 천천히 달리고 있었기에 망정이지 아니었으면 큰 사고가 났을 거예요.
2) 지하철을 탔기에 망정이지 버스를 탔으면 시험 시간에 늦을 뻔했어요.
3) 보험에 들었기에 망정이지 아니었으면 갑자기 돈을 구하느라 고생했을 거예요.
4) 쉬는 날이기에 망정이지 평일에 이렇게 아팠으면 출근도 못 할 뻔했어요.
5) 집이 튼튼하기에 망정이지 태풍으로 우리집도 피해를 입을 뻔했어요.

02 1) 가방을 찾았
2) 돈을 따로 보관했
3) 숙소가 가깝
4) 혹시나 해서 두꺼운 옷을 준비했
5) 친구와 둘이 갔

문법2

01 1) 시험공부는커녕
2) 하와이는커녕
3) 같이 놀러 다니기는커녕
4) 칭찬을 받기는커녕
5) 몸무게가 줄기는커녕

02 1) 밥은커녕
2) 결혼은커녕
3) 피로가 풀리기는커녕
4) 저축은커녕
5) 여행을 보내드리기는커녕

제5과 언어

01 언어와 의사소통

새 어휘

01 1) 자의적으로 2) 현장감
3) 초월한 4) 생생하

02 1) 물리적 2) 넘나들
3) 초월하 4) 가히

주제 어휘

01 1) 문자 언어는 2) 정보 전달
3) 지식 축적은 4) 경청

02 1) 언어 습득 2) 모국어

3) 소통을 4) 공감

문법1

01 1) 남부지역은 예년보다 많은 비가 내린 반면 서부지역의 강우량은 30%나 줄어들었다
2) 이 음식은 비타민과 섬유질이 풍부한 반면 단백질은 부족하다.
3) 형은 예의가 바른 반면 동생은 무례하고 제멋대로이다.
4) 최저기온은 9~10도인 반면 최고기온은 23~25도로 일교차가 크겠다.
5) 데이트할 때 여자들이 선호하는 음식은 양식인 반면 남자들이 선호하는 음식은 한식이다.

02 1) 남학생은 선후배, 친구들과 식사하고 술 마시는 데에 용돈을 가장 많이 쓰는 반면 여학생은 옷과 화장품 구입에 용돈을 많이 씁니다.
2) 남학생은 여가시간에 주로 운동을 하는 반면에 여학생은 영화나 공연관람을 주로 합니다.
3) 남학생은 친구를 만나면 주로 식사하고 술을 마시는 반면 여학생은 식사하고 차를 마십니다.
4) 남학생은 친구와 주로 취업과 군대 이야기를 하는 반면 여학생은 취업과 남자 친구 이야기를 합니다.
5) 남학생은 만화나 시사 잡지를 즐겨 읽는 반면 여학생은 소설책을 즐겨 읽습니다.

문법2

01 1) 다른 시각으로 보면 정치에 대해 국민들이 그만큼 무관심하다고도
2) 환율 하락 탓도 있겠지만 정치 상황이 불안정해서라고도
3) 그런 이유도 있지만 가족보다는 자신만의 삶에 더 가치를 두기 때문이라고도
4) 정이 많은 것이라고도
5) 남북한의 문화가 합쳐져 새로운 문화가 탄생할 수 있다는 점에서 좋다고도

02 1) 표현 방식의 차이 때문이라고도
2) 둔하다고도
3) 목적 지향적이라고도
4) 섬세하다고도
5) 사회 지향적이라고도

02 언어의 변화

새 어휘

01 1) 비약 2) 축약
3) 어차피 4) 매도했다

02 1) 규범 2) 자유분방하
3) 매도하 4) 비약이라고

주제 어휘

01 1) 축약어가 2) 탈규범화
3) 수용했다 4) 신조어

02 1) 비속어 2) 거부하
3) 언어 규범을 4) 언어 파괴가

문법1

01 1) 회의 시간에 내 의견은 무시당하기 일쑤예요.
2) 이 지역은 홍수가 나면 도로가 침수되기 일쑤예요.
3) 아침에 서두르다가 보면 물건을 하나씩 빼 놓고 나오기 일쑤예요.
4) 지하철에서 졸다가 내릴 곳을 지나치기 일쑤예요.
5) 어렸을 때 밖에서 늦게까지 놀다가 엄마한테 혼이 나기 일쑤였어요.

02 1) 졸 2) 틀리
3) 깨 4) 잊어버리기
5) 결근하

문법2

01 1) 운동을 매일 할 것까지는 없겠지만 일주일에 3번은 해야 운동 효과가 있대요.
2) 밤을 새우며 시험공부를 할 것까지는 없겠지만 시험 범위는 한 번 훑어 봐야 하지 않겠어요?
3) 집들이에 갈 때 비싼 선물을 할 것까지는 없겠지만 빈손으로 가지는 마세요.
4) 배운 단어를 다 외울 것까지는 없겠지만 본문 대화에 나온 단어는 외워야지요.
5) 굶을 것까지는 없겠지만 음식량은 줄이도록 하세요.

02 1) 무역학을 전공할
2) 원어민처럼 잘할
3) 자격증을 가지고 있을
4) 해외근무를 꼭 해야 할
5) 시각 자료를 준비할

5) 단품이 곱게 들었다는데 우리도 단풍 놀이 가세.

02 1) 오랜만이네. 2) 끝났나?
3) 고맙네. 4) 쉬게.
5) 밀린 이야기나 하세.

03 높임말의 체계

새 어휘

01 1) 행색이 2) 담소를
3) 역병 4) 뒤숭숭해졌다.

02 1) 과거를 2) 막막하
3) 수학한 4) 급제한

주제 어휘

01 1) 연령 2) 특수 어휘가
3) 친분이 4) 서열

02 1) 객체높임법 2) 상대높임법이
3) 상하 관계 4) 친소 관계

문법1

01 1) 전시물에 손을 대지 마시오.
2) 30년 넘게 다닌 회사를 그만두는 심정이 어떻소?
3) 이번 주는 일정이 빡빡하니 다음 주에 만납시다.
4) 말도 통하지 않는 낯선 곳에서 지내려니 답답하구려.
5) 폭설이 내리는 바람에 교통이 통제되어 늦었소.

02 1) 무기력하오. 2) 있소.
3) 오지 않는구려. 4) 나타나시오.
5) 떠납시다.

문법2

01 1) 이 일은 매사에 빈틈없는 김 과장에게 맡기게.
2) 김군, 다음 달 학술대회 준비는 잘 되고 있나?
3) 은퇴 후 시골로 내려가니 여유롭고 좋네.
4) 자네가 많이 아프다는 말을 듣고 걱정했네.

04 한글 창제

새 어휘

01 1) 입력 2) 흠잡을
3) 퇴치를 4) 꿰뚫어

02 1) 발음기관 2) 문맹이
3) 드러난다 4) 자부심을

주제 어휘

01 1) 보급할 2) 반포했다
3) 음소문자로 4) 표음문자는

02 1) 창제했을 2) 해례본을
3) 천지인 4) 음양오행

문법1

01 1) 감정을 표출시키는 것이야말로 정신을 건강하게 유지할 수 있는 최고의 방법이다.
2) 김교수야말로 이번 프로젝트에 적합한 인물이 아닐까요?
3) 생후 2년간이야말로 두뇌 발달이 이루어지는 결정적인 시기입니다.
4) 제철 음식이야말로 건강에 가장 좋은 약이라고 할 수 있습니다.
5) 자신의 실수를 인정하는 것이야말로 용기가 필요한 일이라고 할 수 있다.

02 1) 무관심이야말로
2) 동영상 강의야말로
3) 외국어능력이야말로
4) 걷기야말로
5) 교육이야말로

문법2

01 1) 밥만 잘 먹어도 좀 건강해지련만 우리 아이는 편식이 너무 심해요.
2) 전화번호를 알면 연락해 보련만 번호를 모르니 기다릴 수밖에 없죠.
3) 시간이 나면 아이와 같이 놀아주련만 요즘은 도저히 시간이 나질 않아요.
4) 약으로 치료할 수 있으면 좋으련만 수술을 해야 한다니 걱정이에요.
5) 제가 끼어들지 않았으면 사고가 나지 않았으련만 빨리 가려다가 사고를 내고 말았어요.

02 1) 친구도 같이 고민하면 혼자 생각하는 것보다 나으련만
2) 식당이 길가에 있으면 손님이 많이 오련만
3) 매출이 오르면 돈을 모아 가게를 좋은 곳으로 옮기련만
4) 좀 더 일찍 자리를 잡았으면 좋았으련만
5) 이런 속마음을 누구에게든 털어놓으면 속이 시원하련만

제6과 사회

01 인간과 사회

새 어휘

01 1) 이르 2) 존속하
3) 불과하 4) 무너뜨리

02 1) 지탱하 2) 소속되어
3) 영위할 4) 절실하

주제 어휘

01 1) 조직이 2) 규범이었다
3) 법은 4) 질서를 유지하

02 1) 결속력이 2) 공동체
3) 관습을 4) 질서를 어지럽히

문법1

01 1) 이목구비가 잘 생겼다기보다는 개성 있게 생겨서 독특한 매력이 있다.
2) 그 분의 성격은 꼼꼼하다기보다는 소심하다고 하는 게 더 맞을 것 같다.
3) 사장님의 말씀은 명령이라기보다는 부탁에 가깝다.
4) 자식이 잘되기를 바라는 것은 자식을 위해서라기보다는 부모 자신을 위해서인지도 모른다.
5) 그 사람에게 잘잘못을 따지려고 갔다기보다는 오해를 풀려고 간 것이다.

02 1) 관광지에 왔다기보다는
2) 가을바람이라기보다는
3) 음식을 씹는다기보다는
4) 시간이 없어서라기보다는
5) 노래를 부른다기보다는

문법2

01 1) 수술하지 않고서는 완치될 수 없습니다.
2) 키가 크지 않고서는 모델이 될 수 없습니다.
3) 공공요금을 인하하지 않고서는 물가가 안정될 수 없습니다.
4) 이 곳 지리를 잘 아는 사람이 아니고서는 그 가게를 쉽게 찾을 수가 없습니다.
5) 파트너에 대한 믿음을 가지지 않고서는 이런 위험한 일을 해낼 수 없을 겁니다.

02 1) 입시 제도를 바꾸 2) 공교육이 활성화되
3) 학력 차별을 없애 4) 바꾸
5) 인식을 가지

02 다문화 사회

새 어휘

01 1) 심지어 2) 지양해야
3) 응집력을 4) 단일민족

02 1) 주재원을 2) 체류
3) 역지사지 4) 진정

주제 어휘

01 1) 갈등을 2) 차별이
3) 단일민족 4) 편견을

02 1) 다문화 2) 고정관념이

3) 화합　　　4) 다문화지원센터

문법1

01 1) 요즘 바쁘긴 바쁜가 봐요.
2) 시험을 잘 보긴 잘 봤나 봐요.
3) 불경기이긴 불경기인가 봐요.
4) 건강에 신경을 많이 쓰긴 많이 쓰나 봐요.
5) 파란색을 좋아하긴 좋아하나 봐요.

02 1) 취업이 우선시되긴 되나
2) 일이 많긴 많은가
3) 살아남기가 힘들긴 힘든가
4) 스트레스를 많이 받긴 많이 받나
5) 문제가 있긴 있나

문법2

01 1) 일도 열심히 하　　　2) 음식도 맛이 없
3) 필기시험도 중요하　　　4) 방도 작
5) 연기도 잘 하

02 1) 발표지도 잘 만들어야 하
2) 자료 준비도 잘 해야 하
3) 발음과 억양도 자연스러워야 하
4) 목소리의 크기도 중요하
5) 발표도 잘해야 하

03 가족의 변화와 미래

새 어휘

01 1) 대안가족을　　　2) 워낙
3) 여느　　　4) 특이한

02 1) 여느　　　2) 혈연
3) 정서적　　　4) 못지않

주제 어휘

01 1) 도시화가　　　2) 가족 해체
3) 가정 폭력은　　　4) 혈연으로

02 1) 비혈연　　　2) 대안가족
3) 일인가족　　　4) 여성의 사회진출이

문법1

01 1) 1회용품 사용이 늘다 보니 그로 인해 환경오염도 심해지고 있다.
2) 여성의 사회진출이 활발해지다 보니 그로 인해 결혼 연령이 높아지고 있다.
3) 대기업들이 입사 시험에서 영어 실력을 중요시하다 보니 그로 인해 취업준비생들은 영어학원에 다니느라고 많은 비용을 쓰고 있다.
4) 중동 국가가 석유 공급을 줄이다 보니 그로 인해 국내 유가가 상승하고 있다.
5) 부모들이 자녀들을 과잉보호해서 키우다 보니 그로 인해 자립심이 부족한 아이들이 많아졌다.

02 1) 들여다보며 계속 듣고 있
2) 현저히 떨어지게 됐
3) 동시에 정보를 접하
4) SNS를 이용하
5) 사회생활이 가능하

문법2

01 1) 아무리 강의가 지루하기로서니 어떻게 잘 수가 있지?
2) 아무리 성적이 떨어졌기로서니 어떻게 자살을 할 수 있지요?
3) 아무리 귀한 자식이기로서니 어떻게 잘못한 아이를 야단치지 않을 수가 있지요?
4) 아무리 선물이 마음에 안 들기로서니 고맙다는 말을 안 하면 어떻게 해요?
5) 아무리 생일을 잊어버렸기로서니 헤어지자고 하면 어떻게 해요?

02 1) 혼자 살기로서니
2) 자주 만나지 않았기로서니
3) 미국에서 공부하기로서니
4) 돈이 많이 들기로서니
5) 멀리 떨어져 있기로서니

04 기업의 사회공헌

새 어휘

01 1) 거동이　　　2) 한몫을 했습니다
3) 유도하　　　4) 조성되어야

02 1) 인지도를 2) 궁극적으로는
3) 이윤 4) 모색하

주제 어휘

01 1) 상생 2) 동반 성장
3) 후원 4) 사회공헌 기금을
02 1) 사회적 기업이라고 2) 사회 환원
3) 일자리 창출 4) 공유가치 창출을

문법1

01 1) 혼자 하 2) 안 먹
3) 굶 4) 없
5) 고아로 사
02 1) 모르 2) 죽
3) 안 하 4) 가만히 있
5) 안 듣

문법2

01 1) 최우수 교육기관으로 선정된
2) 제가 조사한
3) 젊은 시절 UN에서 근무한
4) 수차례 경고를 받은
5) 우려를 나타낸
02 1) 최우수 기업상을 수상한
2) 시장의 주목을 받고 있는
3) 올해 초에 예측한
4) 맡은
5) 나눔의 중요성을 강조하신

제7과 과학

01 상대성 이론

새 어휘

01 1) 성립합니까 2) 거듭하
3) 엄연히 4) 미세한
02 1) 공식으로 2) 중력
3) 송두리째 4) 획기적

주제 어휘

01 1) 중력 2) 에너지가
3) 광속은 4) 관성이라고
02 1) 시간지연과 2) 길이수축
3) 시공간이라는 4) 블랙홀

문법1

01 1) 반복적으로 연습한 끝에 50명의 오케스트라 단원이 하나의 소리를 내게 되었다.
2) 여러 번의 시행착오를 겪은 끝에 신약 개발에 성공했습니다.
3) 경비원과 한참 실랑이를 벌인 끝에 겨우 건물 안으로 들어갈 수 있었다.
4) 여기저기 수소문한 끝에 꼭 만나고 싶었던 초등학교 선생님을 찾았다.
5) 오늘 경기에서 브라질은 승부차기까지 간 끝에 독일을 3:2로 이기고 월드컵 결승에 진출했습니다.
02 1) 오래 고민한
2) 육개월 가까이 설득한
3) 18시간을 기다린
4) 우여곡절을 겪은
5) 수없이 반복한

문법2

01 1) 나이만 먹었다뿐이지
2) 움직이는 게 불편하다뿐이지
3) 기운이 좀 없다뿐이지
4) 분위기가 좋다뿐이지
5) 이름만 안다뿐이지
02 1) 오래 앉아 있었다뿐이지
2) 한국에서 태어났다뿐이지
3) 말수가 적다뿐이지
4) 말만 잘 한다뿐이지
5) 모양이 좀 이상하다뿐이지

02 인류의 역사를 바꾼 발명품

새 어휘

01 1) 채 2) 꼽는다
3) 신약이 4) 피임약은

02 1) 두각을 나타냈다. 2) 두드러진
3) 고스란히 4) 주체적

주제 어휘

01 1) 바퀴 2) 인터넷
3) 전화나 4) 피임약을

02 1) 종이 2) 인쇄술
3) 페니실린은 4) 비행기

문법1

01 1) 사람이 많 2) 길을 물어보
3) 버스가 안 오 4) 맛있어 보이
5) 문을 닫았

02 1) 한국에도 나타났다는 기사가 났
2) 바이러스를 치료할 방법을 묻
3) 사람들이 도움을 요청하
4) 불행하게 만드는 것이라는 생각이 들
5) 기업을 만들라는 조언을 하

문법2

01 1) 아무리 맛있다고 한들
2) 보상을 받은들
3) 후회한들
4) 세일을 한들
5) 건강 보조 식품을 챙겨 먹은들

02 1) 좋아하는 일을 한들
2) 운동을 시작한들
3) 네가 아무리 열심히 따라 한들
4) 네가 실력이 좋아진들
5) 국제 경기에 출전한들

03 생명과학의 발전

새 어휘

01 1) 우월하 2) 양심
3) 걷잡을 수 없이 4) 정복

02 1) 간과해서는 2) 둘러싸
3) 윤리적 4) 혼란스러워지

주제 어휘

01 1) 배아라고 2) 염색체라고
3) 인공수정은 4) 인간복제는

02 1) 유전자 2) 유전자 조작을
3) 맞춤형 아기 4) 생명 윤리를

문법1

01 1) 그 가수의 콘서트장은 발 디딜 틈이 없으리만치 사람들로 꽉 차 있었다.
2) 그 남자는 한국에서는 모르는 사람이 없으리만치 유명한 사람이에요.
3) 당신과 보낸 시간은 지난날의 아픔을 잊으리만치 행복한 시간이었어요.
4) 셀 수 없으리만치 많은 별들이 밤하늘에 반짝거리고 있다.
5) 물도 못 마시리만치 목이 많이 아파요.

02 1) 하늘에 닿으리만치
2) 연상되리만치
3) 믿을 수 없으리만치
4) 말을 할 수 없으리만치
5) 불가능하리만치

문법2

01 1) 가을이 가기 전에 가리라 생각하던 덕수궁 돌담길에 친구와 가기로 했어요.
2) 내 생애 일어나지 않으리라 생각하던 복권당첨의 행운이 나에게도 찾아 왔다.
3) 한국에 있는 동안 꼭 먹어 보리라 생각하던 산낙지를 먹었는데 생각보다 맛있었다.
4) 그 감독이 언젠가 만들리라 생각하던 공상과학 영화가 제작이 완료되어 개봉을 앞두고 있다.
5) 꼭 한번 오르리라 생각하던 한라산 정상에 마

침내 올랐다.

02 1) 존재하지 않으리라 2) 불가능하리라
3) 며칠 못 버티리라 4) 살 수 없으리라
5) 가 보리라

04 과학 발전과 인간의 미래

새 어휘

01 1) 벗어나 2) 살림
3) 인위적 4) 불과

02 1) 엄두를 내 2) 펼쳐져
3) 장관을 4) 황홀했다

주제 어휘

01 1) 뇌과학은 2) 순간이동이
3) 인공지능 4) 생체인식

02 1) 타임머신을 2) 인체냉동보존
3) 홍채인식 4) 우주탐사

문법1

01 1) 이번 주 내내 발표 준비하랴 보고서 쓰랴 잠시도 쉴 틈이 없다.
2) 공연 준비하랴 방송 출연하랴 몸이 두 개라도 모자랄 지경이다.
3) 예식장 알아보랴 혼수준비 하랴 요즘 너무 고단하다.
4) 명절에는 차례음식 준비하랴 손님 대접하랴 잠시도 앉아 있을 틈이 없다.
5) 요즘 지역구 관리하랴 선거 유세하랴 아침부터 밤까지 뛰어다닌다.

02 1) 아이 챙기랴 출근 준비하랴
2) 저녁 준비하랴 아이 공부 시키랴
3) 고객 관리하랴 부하 직원 교육하랴
4) 행사 프로그램 짜랴 초대 손님에게 연락하랴
5) 연말 사은품 발송하랴 친·인척 챙기랴

문법2

01 1) 마음 2) 오늘
3) 당장 결혼하고 싶어요.
4) 여기서 살았으면 좋겠어요.
5) 출품된 그림을 다 사고 싶더라고요.

02 1) 성질 2) 마음
3) 힘든데 4) 값을 많이 받
5) 어디 멀리 떠나

제8과 철학

01 인간의 본성과 철학

새 어휘

01 1) 학파 2) 계몽주의
3) 수양을 4) 백지설을

02 1) 의문을 품 2) 성품
3) 선하 4) 악한

주제 어휘

01 1) 성무선악설은 2) 성악설을
3) 본성이 4) 성선설이

02 1) 욕망을 2) 절제
3) 성찰을 4) 통찰

문법1

01 1) 전쟁은 끝났으나 전쟁으로 인한 상처는 고스란히 남았다.
2) 발음과 억양은 부정확하나 내용이 좋아서 상을 주기로 했다.
3) 유가는 하락하고 있으나 물가는 떨어지지 않고 있다.
4) 공식 직함은 회장이나 실제로 하는 일은 없다.
5) 그 영화는 작품성은 뛰어나나 흥행에는 실패했다.

02 1) 술어가 나오나 2) 앞에 위치하나
3) 거리감을 느끼나 4) 익히기가 어려우나
5) 혼자서 공부하는 사람도 많으나

문법2

01 1) 버스를 타고 시골 들판을 달리노라면 들판에서

뛰어놀던 어린 시절이 생각난다.
2) 잘 자란 아들을 보노라면 마음이 흐뭇하다.
3) 어머니가 좋아하시던 노래를 듣노라면 어머니가 옆에 계시는 듯한 착각에 빠진다.
4) 실수를 연발하는 우리팀 신입사원을 보고 있노라면 속이 터진다.
5) 그 집 앞을 지나노라면 옛일이 그리워 나도 모르게 발이 멈춰진다.

02 1) 어린 시절을 생각하
2) 뛰어놀던 때를 떠올리
3) 결혼해서 사
4) 그 편지를 읽
5) 음악을 틀어 듣

02 철학자의 대화

새 어휘

01 1) 스승 2) 진리
3) 기존 4) 깨달을
02 1) 다가서서 2) 진정한
3) 영리하 4) 기존

주제 어휘

01 1) 탐구 2) 이원론
3) 영혼불멸론은 4) 학파가
02 1) 자연 철학이 2) 인간 철학을
3) 플라톤 4) 이데아론이라고

문법1

01 1) 눈을 낮추지 않는 이상 결혼 상대자를 찾기 어려울 거야.
2) 한 가정의 가장인 이상 가족의 생계를 책임져야 합니다.
3) 반대하는 회원들이 많은 이상 그 사람을 신입 회원으로 받아들일 수 없을 것 같습니다.
4) 그 회사에 다니는 이상 그 회사의 규정을 따라야 한다.
5) 이미 계약을 한 이상 계약금은 돌려받을 수 없습니다.

02 1) 우리 학교에 소속된
2) 죄를 지은
3) 진심으로 반성을 하지 않는
4) 미성년자보호법이 있는
5) 영향을 주는

문법2

01 1) 시험에서 0점을 받는 한이 있더라도 시험 때 부정행위는 하지 않겠어요.
2) 다시는 지구에 돌아오지 못하는 한이 있더라도 우주여행을 꼭 하고 싶어요.
3) 굶어 죽는 한이 있더라도 훔쳐 먹지는 않겠다.
4) 집에서 쫓겨나는 한이 있더라도 그 사람하고 꼭 결혼하고 말거예요.
5) 팬들이 다 등을 돌리는 한이 있더라도 잘못된 팬문화에 대해서 할 말은 하겠습니다.

02 1) 죽 2) 가족을 다시 못 보
3) 꿈을 포기하 4) 가다가 쓰러지
5) 걸음을 멈추지 않

03 한국 철학

새 어휘

01 1) 치면 2) 견해
3) 개혁 4) 파악할
02 1) 대처할 2) 입장이
3) 단련을 4) 전래되어

주제 어휘

01 1) 부자유친 2) 부부유별
3) 붕우유신 4) 군신유의
02 1) 민본주의를 2) 군위신강
3) 부위자강 4) 부위부강을

문법1

01 1) 많은 시민들이 환영하는
2) 비가 조금씩 내리는
3) 배우 황승연이 열애설에 휩싸인
4) 태국 사람들의 한국 문화에 대한 관심이 커져

가고 있는
5) 어제 강남에서 일어난 화재의 원인이 정확하게 밝혀지지 않은

02 1) 100여 명의 시민이 인질로 잡혀 있는
2) 테러에 대한 공포가 확산되는
3) 팬들이 지켜보는
4) 많은 영화인들이 모인
5) 주연 배우의 연기에 대한 극찬이 쏟아지는

문법2

01 1) 분위기를 띄우겠답시고
2) 위로랍시고
3) 동생이 나를 도와준답시고
4) 돈 좀 벌었답시고
5) 영화를 만든답시고

02 1) 1년 더 배웠답시고
2) 보고서를 고친답시고
3) 공부하겠답시고
4) 동아리 활동을 한답시고
5) 용돈을 번답시고

04 생활 속 철학

새 어휘

01 1) 실연 2) 연둣빛
3) 은은한 4) 홀가분한

02 1) 애지중지 2) 내려놓아야겠다는
3) 집착 4) 홀가분해졌다고

주제 어휘

01 1) 포용할 2) 사색하
3) 깨달음을 얻었다 4) 자성하

02 1) 평정심을 유지하 2) 집착을 버려야
3) 얽매이 4) 내려놓았더니

문법1

01 1) 김치 종류가 그렇게 많을
2) 살이 그렇게 많이 빠졌을
3) 자동차가 하늘을 나는 시대가 올
4) 그렇게 부자일
5) 시험이 그렇게 어려울

02 1) 한국에 오게 될
2) 한국말을 공부하게 될
3) 한국 전통 음악을 전공하게 될
4) 한국에서 전통 음악을 가르치며 살게 될
5) 한국 사람과 결혼하게 될

문법2

01 1) 솔직히 고백하 2) 다시 한번 말하
3) 돌이켜보
4) 내수 시장의 규모를 고려하
5) 예상하

02 1) 다시 한번 강조하 2) 바라
3) 국내 상황을 살펴보 4) 이러한 사례를 보
5) 요약하여 말하

제9과 정치

01 국제기구의 역할

새 어휘

01 1) 인도적 2) 구제
3) 기아로 4) 구호

02 1) 석방 2) 조정
3) 중심축 4) 폐지

주제 어휘

01 1) 비정부 기구는 2) 비영리 단체는
3) 권익 향상 4) 인권 존중

02 1) 평화 유지를 2) 빈곤 퇴치를
3) 질병 퇴치를 4) 환경 보호를

문법1

01 1) 그는 국가 대표 축구 감독으로서 올림픽 우승이라는 성과를 이뤄냈다.
2) 김찬영 씨는 자수성가한 인물로서 50대에 재벌 총수 자리에 오른 경제인이다.

3) A대학은 한국 최고의 명문대학으로서 우수한 인재를 많이 배출했다.
4) 아리랑은 한국 전통 민요로서 한국인의 한을 잘 표현한다.
5) 저희는 소외 계층을 지원하는 시민단체로서 나눔과 봉사의 실천에 앞장서 나갈 것입니다.

02 1) 아버지로서 2) 남편으로서
3) 교수로서 4) 국민으로서
5) 교육감으로서

문법2

01 1) 내가 직접 김치를 담그면 시간이 많이 걸릴뿐더러 맛도 없다.
2) 캐나다는 땅이 넓을뿐더러 자원도 풍부하다.
3) 동대문 주변은 교통량이 많을뿐더러 교통시스템이 복잡해 정체가 심하다.
4) 공동 구매는 경제적일뿐더러 질 좋은 제품을 믿고 살 수 있다.
5) 그는 우리나라의 민주화에 기여했을 뿐더러 경제 발전을 위해서도 힘을 쏟았다.

02 1) 피부를 상하게 할뿐더러
2) 통증을 유발할 수 있을뿐더러
3) 각종 질병을 일으킬뿐더러
4) 탈모를 야기할뿐더러
5) 건강에 나쁠뿐더러

02 세계의 정치제도

새 어휘

01 1) 탄탄한 2) 횡포가
3) 수장으로서 4) 구축되어

02 1) 막강한 2) 정국은
3) 통수권자가 4) 채택

주제 어휘

01 1) 의원내각제: 의회에서 다수를 차지한 정당이 행정부의 권한을 갖고 그 당의 대표가 수상이나 총리를 맡는다.
2) 입헌군주국: 왕을 인정하나 왕의 권력은 절대적이지 않고 헌법의 제한을 받는다.
3) 민주공화국: 주권이 국민에 있고 국민이 선출한 국가원수가 국정을 운영한다.
4) 연방제 공화국: 자치권을 가진 지역들이 공통의 정치적 이념 아래에서 하나의 국가를 이룬다.

02 1) 수상은 2) 의회
3) 총리는 4) 주석은

문법1

01 1) 해야 할 일을 했을
2) 그냥 제3자일
3) 그 사람을 믿을
4) 매사가 귀찮을
5) 궁금할

02 1) 시키는 일을 할 2) 전달했을
3) 지시를 따랐을 4) 사실을 말하고 있을
5) 답답할

문법2

01 1) 오랜 세월 외국에서 산 까닭에 한국어를 제대로 하지 못한다.
2) 은행이 혈액순환에 효과가 좋은 까닭에 약재로 많이 쓰인다.
3) 작업장 환경이 나쁜 까닭에 작업 능률이 오르지 않고 있다.
4) 지구온난화 현상이 심해지고 있는 까닭에 세계 곳곳에서 홍수가 발생하고 있다.
5) 그는 유명 작가인 까닭에 이번 표절 사건에 대해서 더 많은 비난을 받았다.

02 1) 말레이시아인 2) 꼬리가 긴
3) 강한 향을 풍기는 4) 성격이 온순한
5) 잡아가는

03 광해군의 외교 정책

새 어휘

01 1) 패권을 2) 치우쳐
3) 진퇴양난 4) 침략하

02 1) 파병을 2) 실리적
3) 유연한 4) 명분을

주제 어휘

01 1) 국교 단절 2) 동맹을
3) 실리를 4) 명분으로도

02 1) 경제·통상 외교 2) 수교를
3) 외교사절을 4) 민간 외교

문법1

01 1) 뇌물을 받았다는 것이 사실로 밝혀지
2) 또 낙제하
3) 이걸 잃어버리
4) 원전 사고가 일어나
5) 내가 주식 투자에 실패한 걸 아내가 아

02 1) 또 쓰러지
2) 수출 계약을 따내지 못하
3) 돈을 갚지 못하
4) 회사가 부도라도 나
5) 건강을 잃

문법2

01 1) 일부러 방해하려고
2) 아랫사람에게 시키려고만
3) 값을 깎으려고
4) 다 내가 가지려고
5) 채소를 전혀 안 먹으려고

02 1) 다 알려고 2) 숨기려고
3) 너무 따지려고 4) 화부터 내려고
5) 이해하려고

04 SNS와 정치 참여

새 어휘

01 1) 유권자 2) 공약을
3) 선심성 4) 난무했다

02 1) 저하될 2) 침체
3) 당면한 4) 방관자

주제 어휘

01 1) 공약으로 2) 후원
3) 지지를 4) 서명운동을

02 1) 유권자 2) 후보자
3) 투표 4) 당선

문법1

01 1) 개인적인 질문이 2) 중국어도 잘하
3) 할 일도 많 4) 시간도 늦었
5) 서비스도 안 좋

02 1) 연휴도 짧
2) 차도 막힐 것 같
3) 준비할 시간도 없
4) 요즘 백화점에서 세일도 하
5) 요리하기도 귀찮

문법2

01 1) 그 병뚜껑은 아이들이 쉽게 열지 못하게끔 눌러서 열게 만들었다.
2) 필요할 때 쉽게 찾을 수 있게끔 정리를 잘 해 둬.
3) 국립도서관은 직장인들도 이용할 수 있게끔 밤 10시까지 개방을 한다.
4) 외국계 기업의 투자를 유치하게끔 관련법을 개정해야 한다.
5) 그 영화사는 많은 관객들이 이번에 개봉한 영화를 보게끔 다양한 홍보 전략을 폈다.

02 1) 편리하게 지하철을 이용하
2) 운동을 즐기
3) 아이들이 안전하게 다니
4) 마음 놓고 아이를 맡기
5) 언제든지 손님이 묵

제10과 문학

01 문학의 기능

새 어휘

01 1) 불러일으켰다 2) 공리주의
3) 별개로 4) 구체화

02 1) 불러일으켰고 2) 나아가
3) 쾌락을 4) 정화

주제 어휘

01 1) 쾌락설 2) 시대 상황을 반영한 3) 교훈설 4) 미적 쾌감을 준다

02 1) 현실을 비판하며 2) 계몽시키려는 3) 카타르시스를 4) 삶의 방향을 제시해

문법1

01 1) 그 동안의 경험으로
2) 회사 사정으로
3) 그 옷의 디자인으로
4) 술병과 가스통이 나온 것으로
5) 목격자들의 증언으로

02 1) 외부인의 출입 흔적이 없는 것으로
2) 수면제 약통이 발견된 점으로
3) 이 씨의 유서가 발견된 점으로
4) 이웃 주민의 말로
5) 이런 여러 정황으로

문법2

01 1) 재정 상태 2) 다른 판결 3) 사회적인 통념 4) 마이너스였던 사실 5) 2천~3천장 정도인 현실

02 1) 그 기준 2) 지금의 상황 3) 여러 나라의 사례 4) 그 시대의 눈 5) 패션의 역사

02 문학 감상

새 어휘

01 1) 구속하 2) 내몬다는 3) 난해해서 4) 처했다

02 1) 간결한 2) 난해하 3) 항일운동 4) 처한

주제 어휘

01 1) 문학 비평 2) 호평을 3) 의도를 드러내 4) 악평을

02 1) 비유와 2) 상징을 3) 의도하 4) 함축적

문법1

01 1) 입어보 2) 들어오 3) 알려주 4) 쓰 5) 싸우

02 1) 한 군데서 먹 2) 밖에 나오 3) 밤에 자 4) 집에 들어오 5) 오

문법2

01 1) 죽음을 2) 적자를 3) 악조건을 4) 어려움을 5) 반발을

02 1) 외로움을 2) 위험을 3) 아픔을 4) 비난을 5) 악조건을

03 문학의 새로운 시도

새 어휘

01 1) 시사했다 2) 돌파구를 3) 끌어들이며 4) 검증된

02 1) 연재하 2) 선입견을 3) 소위 4) 조회

주제 어휘

01 1) 무협 2) 추리 3) 로맨스 4) 판타지

02 1) 웹툰과 2) 웹소설을 3) 순수 문학과 4) 장르 문학이

문법1

01 1) 비싼 수리비를 내고 고치느니 새로 사는 게 나을 것 같은데요.
2) 남자친구와 그렇게 싸우면서 만나느니 헤어지는 게 낫겠어요.
3) 너처럼 말이 안 통하는 사람과 얘기하느니 벽을 보고 얘기하는 게 낫겠다.
4) 거짓말을 하고 불안에 떠느니 솔직하게 말하고 벌을 받겠다.

5) 적성에 안 맞는 일을 하면서 회사에 다니느니 아르바이트를 하더라도 좋아하는 일을 하고 싶어요.

02 1) 그 친구의 도움을 받
2) 혼자 하
3) 잘난 척하는 남자랑 데이트하
4) 집에서 혼자 있
5) 아무것도 안 하고 빈둥거리

문법2

01 1) 남자친구가 군대에 간
2) 잃어버린
3) 다이어트하는
4) 인생 공부한
5) 부모님 소원 하나 들어드리는

02 1) 못 본
2) 생일 선물 미리 주는
3) 불쌍한 사람 도와주는
4) 딸 하나 키우는
5) 운동하는

04 문학에 나타난 여성상

새 어휘

01 1) 철회했다 2) 동조를
3) 일탈 4) 반발

02 1) 당당히 2) 정숙한
3) 기득권 4) 확연히

주제 어휘

01 1) 신여성은 2) 반항적
3) 자기 목소리를 내 4) 현모양처

02 1) 억압을
2) 사회적 반향을 일으키
3) 순종적 4) 독립적

문법1

01 1) 많을 2) 포기할
3) 흥행에 성공할 4) 지겨울
5) 도착했을

02 1) 커피라도 살 2) 마음이 움직일
3) 눈치를 챌 4) 섭섭해 할
5) 마음을 포기할

문법2

01 1) 보상은 2) 보너스는
3) 약혼자는 4) 취직은
5) 10시도 못 돼서 잤어

02 1) 수출은 2) 타협은
3) 범인 검거는 4) 치료는
5) 이미지 회복은

ㄱ

가변성 1과 1항
가상현실 7과 4항
가정 폭력 6과 3항
가족 해체 6과 3항
가히 5과 1항
간결하다 10과 2항
간과하다 7과 3항
갈등 6과 2항
감수성 3과 2항
감정 4과 4항
감탄하다 4과 2항
강요하다 2과 3항
개념 2과 4항
개입하다 3과 2항
개혁 8과 3항
객체높임법 5과 3항
거동 6과 4항
거듭하다 7과 1항
거래 2과 1항
거부하다 5과 2항
거스르다 3과 3항
건국신화 1과 4항
걷잡을 수 없이 7과 3항
걸작 4과 2항
검열 4과 3항
검증되다 10과 3항
게놈 7과 3항
견해 8과 3항
결속력 6과 1항
경관 3과 3항
경기를 타다 2과 4항
경제통상외교 9과 3항
경청 5과 1항
계몽시키다 10과 1항
계몽주의 8과 1항
계승 3과 4항
고리타분하다 3과 4항
고수하다 3과 4항
고스란히 7과 2항
고정 관념 6과 2항
공간예술 4과 1항
공감 5과 1항
공급 2과 1항
공동체 6과 1항
공리주의 10과 1항
공식 7과 1항
공약 9과 4항
공유 가치 창출 6과 4항
공익광고 2과 3항
공헌 6과 4항
과거 5과 3항
과거를 답습하다 1과 1항
과거를 청산하다 1과 1항
과오를 인정하다 1과 1항
과장광고 2과 3항
관상 3과 3항
관상수 3과 3항
관성 7과 1항
관세를 부과하다 2과 2항
관세를 철폐하다 2과 2항
관습 6과 1항
관점 1과 2항
괄목하다 7과 3항
광속 7과 1항
교류하다 1과 3항
교훈설 10과 1항
구비전승 1과 4항
구성원 6과 1항
구속하다 10과 2항
구입하다 2과 3항
구제 9과 1항
구체화 10과 1항
구축되다 9과 2항
구호 9과 1항
국교 단절 9과 3항
국내총생산(GDP) 2과 1항
국민총생산(GNP) 2과 1항
군신유의 8과 3항
군위신강 8과 3항
군중심리 2과 4항
궁극적 6과 4항
권익 향상 9과 1항
규범 5과 2항
규제를 완화하다 2과 2항
금리 2과 4항
금지하다 4과 3항
급급하다 4과 4항
급속하다 6과 2항
급제하다 5과 3항
기득권 10과 4항
기록유산 1과 2항
기반 1과 3항
기술 원조 9과 1항
기술하다 1과 2항
기아 9과 1항
기암괴석 3과 3항
기여하다 2과 2항
기존 8과 2항
기피하다 3과 4항
기회비용 2과 3항
길이 수축 7과 1항
길잡이가 되다 1과 1항
깨닫다 8과 2항
깨달음을 얻다 8과 4항
꼽다 7과 2항
꿰뚫다 5과 4항
끌어들이다 10과 3항

ㄴ

나눔 경영 6과 4항
나아가 10과 1항
난무하다 9과 4항
난생설화 1과 4항
난초 8과 4항
난해하다 10과 2항
낯 뜨겁다 4과 3항
내려놓다 8과 4항
내몰다 10과 2항
내세우다 6과 4항
내수시장 3과 2항
넘나들다 5과 1항
노적가리 4과 2항
논란 2과 2항
논란이 일다 4과 3항
뇌과학 7과 4항

ㄷ

다가서다 8과 2항
다문화 6과 2항
다문화 지원센터 6과 2항
다민족 6과 2항
다스리다 1과 4항
다양성 3과 2항
단련 8과 3항
단일민족 6과 2항
단절 3과 4항
담담하다 8과 4항
담소 5과 3항
당당히 10과 4항
당면하다 9과 4항
당선 9과 4항
대가 4과 2항
대공황 2과 4항
대안가족 6과 3항
대중성 4과 3항
대중화 3과 4항
대처하다 8과 3항
대통령 9과 2항
대통령제 9과 2항
덕치주의 8과 3항
데뷔하다 3과 2항
도굴 4과 4항
도모하다 1과 4항
도시화 6과 3항
독려하다 1과 3항
독립적 10과 4항
독창적 4과 1항
돌파구 10과 3항
동맹 9과 3항
동반 성장 6과 4항
동조 10과 4항
동질적 3과 1항
두각을 나타내다 7과 2항
두드러지다 7과 2항
두루 4과 2항
둘러싸다 7과 3항
뒤숭숭하다 5과 3항
드러나다 5과 4항
들썩거리다 3과 4항
등재되다 1과 2항

ㄹ

로맨스 10과 3항

ㅁ

마땅하다 3과 3항
마찰을 빚다 2과 2항
막강하다 9과 2항
막막하다 5과 3항
막연하다 3과 4항
말초적 4과 3항
맞물리다 2과 1항
맞춤형 아기 7과 3항
매도하다 5과 2항
맥락 4과 3항
명분 9과 3항
명작 4과 2항
모국어 5과 1항
모방 4과 1항
모색하다 6과 4항
모의 9과 3항
몰락 1과 3항
몰입하다 4과 3항
몸짓 언어 5과 1항
못지않다 6과 3항
묘사하다 4과 2항
무너뜨리다 6과 1항
무더기 4과 2항
무협 10과 3항
문맹 5과 4항
문명 충돌 1과 3항
문자 7과 2항
문자 언어 5과 1항
문학 비평 10과 2항
문화 교류 3과 1항
문화 상대주의 3과 1항
문화 충격 3과 1항
문화 충돌 3과 1항
물리적 5과 1항
미끼 상품 2과 3항
미덕 10과 4항
미를 추구하다 4과 1항
미세하다 7과 1항
미적 쾌감을 주다 10과 1항
민간 외교 9과 3항
민망하다 4과 3항
민본주의 8과 3항
민주공화국 9과 2항
밀반출 4과 4항
밀접하다 10과 4항

ㅂ

바퀴 7과 2항
반려견 6과 3항
반발 10과 4항
반추하다 1과 1항
반포하다 5과 4항
반항적 10과 4항
반환 4과 4항
발굴 4과 4항
발음기관 5과 4항
발전을 꾀하다 1과 1항
방관자 9과 4항
배아 7과 3항
배타적 3과 1항
백지설 8과 1항
범세계적 9과 1항
법 6과 1항
벗어나다 7과 4항
별개 10과 1항
보급하다 5과 4항
보수 4과 4항
보유되다 1과 2항
보편성 3과 4항
보호무역 2과 2항
복원 4과 4항
본능 8과 1항
본능적 6과 1항
본성 8과 1항
본질 2과 3항
부부유별 8과 3항
부여하다 1과 4항
부위부강 8과 3항
부위자강 8과 3항
부자유친 8과 3항
부족 1과 4항
부추기다 2과 3항
부흥하다 1과 3항
분배 2과 1항
분산투자 2과 4항
불가피하다 2과 2항
불과 7과 4항
불과하다 6과 1항
불러일으키다 10과 1항
불어넣다 4과 4항
불황 2과 4항
붕괴 1과 3항
붕우유신 8과 3항
블랙홀 7과 1항
비난 4과 3항
비동거가족 6과 3항
비로소 10과 1항
비속어 5과 2항
비약 5과 2항
비영리단체 9과 1항
비유 10과 2항
비일비재 4과 4항
비정부 기구 9과 1항
비판 4과 3항
비판이 일다 3과 2항
비행기 7과 2항
비혈연 6과 3항
빈곤 퇴치 9과 1항
빛을 보다 4과 2항

ㅅ

사고 1과 2항
사관 1과 2항
사로잡다 4과 4항
사색하다 8과 4항
사실적 4과 2항
사안 1과 2항
사회 공헌 기금 6과 4항
사회 규범 6과 1항
사회 문제를 고발하다 10과 1항
사회 환원 6과 4항
사회적 기업 6과 4항
사회적 반향을 일으키다 10과 4항
사회적 책임 6과 4항
산문체 10과 2항
산아 제한 7과 2항
산업화 6과 3항
살구색 6과 2항
살림 7과 4항
삶의 방향을 제시하다 10과 1항
상대높임법 5과 3항
상생 6과 4항
상속 4과 4항
상업광고 2과 3항
상징 10과 2항
상품화 3과 2항
상하관계 5과 3항
상호작용 1과 1항
생명윤리 7과 3항
생생하다 5과 1항
생체인식 7과 4항
생활양식 3과 1항
샤머니즘 1과 4항
서명운동 9과 4항
서열 5과 3항
석방 9과 1항
선거 9과 4항
선비 5과 3항
선심성 9과 4항
선입견 10과 3항
선하다 8과 1항
선행되다 1과 1항
성립하다 7과 1항
성무선악설 8과 1항
성선설 8과 1항
성악설 8과 1항
성찰 8과 1항
성품 8과 1항
소득 2과 1항
소비 심리 2과 3항
소속되다 6과 1항
소속사 3과 2항
소실되다 1과 2항
소위 10과 3항

소유하다 2과 1항
소장 4과 4항
소재 6과 3항
소크라테스 8과 2항
소통 5과 1항
속도 7과 1항
손실 2과 4항
송두리째 7과 1항
수교 9과 3항
수립되다 9과 2항
수상 9과 2항
수양 8과 1항
수요 2과 1항
수용적 3과 1항
수용하다 5과 2항
수익 2과 4항
수입할당제 2과 2항
수장 9과 2항
수출 보조금 2과 2항
수치심 4과 3항
수학하다 5과 3항
숙연하다 4과 4항
순간이동 7과 4항
순수 문학 10과 3항
순수예술 4과 1항
순식간 5과 1항
순응 3과 3항
순종적 10과 4항
순화 4과 1항
스낵 컬처 10과 3항
스승 8과 2항
스타 발굴 3과 2항
승화 4과 2항
시각이 편향되다 1과 1항
시간 지연 7과 1항
시간예술 4과 1항
시공간 7과 1항
시대상황을 반영하다 10과 1항
시들하다 2과 4항
시사하다 10과 3항
시조신화 1과 4항
신약 7과 2항
신여성 10과 4항
신조어 5과 2항
신흥 세력 1과 3항
실록 1과 2항
실리 9과 3항
실리적 9과 3항
실연 8과 4항
심산유곡 3과 3항
심오하다 4과 3항
심의 4과 3항
심지어 6과 2항
십자군 전쟁 1과 3항

ㅇ

아리스토텔레스 8과 2항
아이로니컬하다 1과 3항
악평 10과 2항
악하다 8과 1항
안목 1과 1항
안목을 기르다 1과 1항
안보통일외교 9과 3항
암송 10과 2항
애지중지 8과 4항
야기하다 3과 4항
약탈 4과 4항
양심 7과 3항
어루만지다 3과 2항
어우러지다 2과 1항
어차피 5과 2항
억압 10과 4항
억압되다 5과 2항
언어 규범 5과 2항
언어 습득 5과 1항
언어 파괴 5과 2항
얹다 4과 4항
얽매이다 8과 4항
얽히다 1과 1항
엄두를 내다 7과 4항
엄연히 7과 1항
에너지 7과 1항
여느 6과 3항
여성의 사회진출 6과 3항
여윳돈 2과 4항
역대 1과 2항
역병 5과 3항
역사관 1과 2항
역사관을 심어주다 1과 1항
역사를 왜곡하다 1과 1항
역지사지 6과 2항
역행 3과 3항
연둣빛 8과 4항
연령 5과 3항
연방제공화국 9과 2항
연습생 3과 2항
연예기획사 3과 2항
연일 2과 4항
연재되다 10과 3항
염색체 7과 3항
영감 4과 1항
영감 4과 2항
영리하다 8과 2항
영위하다 6과 1항
영혼불멸론 8과 2항
예술성 4과 3항
오디션 3과 2항
오죽하면 5과 2항
옴부즈맨 9과 4항
외계어 5과 2항
외교 사절 9과 3항
외교 정책 9과 3항
외설 4과 3항
욕망 8과 1항
용역 2과 1항
우월하다 7과 3항
우주여행 7과 4항
우주탐사 7과 4항
워낙 6과 3항
원정대 1과 3항
원죄설 8과 1항
원형 3과 4항
원활하다 3과 1항
웹소설 10과 3항
웹툰 10과 3항
위세 1과 3항
유권자 9과 4항
유도하다 6과 4항
유연하다 9과 3항
유입되다 1과 3항
유전자 7과 3항
유전자조작 7과 3항
유추하다 1과 4항
유치산업 2과 2항
유통 2과 1항
윤리적 7과 3항
은어 5과 2항
은은하다 8과 4항
음미하다 10과 2항
음성 언어 5과 1항
음소문자 5과 4항
음양오행 5과 4항
응용예술 4과 1항
응집력 6과 2항
의견이 분분하다 4과 3항
의궤 1과 2항
의도를 드러내다 10과 2항
의도하다 10과 2항
의문을 품다 8과 1항
의원내각제 9과 2항
의회 9과 2항
이데아론 8과 2항
이르다 6과 1항
이방인 3과 1항
이삭 4과 2항
이원론 8과 2항
이윤 6과 4항
이주 6과 2항
이질적 3과 1항
인간 철학 8과 2항
인간복제 7과 3항
인공수정 7과 3항
인공적 3과 3항
인공지능 7과 4항
인권 존중 9과 1항
인도적 9과 1항
인성론 8과 1항
인쇄술 7과 2항
인습 3과 4항
인위적 7과 4항
인지도 6과 4항
인체냉동보존 7과 4항
인터넷 7과 2항

일거수일투족 1과 2항
일깨우다 8과 2항
일맥상통 3과 3항
일인가족(일인가구) 6과 3항
일자리 창출 6과 4항
일탈 10과 4항
입력 5과 4항
입장 8과 3항
입증되다 7과 1항
입헌군주국 9과 2항

ㅈ

자극하다 2과 3항
자급률 2과 2항
자기 목소리를 내다 10과 4항
자리매김하다 4과 1항
자본주의 2과 1항
자부심 5과 4항
자성하다 8과 4항
자연 경외사상 3과 3항
자연철학 8과 2항
자연친화적 3과 3항
자유무역 2과 2항
자유분방하다 5과 2항
자의적 5과 1항
장관 7과 4항
장려하다 2과 2항
장르 문학 10과 3항
장유유서 8과 3항
재해석 3과 4항
재화 2과 1항
저물다 4과 2항
저하되다 9과 4항
저해하다 3과 4항
적나라하다 4과 3항
전래되다 8과 3항
전제조건 2과 1항
전지하다 3과 3항
전통 3과 4항
전파되다 1과 3항
전화 7과 2항
전환점 1과 3항
절대적 1과 4항
절실하다 6과 1항
절제 8과 1항
접어들다 1과 3항
정국 9과 2항
정당성 1과 4항
정보 전달 5과 1항
정복 7과 3항
정부간 기구 9과 1항
정서적 6과 3항
정세 9과 3항
정숙하다 10과 4항
정자 3과 3항
정체성을 확인하다 1과 1항
정화 10과 1항
제정일치 1과 4항
조경 3과 3항
조선왕조실록 과 2항
조성되다 6과 4항
조정 9과 1항
조직 6과 1항
조형예술 4과 1항
조화 3과 3항
조회 10과 3항
존속하다 6과 1항
종결 어미 5과 3항
종이 7과 2항
주석 9과 2항
주재원 6과 2항
주체높임법 5과 3항
주체적 7과 2항
줄기세포 7과 3항
중력 7과 1항
중심축 9과 1항
지망생 3과 2항
지배 1과 4항
지불하다 2과 1항
지식 축적 5과 1항
지양하다 6과 2항
지지 9과 4항
지탱하다 6과 1항
직결되다 7과 3항
진리 8과 2항
진정 6과 2항
진정한 8과 2항
진출하다 3과 2항
진퇴양난 9과 3항
질량 7과 1항
질병 퇴치 9과 1항
질서를 어지럽히다 6과 1항
질서를 유지하다 6과 1항
집단 6과 1항
집착 8과 4항
집착을 버리다 8과 4항
집합 3과 1항
집현전 5과 4항
쪼들리다 4과 2항

ㅊ

차별 6과 2항
착용 3과 1항
참여예술 4과 1항
창궐하다 5과 3항
창세신화 1과 4항
창작하다 4과 2항
창제하다 5과 4항
창조 4과 1항
채 7과 2항
채택되다 9과 2항
처우 9과 1항
처하다 10과 2항
천손강림 1과 4항
천지인 5과 4항
철회하다 10과 4항
체계적 3과 2항
체류 6과 2항
초래하다 1과 1항
초월적 1과 4항
초월하다 5과 1항
초월하다 8과 4항
촉진 2과 2항
총리 9과 2항
최적화 5과 4항
추구하다 3과 4항
추리 10과 3항
추상적 4과 2항
추세 10과 3항
추수 4과 2항
축소하다 3과 3항
축약 5과 2항
축약어 5과 2항
충동구매 2과 3항
측면 2과 2항
측정하다 7과 1항
치다 8과 3항
치우치다 9과 3항
치유 4과 1항
친분 5과 3항
친소 관계 5과 3항
침략하다 9과 3항
침체 9과 4항

ㅋ

카타르시스 10과 1항
컴퓨터 7과 2항
쾌락 10과 1항
쾌락설 10과 1항

ㅌ

통틀어 4과 1항
퇴치 5과 4항
투기 2과 4항
투자 2과 4항
투표 9과 4항
특가 세일 2과 3항
특수 어휘 5과 3항
특수성 3과 4항
특이하다 6과 3항
특집 5과 4항

ㅍ

파급력 9과 4항
파병 9과 3항
파악하다 8과 3항
판매 전략 2과 3항

판별하다 1과 1항
판타지 10과 3항
패권 9과 3항
팬픽 10과 3항
페니실린 7과 2항
페미니즘 10과 4항
편견 6과 2항
편찬 1과 2항
편찬하다 1과 2항
편향되다 1과 1항
펼쳐지다 7과 4항
평정심을 유지하다 8과 4항
평정심을 잃다 8과 4항
평화유지 9과 1항
폐지 9과 1항
포용하다 8과 4항
폭등 2과 4항
폭락 2과 4항
표음문자 5과 4항
표출 4과 1항
품다 4과 2항
풍수지리설 3과 3항
퓨전 3과 4항
플라톤 8과 2항
피임약 7과 2항

ㅎ

하위문화 3과 1항
학살 3과 1항
학파 8과 1항
학파 8과 2항
한몫을 하다 6과 4항
한정 판매 2과 3항
한탕하다 2과 4항
함축적 10과 2항
합리적 2과 3항
항일운동 10과 2항
해례본 5과 4항
해석하다 10과 2항
해체되다 1과 3항
행사하다 9과 2항
행색 5과 3항
행위예술 4과 1항
행적 1과 2항
허다하다 9과 4항
허용하다 4과 3항
허위광고 2과 3항
헌신 4과 4항
혁명 1과 3항
현대화 3과 4항
현모양처 10과 4항
현상적 8과 3항
현실을 비판하다 10과 1항
현장감 5과 1항
현지인 3과 1항
현혹되다 2과 3항
혈연 6과 3항
협정을 체결하다 2과 2항
협정이 발효되다 2과 2항
협찬 2과 3항
호평 10과 2항
호황 2과 4항
혼란스러워지다 7과 3항
홀가분해지다 8과 4항
홀로 6과 1항
홍채인식 7과 4항
화합 6과 2항
확연히 10과 4항
환경 보호 9과 1항
황홀하다 7과 4항
획기적 7과 1항
획일화 3과 2항
횡포 9과 2항
후보자 9과 4항
후원 6과 4항
후원 9과 4항
훈민정음 5과 4항
훑어보다 1과 2항
훼손 4과 4항
휩싸이다 4과 3항
흉잡다 5과 4항

문법 색인

ㄱ

갈아선
-거니와
-건대
-게끔
-겠거니 하다
-고 하니
-기 나름이다
-기 십상이다
-기 일쑤이다
-기나 하다
-기로서니
-기에 망정이지
-긴 -나 보다
-길래

ㄴ

-냐 -냐에 따라
-노라면
-느니
-느니만 못하다
-는 가운데
-는 까닭에
-는 날엔
-는 데
-는 듯싶다
-는 바
-는 반면
-는 셈치고
-는 탓에
-는 통에
-는 한
-는 한이 있더라도
-는다고도 할 수 있다
-는다기보다는
-는다는 점에서
-는다뿐이지
-는답시고

ㄷ

-다보니 그로인해
-다손 치더라도
-다시피
-더라고요
-더라도
-데요
-되

ㅇ

에 비추어
-으나
-으나마
-으니 어쩌니 해도
-으니만큼
-으랴 -으랴
-으려고 들다
-으려야
-으련만
으로 말미암아
으로 미루어
으로서
-으리라 생각하던
-으리만치
-으면 몰라도
-으면서도
은 고사하고
-은 끝에
-은 이상
-은 채
-은들
은커녕
-을 것까지는 없겠지만
-을 따름이다
을 무릅쓰고
-을 법하다
을 통해
-을거라고는 생각조차 못했다
-을 뿐더러
-을지라도
-을지언정
-음에도 불구하고
-음으로써
이야말로
이자

ㅈ

-지 않고서는

ㅎ

하게체
하오체

YONSEI
ACADEMIC KOREAN
Vocabulary & Grammar
ADVANCED

연세
대학한국어 어휘·문법 고급

편저자 연세대학교 한국어학당 교재편찬위원회
집필진 곽지영 · 민지숙 · 박경희 · 이은정 · 하지경 · 심윤진
펴낸곳 연세대학교 출판문화원

주소 서울시 서대문구 연세로 50
전화 02) 2123-3378~80
팩스 02) 2123-8673
ysup@yonsei.ac.kr
http://press.yonsei.ac.kr

등록 1955년 10월 13일 제9-60호
인쇄 (주)화신문화
삽화 문춘경 외

2016년 12월 29일 1판 1쇄
2023년 3월 24일 1판 5쇄
ISBN 978-89-6850-178-4(04710)
978-89-6850-154-8 (세트)

값 23,000원